O PODER OCULTO DO CORAÇÃO

FONTE INESGOTÁVEL DE INTELIGÊNCIA

Sara Paddison

O PODER OCULTO DO CORAÇÃO

FONTE INESGOTÁVEL DE INTELIGÊNCIA

Tradução
SANDRA LUZIA COUTO

EDITORA CULTRIX
São Paulo

Título do original:
The Hidden Power of the Heart

Publicado nos E.U.A. por Planetary Publications.

O primeiro número à esquerda indica a edição, ou reedição, desta obra.
A primeira dezena à direita indica o ano em que esta edição, ou reedição, foi publicada.

Edição	Ano
1-2-3-4-5-6-7-8-9	00-01-02-03-04

Direitos de tradução para a língua portuguesa
adquiridos com exclusividade pela
EDITORA CULTRIX LTDA.
Rua Dr. Mário Vicente, 374 — 04270-000 — São Paulo, SP
Fone: 272-1399 — Fax: 272-4770
E-mail: pensamento@snet.com.br
http://www.pensamento-cultrix.com.br
que se reserva a propriedade literária desta tradução.

Impresso em nossas oficinas gráficas.

Sumário

Prefácio

Foi um prazer conhecer e trabalhar de perto com Sara Paddison por mais de dez anos. Sara é uma das pessoas mais afetuosas e solidárias que já encontrei, e editar *O Poder Oculto do Coração* constituiu uma das experiências mais revitalizantes, instrutivas e agradáveis da minha vida. A sinceridade da autora está tão profundamente entranhada em seu texto que o leitor sente como se estivesse conversando com um amigo muito querido e digno de toda a confiança. Ao longo deste livro, você receberá não só calor humano como também informações rutilantes e inteligentes, que irão ajudá-lo a enfrentar eventuais problemas que talvez o estejam atormentando. O relato de Sara sobre sua luta e *stress* — antes de encontrar o HeartMath — constitui uma história vivida por muitos de nós. A diferença é que os instrumentos práticos do HeartMath — que nos são oferecidos para ativar o poder e a inteligência do coração para *eliminar nossa luta e stress* — realmente funcionam! Tudo o que temos de fazer é utilizá-los.

Depois de 25 anos de busca espiritual e de escrever vários livros sobre meditação e consciência, eu me surpreendi com a rapidez com que esses singelos instrumentos me guiaram para novos níveis de percepção e inteligência. O irônico é que, quando as descobri, essas técnicas me pareceram simples demais para demonstrar alguma eficácia. Depois de ponderar a esse respeito, concluí que é dessa nova inteligência que as pessoas precisam para transformar sua vida e que a simplicidade *é* uma qualidade essencial de qualquer instrumento de desenvolvimento da inteligência. No mundo atual, em que todos estamos sempre muito ocupados, necessitamos de instrumentos *simples*, fáceis de usar, que nos possibilitem unir a mente e o coração — para que, como seres humanos, alcancemos algum dia a paz e o entendimento.

As descrições de Sara das diferentes dimensões de inteligência, da natureza holográfica da realidade e da esperançosa planta do nosso planeta são especialmente estimulantes — e abrem para você, leitor, as portas da percepção da sua planta holográfica. Acredito que aprender a conscientemente criar junto com a natureza holográfica da vida é uma experiência das mais gratificantes e produtivas. À medida que praticar com sinceridade usando os instrumentos oferecidos neste livro, você despertará para essa dimensão da vida.

Muitas técnicas de meditação e de auto-ajuda falam do amor e do coração. São poucas, porém, as que explicam o que *é* realmente o coração, que nos mostram como colocar em prática nosso poder e inteligência, ou que fornecem técnicas de *como* amar deliberadamente em meio às pressões do trabalho, da educação dos filhos ou do trânsito congestionado. *O Poder Oculto do Coração* oferece tudo isso, além de nos ensinar a sentir o coração como repositório dos sinais que indicam o caminho para novos comportamentos de equilíbrio e para o amor incondicional. Este livro o ajudará a distinguir a diferença entre as freqüências altas do coração e as baixas, na trilha para a realização e para o viver em dimensões superiores de inteligência. Um dos críticos o chamou de "enfoque revolucionário para um modo mais gratificante de ser".

O Poder Oculto do Coração é o mais querido dos livros do sistema HeartMath. Os mais de 20 mil exemplares da primeira edição se espalharam pelos lares do mundo inteiro, tocando profundamente a vida das pessoas com o poder transformador de seu conteúdo. Com pouquíssima divulgação e publicidade, a popularidade do livro se deve, principalmente, à divulgação boca a boca. Muitos homens e mulheres nos têm escrito para contar que as informações contidas no livro transformaram o seu modo de pensar. Outros têm comentado que as revelações de Sara confirmaram as deles e mudaram suas vidas. Outros, ainda, revelaram que, praticando com os instrumentos, puderam aprofundar por si mesmos a percepção do plano universal que *existe* de fato e está disponível para qualquer um que se disponha a aprender a amar com eficácia. Quando chegou o momento de atualizar o livro com novas e importantes pesquisas que corroboram as afirmações de Sara, a editora decidiu dar-lhe também uma nova aparência, lançando-o em capa dura.

Como psicóloga, eu acho que será preciso usar o modelo de inteligência amigável e os instrumentos encontrados em *O Poder Oculto do Coração*, além do treinamento direto, para ajudar um grande número de pessoas a fortalecer sua personalidade, analisar como elas equilibram suas vidas e obtêm sucesso onde antes eram incapazes de fazê-lo. A maioria apenas tenta sobreviver, desistindo da esperança de alcançar suas metas mais amplas, ou de concretizar seus sonhos de realização.

Quando assisti ao filme clássico *Titanic*, senti que o amor e a tragédia da história uniam misteriosamente a platéia inteira. Perto do final, naquela cena terrível em que Rose solta a mão de Jack e o corpo dele afunda no mar gelado, percebi que a maioria dos sonhos de realização das pessoas inclui romance, amor eterno e momentos inesquecíveis. Na vida real, entretanto, é comum esse tipo de amor começar hoje e terminar amanhã. A mensagem de Sara é que a realização no plano afetivo pode ser encontrada no nosso coração — mas é imprescindível que atinja a totalidade primeiro dentro de cada um de nós, para que sejamos livres. O amor pelo outro, então, constituirá um "acessório" — e não uma dependência. Como alcançar esse objetivo é o que a forte história de Sara e os instrumentos apresentados no seu livro vão lhe mostrar.

A ativação do poder do amor tem profundas implicações para cada um de nós, para nossos relacionamentos e nosso futuro global. As novas descobertas científicas sobre o coração e a inteligência nele contida estão desafiando o pensamento acadêmico vigente e, ao mesmo tempo, confirmando o conhecimento intuitivo, que se baseia no bom senso das pessoas. Que interessante! As pesquisas sobre o papel que o coração desempenha no amor, na inteligência e no aprendizado oferecem esperanças para todos nós e tudo é mais simples do que imaginávamos. Agora podemos criar uma vida — pessoal e profissional — mais feliz, saudável e equilibrada na nossa família e nas nossas organizações. Sim, isso requer um pouco de prática, como tudo no mundo. Mas vale a pena. Aproveite!

Deborah Rozman, Ph.D., 1998

Deborah Rozman, Ph.D., é vice-presidente executiva e chefe de operações do HeartMath LLC, autora de cinco livros, consultora editorial da Planetary Publications, membro do Institute of HeartMath's Scientific Advisory Board e do Physics of Humanity Council.

Introdução

Pelo que tenho observado, desde que escrevi O *Poder Oculto do Coração*, em 1993, o mundo está se tornando mais aberto e receptivo à idéia de que o coração é muito mais do que apenas um órgão físico ou uma metáfora poética para sentimento e emoção. Com a globalização e o *stress* crescendo rapidamente, as pessoas estão despertando e voltando-se para o coração em busca de auxílio. Muitas estão descobrindo que seu coração abriga níveis até então desconhecidos de intuição, inteligência e poder que podem ser empregados para ajudá-las a realizar seu potencial como seres humanos. Dos diretores executivos aos cientistas, policiais e donas de casa, um número cada vez maior de pessoas tem falado sobre o coração, reconhecendo a necessidade de desenvolvermos o coração tanto quanto a cabeça — se quisermos assegurar que a nossa sociedade seja saudável e tenha um futuro.

Muitas coisas aconteceram desde a primeira edição norte-americana de O *Poder Oculto do Coração*. Hoje sou presidente do Institute HeartMath, uma organização de pesquisa sem fins lucrativos, fundada por Doc Childre em 1991. A revolucionária pesquisa desse Instituto acerca do coração tem sido revisada pelos cientistas — seus pares — e divulgada em publicações especializadas— incluindo o prestigiado *American Journal of Cardiology*. Os instrumentos do Instituto HeartMath para despertar a inteligência do coração têm sido objeto de milhares de seminários e programas de treinamento em todo o mundo. A tecnologia HeartMath é ensinada nas empresas *Fortune 500* (*); nas salas de aula, desde a pré-escola até a faculdade; nas igrejas e sinagogas, e em todas as qua-

(*) Designação conferida às empresas norte-americanas apresentadas pela revista *Fortune* como as maiores e melhores em cada ano. (N.T.)

tro armas do exército norte-americano. Além disso, foi criado o HeartMath Wellness Center, para estudo de abordagens não-invasivas de doenças cardíacas e de outros distúrbios decorrentes do *stress*. Doc agora é presidente e diretor-executivo do HeartMath LLC, uma empresa com fins lucrativos de treinamento e consultoria, dedicada à globalização da tecnologia HeartMath e à disponibilização — para o maior número possível de pessoas no nosso planeta — de instrumentos interiores para a tomada do próprio poder e para a conquista de equilíbrio e liberdade.

Muitos me perguntam como surgiu o HeartMath. Tudo começou quando Doc reuniu amigos e associados — pessoas com os mais variados perfis em termos de escolaridade, profissão e cultura, provenientes de diversos setores empresariais e das áreas de educação, psicologia, engenharia, física, matemática, comunicações, música e arte — com o objetivo de desenvolver e testar dentro do próprio grupo um sistema de eficiência energética e de utilização do poder interior chamado por ele de HeartMath. Boa parte do que partilharei com vocês neste livro eu descobri no Instituto, trabalhando e crescendo lado a lado com esses amigos tão dedicados e afetuosos.

Desde o princípio, a missão do Instituto tem sido a de reduzir o *stress* do mundo por meio de um sistema que, por nos conduzir a uma compreensão mais profunda da "inteligência do coração", auxilia-nos a assumir o nosso poder e gerir a nossa vida com eficácia. Como Doc afirma: "Esse sistema foi projetado para que, em vez de permitirmos que o *stress* se acumule, nós o eliminemos quando começar a se instalar. E funciona, desde que utilizado. Seus resultados aparecem em pouco tempo." No mundo atual, com o aumento do *stress*, da depressão, da raiva, da irascibilidade, com o impacto das doenças cardíacas e de outros distúrbios ligados ao *stress*, aprender a gerenciar a si mesmo e a adquirir equilíbrio emocional reveste-se de uma importância cada vez maior. Nós, mais de quarenta pessoas do Instituto, testamos o poder e a eficácia desse sistema antes de oferecê-lo aos outros. Obrigada, Doc, por criar esse método de aperfeiçoamento da eficiência energética no sistema humano, que, entre outras vantagens, abrange os aspectos essenciais e permite um aprendizado progressivo, além de demonstrar que VOCÊ, leitor, ao tomar posse do Poder do Coração (*Heart Empowerment*®) — tanto mental quanto emocional e físico — desenvolve uma nova inteligência e acelera a evolução humana.

Nesta nova edição lançada nos Estados Unidos, eu incluí as surpreendentes pesquisas científicas empreendidas no Instituto sobre o DNA e o coração, bem como estudos que comprovam a eficácia fisiológica e psicológica dos instrumentos HeartMath que descrevo neste livro. Tais pesquisas têm fundamentado muitas das minhas percepções e experiências intuitivas relativas ao coração. Creio que as informações apresentadas aqui ajudarão a fundamentar também muitas das experiências e conhecimentos intuitivos dos leitores. O presente livro conta a história da minha vida até um determinado momento.

De lá para cá, continuo usando os instrumentos e crescendo substancialmente. Esses instrumentos jamais deixam de funcionar, mantendo-nos num processo permanente de despertar da inteligência do coração — desde que não paremos de usá-los.

O Poder Oculto do Coração é uma descrição da minha trajetória da pobreza interior à riqueza e de como passei a valorizar a minha vida. Antigamente, 90% dos meus dias eram razoáveis e 10%, bons — hoje, 90% deles são bons e 10%, maravilhosos. A inteligência do coração ativa o seu magnetismo e o ensina a experimentar níveis mais profundos de amor, zelo e compreensão em relação às pessoas — colocando-o em contato com o poder do coração que está em seu interior. Esse é um sistema seu para você mesmo.

No início da minha vida, eu era solitária, introvertida e tinha medo da minha própria sombra. Mais tarde, na faculdade, tentei o suicídio. Sentia-me confusa, como tantos jovens de hoje. Mas eu era uma sobrevivente, sabia que em algum lugar havia uma resposta. Cresci em bases militares, e minha família estava sempre se mudando de uma base para outra. Cada mudança era como um filme diferente em que eu devia atuar. Às vezes, acontecia de termos de sair de um lugar onde eu usufruía de grande popularidade para morar num outro — e as crianças da escola eram tão diferentes que me intimidavam e eu me isolava. Ser aceita era algo muito difícil para mim. Fui obrigada a me adaptar a todas aquelas mudanças. E sempre me perguntava: "Por que a vida é assim? O que estou fazendo aqui?" Na escola de artes, encontrei paz e a sensação de família. Eu amava a arte, mas as pessoas eram ainda mais importantes para mim. Formei-me pela East Caroline University, obtendo o bacharelado em Belas-artes, e fiz vários cursos de psicologia. Acabei percebendo que viver significa zelar pelas pessoas — e fiz do zelo a minha ambição. As minhas verdadeiras credenciais para escrever este livro consistem no fato de eu ter praticado exaustivamente o amor e o zelo genuínos.

Como muitas pessoas que cresceram nos anos 1960, fui afetada pelo espírito da década. Recordo exatamente o lugar do pátio da escola onde eu me encontrava e a expressão de cada rosto, no dia em que assassinaram o presidente Kennedy.

Parecia que o tempo havia parado — e a nação inteira estava em choque. O amor que o nosso povo lhe dedicava abriu-me os olhos. Lembrei-me das palavras que o celebrizaram: "Não pergunte o que o seu país pode fazer por você, mas sim o que você pode fazer pelo seu país." O idealismo e a abertura dos anos 60 nos tornaram uma geração cheia de esperança. Fora plantada uma semente que permaneceu adormecida até pouco tempo atrás. Agora, nos anos 1990, muitos da minha geração estão descobrindo que não se tratava de uma simples quimera — nossos sonhos (e nós) apenas precisavam de tempo para amadurecer. Estamos despertando para uma verdade que vislumbramos naquela época: o amor e o zelo reais são tudo o que importa. E o momento de colocá-los em prática é agora! Criada em bases do exército, desenvolvi uma percepção aguda de que os militares são os guardiões do meu país. Sou reconhecida à sua disciplina e dedicação, bem como aos serviços prestados à pátria. Agora, porém, é preciso que todos sejamos os guardiões de nós mesmos, da nossa comunidade e do nosso mundo.

Não lhe parece que o nosso próximo lema, para expressar um entendimento global, terá de ser: "Um mundo, sob Deus, com liberdade e justiça para todos"? Para alcançar esse ideal, você não acha que seria necessário algo que tocasse o coração das pessoas e despertasse o espírito humano? Pois existe uma energia ou força assim magnificente dentro do nosso coração.

Alimento a esperança de que cada pessoa tenha a chance de experimentar o poder real de seu coração — para que todos possam decidir se querem ou não amar e zelar. É para esse propósito que dedico o presente livro.

Quero agradecer aos inúmeros leitores que me escrevem relatando que *O Poder Oculto do Coração* lhes tocou o coração e transformou-lhes a vida. Sou grata a Debbie Rozman, Bruce Cryer e Wendy Rickert, editores do HeartMath, e a Dick Freed, Joseph Sundram, Robert Massy e Tom Beckman, que participaram da criação deste livro. Obrigada a vocês por suas experiências, que usei como ilustração. Acredito que a sua compreensão prática do "bom senso" do coração ajudará os leitores a melhorar sua qualidade de vida, a despeito do nosso mundo estressante.

Obrigada aos meus pais por me terem trazido a este mundo, responsabilizando-se por mim até eu poder assumir sozinha essa tarefa. Obrigada às minhas duas irmãs, por serem minhas amigas e crescerem junto comigo. Obrigada ao meu ex-marido, Al Paddison, colega de trabalho no Instituto, que partilhou meus primeiros anos de crescimento. Obrigada ao meu filho, Christian, por conferir brilho e cor à minha vida. E obrigada a todos com quem compartilhei um momento no tempo — vocês se tornaram parte da minha realidade holográfica.

O pesquisador George H. Gallup Jr. revelou, certa vez : "Sempre quis encontrar um estudo que investigasse o que há sob a superfície da vida." Assim, ele pesquisou e descobriu: "Quanto mais nos aprofundamos, mais abertos nos tornamos." Obrigada a Doc, que me ajudou a aprofundar-me, por seu amor e zelo, por facilitar o meu despertar interior, por me mostrar o caminho para entender as pessoas e por ser um verdadeiro amigo na minha busca do ponto de equilíbrio. E minha mais profunda gratidão a Deus, por este incrível Plano Divino que o Senhor está revelando para toda a humanidade.

Meu ser universal gostaria de agradecer do mesmo modo que Ken Carey, em seu livro *Vision*. Obrigada à : "Mãe Sagrada, a Verdade, pois toda a matéria é o seu corpo e a Terra é os seus olhos." Obrigada ao: "Pai Sagrado, o Amor, pois as estrelas são a sua carne e o Espírito é o seu Eu." Para minha surpresa, acordei numa realidade maravilhosa — a de alguém que cria sua realidade junto com Deus.

Sara Paddison

Capítulo 1

O Poder Oculto do Coração

O que vem a ser "poder oculto do coração"? Uma força ou energia grandiosa? Em seu íntimo, as pessoas nutrem a esperança de que exista um poder oculto desse tipo — um poder capaz de transformar suas vidas. Contudo, neste mundo cheio de tensões, para muitas delas essa é uma idéia remota, como uma lembrança de outros tempos. Para outras parece mera fantasia, sem qualquer ligação com a vida real. Ainda assim, a possibilidade as intriga. Por quê? Porque as pessoas são dotadas de um sentido intuitivo, uma espécie de dispositivo ou antena interna, que é acionado pela curiosidade em relação à existência de um poder oculto.

Há cerca de dezesseis anos, meu coração despertou. Eu acabara de concluir a faculdade e ansiava por uma compreensão mais profunda da vida — o que se manifestava como uma sensação muito forte bem no centro do meu peito, embora não parecesse algo de natureza física. Eu sabia que provinha do meu coração. "Mas por que estou sentindo o coração dessa forma?", perguntei a mim mesma. Um caleidoscópio de emoções — esperança e desespero, amor e medo — rodopiava dentro dele. Era como se fosse o próprio núcleo do meu ser. Eu queria entender o que meu coração estava me dizendo, e me indagava: "O que é este coração que pode agitar-me tanto? O que é na verdade o coração humano?"

Essas perguntas me fizeram iniciar uma jornada que viria a proporcionar muita realização e alegria à minha vida. Lancei-me a uma aventura espantosa, abrindo portas que jamais imaginei existirem e explorando os recantos mais profundos do meu coração. E descobri o poder que nele se ocultava. Compreendo que isso soa como um sonho ou um conto de fadas. É o que eu devo ter pensado antes do início dessa jornada.

Nos idiomas do mundo, encontramos inúmeras referências aos sentimentos do coração. Com o passar dos anos, cheguei à conclusão de que esses sentimentos contêm em si o poder de procurar, compreender e fazer. Passo a passo neste livro, você e eu alcançaremos uma compreensão dessa fonte de energia não utilizada que existe em você, em mim e em todas as pessoas. Examinaremos suas implicações para toda a raça humana.

O poder do coração é simplesmente *a eletricidade que alimenta a força e potencial que você guarda no seu íntimo*. É o que lhe dá motivação e capacidade de expressar e atingir seus objetivos — para *assumir o seu próprio poder, realizar-se e atingir o equilíbrio* mesmo num mundo onde o *stress* é cada vez maior. Desvelar esse poder oculto implica um processo pessoal de compreensão de como ele trabalha e de compreensão de si mesmo.

Como esse Poder Funciona

Para mim, "poder" significa uma fonte de energia e capacidade para agir. Eu o vejo ao mesmo tempo como uma faculdade — o poder de raciocinar — e como um alento vital. Para muitas pessoas, a idéia de poder é assustadora — porque a associam com alguém ou alguma coisa a que devam submeter-se.

Tomemos o exemplo do dinheiro como poder. O dinheiro é uma forma potente de energia que parece exercer uma influência controladora peculiar. Se inesperadamente alguém me desse mil dólares, essa quantia teria o poder de me proporcionar um sentimento de alegria naquele momento. Mas, se me dessem 1 milhão de dólares, eu experimentaria uma emoção extraordinária e uma sensação de poder muito maior. Na verdade, essa sensação advém da nossa identificação com o sentimento e a percepção associados à "faixa de freqüência" de energia chamada dinheiro.

Mas o que é uma faixa de freqüência? Freqüência é uma onda eletromagnética, uma linha de energia dotada de ritmo próprio de vibração ou oscilação. A maioria das pessoas sabe que Einstein descobriu a equação matemática — e lei fundamental da física —, $E = mc^2$, que prova que *todas as coisas* no universo são formas de energia que se movem ou vibram em seus próprios comprimentos de onda. As descobertas de Einstein no campo da ciência pura exerceram um profundo impacto sobre o mundo. Elas nos deram a televisão, a comunicação via satélite e a bomba atômica. Deram-nos microscópios eletrônicos, *lasers*, microondas e muitas outras comodidades. Com isso, nossa vida mudou substancialmente em termos físicos.

E quanto à nossa vida mental e emocional? Não seriam também freqüências nossos pensamentos e sentimentos?

As Freqüências dos Pensamentos e Sentimentos

Se *tudo* é energia, então nossos pensamentos e sentimentos também são freqüências. Assim, os cientistas começaram a medir as freqüências do cérebro. E descobriram que, em diferentes estados mentais e emocionais, as pessoas produzem o que eles chamam de freqüências de ondas cerebrais alfa, beta, teta ou delta.

Portanto, não é o dinheiro que tem poder. Somos nós que lhe conferimos poder (energia) por intermédio dos nossos pensamentos ou sentimentos a seu respeito. Afinal de contas, o dólar não passa de um pedaço de papel de cor verde. É a combinação de pensamentos e sentimentos que formam os valores da nossa sociedade e constroem a nossa perspectiva em relação ao dinheiro. Dinheiro compra comida, roupas, um teto sobre a nossa cabeça e outros artigos essenciais. Também compra muitas comodidades em nossa vida. Mas, que preço pagamos por ele? Nossa atitude global em relação a dinheiro mantém milhões de pessoas escravizadas ao desejo de tê-lo em quantidades cada vez maiores.

O dinheiro tornou-se um dos artigos mais cobiçados na vida. É possível argumentar que a idéia de que lhe conferimos poder constitui a "perspectiva de freqüência" de uma visão coletiva global relativa a ele. Entretanto, dentro dessa visão global, encontramos perspectivas conflitantes no que se refere a quem deve ganhá-lo, como deve ser gasto, como deve ser taxado e quanto. Há uma tremenda discordância no mundo atual em relação a dinheiro. E essa é apenas uma das causas do conflito. Nossos pensamentos e sentimentos sobre nossa origem étnica, nossa religião, fronteiras nacionais e direitos dos povos, formam perspectivas de freqüência que se chocam com outras visões. Os antagonismos entre os enfoques de freqüência adotados por pessoas e nações são responsáveis por grande parte da discórdia no mundo, incluindo as violentas guerras étnicas na Iugoslávia contemporânea, a guerra entre católicos e protestantes na Irlanda e o barril de pólvora da violência racial nos Estados Unidos.

Uma compreensão maior das freqüências vem-se infiltrando na consciência das massas. Você talvez já tenha ouvido o comentário: "Eu simplesmente não consigo comunicar-me com ele. Nós vibramos em faixas diferentes (em freqüências diferentes)." Falar em termos de freqüências de energia talvez cause a impressão de que estamos usando um idioma estrangeiro, mas oferece uma nova forma de ver e compreender a vida. Depois de entender que os pensamentos e sentimentos são realmente freqüências diferentes de energia, é tempo de descobrir quais freqüências lhe proporcionam poder e realização e quais os retiram de você. É o *seu* poder. A decisão é sua. Conscientemente — ou inconscientemente, em razão dos hábitos de raciocínio — você determina para onde vai o seu poder. É sua a responsabilidade de direcioná-lo.

Todos dispomos de opções quando se trata da nossa maneira de pensar e sentir, e de como empregamos nossas energias. *Nós podemos escolher nossas próprias freqüências*. Ao compreender isso, você percebe que não é apenas uma vítima desse mundo cheio de tensões. Claro, o *stress* e as circunstâncias externas também são energias que o afetam, mas você tem como *escolher* a sua reação. E existe no seu coração um poder para controlar suas reações que é bem maior do que você imagina. Você *pode* alcançar o equilíbrio e a realização a despeito de todo o *stress* e das mudanças aceleradas do mundo atual.

Depois da agitação financeira e dos escândalos de Wall Street dos anos 1980, as pessoas se deram conta de que o dinheiro não compra paz, felicidade e segurança — pelo menos não de forma plena, não numa amplitude ou *faixa de freqüências* completa. Ele só é capaz de proporcionar sensação de segurança numa *única freqüência isolada*. Essa sensação é falsa porque não é completa. E quando alguma coisa cria uma falsa segurança, ao mesmo tempo cria o medo. Diante do crescente desemprego e das estatísticas mostrando que nos Estados Unidos existem mais pobres hoje do que em qualquer época desde a "guerra à pobreza" deflagrada pelo presidente Lyndon Johnson, muita gente se indaga: "O que aconteceria se meu dinheiro se evaporasse?" Para a maioria, essa é uma pergunta assustadora. Se a sua atenção está concentrada no dinheiro como a sua segurança, então a sua segurança estaria perdida. Esse é o preço que pagamos por fazer do dinheiro a nossa fonte de segurança. Nos dias de hoje, os temores em relação à sobrevivência são muito grandes, assim como o *stress*. Não é para menos. O dinheiro como fonte de poder tem proporcionado uma falsa segurança para milhões de pessoas.

Ao entender que é responsável pelos seus pensamentos e ações, você assume o poder de fazer escolhas que o conduzam ao equilíbrio e à realização. Assim, estará apto a criar uma *faixa de freqüência completa* de segurança dentro de você. Assumir o próprio poder é um processo gradual que se inicia com a compreensão de si mesmo. Implica reconhecer o poder interior disponível para você e aprender a direcionar suas freqüências de um modo que o beneficie. É como uma equação matemática interna: "Quando tomo essa atitude, o resultado é aquele; a + b = c." Trata-se da matemática do bom senso. Seus pensamentos e sentimentos determinam as suas atitudes e o seu modo de lidar com a vida. Quando compreender os seus padrões e hábitos mentais e emocionais, você detectará os pontos onde perde energia e desperdiça o seu poder interior, criando o medo, a ansiedade e a insegurança dentro de si. E também localizará seus recursos de energia, para construir segurança e poder internos que não dependam de fatores externos — dinheiro, pessoas ou eventos.

Nos últimos quinze anos, junto com quarenta associados e amigos do Institute of HeartMath, fundado por Doc Childre, pesquisei em profundidade a natureza do coração e sua força interior. Testamos em nossas próprias vidas todo o conhecimento que vamos adquirindo. Os resultados têm sido o que as pessoas chamam de milagrosos. Descobrimos quais perspectivas nos dão poder e conduzem ao equilíbrio e realização e quais nos exaurem e nos causam *stress*. Desse modo, conseguimos proporcionar a nós mesmos uma vida maravilhosa, gratificante e relativamente livre de tensões, não importando as circunstâncias ao redor, tais como emprego, família ou situação mundial. E, então, tivemos o desejo de partilhar essa compreensão com as outras pessoas. Foi daí que surgiu o sistema HeartMath, um método passo a passo que qualquer um pode adotar para alcançar o equilíbrio e a realização. Esse sistema tem exercido um impacto positivo notável sobre a vida de muitas pessoas, famílias e empresas. Ao *praticar* HeartMath, você desvela o poder oculto do seu coração de uma forma regeneradora. E, ao longo do processo, estanca o vazamento da sua energia física, emocional ou mental. Conseqüentemente, não fica sem combustível antes de chegar ao seu destino.

Que tipo de poder é capaz de mudar as atitudes e perspectivas que causam o *stress*? O bom senso nos diria que seria necessário um poder maior que os nossos pensamentos e sentimentos habituais. Nossa pesquisa no Instituto revelou que esse poder reside no coração. Trata-se de um poder oculto que opera numa amplitude de faixas de freqüência mais elevada que a mente. Com palavras diferentes, as religiões e culturas nativas há muito mencionam um poder interior maior. Mas por que esse poder tem permanecido tão escondido, tão mítico? Por que se esquiva de nós enquanto sociedade? E por que com tanta freqüência o coração é posto de lado, como se fosse algo meramente sentimental ou poético? Talvez o coração apenas use o disfarce da simplicidade.

Será realmente possível, você pode indagar, que se oculte no coração um poder fantástico, grandioso, inteligente e acessível, capaz de ajudar até mesmo *você* a alcançar o equilíbrio e a se realizar na vida? No Instituto, o que provamos com a nossa experiência pessoal é que todos têm uma fonte de poder em seu interior. E o conduto, o ponto de contato com essa fonte, *é o coração*.

A Fonte do Poder

A maioria das pessoas se refere a essa fonte de poder como Deus. Algumas preferem chamá-la de Luz, Força Divina, Alma, Poder Superior, etc. Todas essas expressões remetem a algo que ultrapassa a capacidade de compreensão dos seres humanos comuns. Apesar de muitas pessoas sentirem que vivem atualmente numa sociedade sem Deus e sem esperança, onde os valores espirituais e familiares entraram em declínio, a maioria *ainda* crê em Deus.

Uma pesquisa de opinião realizada em 1985 para a *US News & World Report* revelou que 90% dos norte-americanos acreditam em Deus. Esse percentual sobe para 94% numa pesquisa mais recente, realizada por Gallup & Castelli. Também se apurou que 90% dos entrevistados costumam rezar e, para 80%, Deus faz milagres mesmo nos dias de hoje. Assim, as pessoas acreditam que em algum lugar existe uma resposta para os infortúnios do nosso tempo. Não só acreditam, mas têm esperança e buscam auxílio.

A maioria dos povos associa Deus a Moisés, Cristo, Buda, Krishna ou Maomé. Esses grandes mestres forneceram indicações do caminho que conduz a Deus. Eles ensinaram doutrinas diferentes, mas todos falaram sobre o coração. Qualquer que seja a sua religião ou *crença*, o coração é a via de acesso ao sistema que nos permite sentir Deus. E é também a instância em que vivemos a comunhão com Jesus, Buda, Krishna e com os outros seres humanos, nossos irmãos.

Todas as pessoas são dotadas de coração, não importando sua capacidade mental, nacionalidade, raça ou religião. Todas desejam amor. Os grandes mestres sempre perguntam às pessoas se amam umas às outras. Se realmente amassem, será que a sociedade sofreria esse *stress* de hoje? Será que ainda haveria tantas divisões e guerras religiosas ou tantos antagonismos étnicos e pessoais?

A importância do amor nos é lembrada a todo o momento. Os psicólogos, educadores, cientistas, ateus e seguidores dos inúmeros caminhos oferecidos pela vida reconhecem a necessidade de amar. Nossas canções proclamam que o amor move o mundo. Existem 15 mil livros à venda só nos Estados Unidos sobre o amor. Contudo, será que as pessoas se sentem amadas? *Você* se sente? Fiz essa pergunta a mim mesma e, ao ver que não conseguia responder "sim" sem hesitar, resolvi descobrir o que é realmente o amor. Este livro trata das minhas descobertas.

Amor

O poder oculto do coração é o amor. O amor está no âmago da freqüência ou energia com que Deus criou todas as coisas. As pessoas, na sua maioria, sabem disso de forma intuitiva. Não importa quem ou o que Ele seja, a maioria concorda que Deus é Amor e está diretamente envolvido no processo de criação. Esse poder e essa inteligência superiores deram a cada um de nós uma centelha divina, de amor interior, para desvelarmos, desenvolvermos e nos transformarmos. De que maneira podemos comprovar isso? Pelo gerenciamento das energias mental, emocional e física do coração, que nos permite estabelecer contato com o poder e a inteligência superiores.

Cada religião ensina preceitos para alcançar o amor, o equilíbrio e a realização — a paz na Terra. A Bíblia reza: "Aquele que não ama, não conhece Deus; Deus é amor"(1 João 4:7-8) e "Se nos amarmos uns aos outros, Deus habitará em nós e Seu amor será perfeito em nós" (1 João 4:12). A antiga bíblia hindu, o Bhagavad Gita, diz: "O Senhor reside no coração de todos os seres" e "Eu sou o Deus de Amor".

Quando há tensão demais em nossa mente e em nossas emoções, é difícil sentirmos amor, o poder oculto em nosso coração. As pessoas se casam por amor, mas as estatísticas mostram que metade dos casamentos termina em divórcio. Dos casais divorciados, 70% têm filhos e, desses, mais de 50% julgam que são responsáveis pelo divórcio, que não são amados e que o pai e a mãe, ou ao menos um deles, os rejeitam. As crianças que não se sentem amadas enfrentam problemas de desenvolvimento e desequilíbrios mentais/emocionais. Muitos adolescentes viciados em drogas afirmam que não se sentem amados, que são solitários e não têm esperanças. Parece que alguma coisa deu errada no amor. Ou, talvez, seu verdadeiro poder tenha ficado soterrado sob o *stress* da vida diária. Nesse caso, é hora de *realmente* descobri-lo.

A maioria das pessoas nunca soube como ativar e manter a freqüência do amor dentro do coração. Muitas sequer percebem que isso é possível. Em geral, procuramos o amor em todos os cantos fora de nós mesmos, mas é no coração que o sentimos. Não dizemos "Eu te amo com toda a minha mente". Nós nos voltamos para o coração quando queremos expressar afeto. Quando o amor eleva a nossa mente ou nos inebria de sexo, esse sentimento pode ser rastreado até uma energia cálida no coração. Mas quais são as freqüências do coração que se irradiam do amor? Nós nos fizemos essa pergunta no Instituto e descobrimos a resposta.

É natural as pessoas usarem uma parte desse poder em tempos de crise — quando sofrem com a morte de uma criança, quando são rejeitadas por um ente querido ou quando se debatem de desespero, dor e angústia. Quando não têm para onde se voltar, elas se voltam para o próprio coração e se consolam da melhor forma possível. Por meio de orações, meditação, caminhadas pela praia, buscam o contato com seu ser mais profundo, com a sabedoria interior, para conseguir algum alívio. Escutam uma serena voz interior, a voz da intuição ou da alma. Tentam ter acesso à fonte mais elevada de intelecto que possam encontrar em si mesmas para estimular a capacidade de compreensão. É sabido que esse esforço para imergir profundamente no coração à procura de respostas ajuda a mudar a perspectiva em relação à vida. Mas, afinal, o que é o interior do coração? E como *podemos* ter acesso a essa magnífica fonte que lá se oculta? Para saber, prossiga a leitura.

Capítulo 2

O Coração

Quando conheci as pessoas que mais tarde integrariam o Institute of HeartMath, fiquei impressionada com sua sinceridade, comprometimento e abertura. Contudo, as nossas discussões relativas a coração, mente, Deus e universo assemelhavam-se a peças embaralhadas de um gigantesco quebra-cabeças. Como organizar aquelas peças? Até certo ponto, as diferentes religiões e caminhos espirituais tentam ajudar-nos nessa tarefa. Estudamos muitas dessas sendas e eu, além disso, sempre buscava exemplos de pessoas que houvessem conseguido montar o quebra-cabeças, alcançando equilíbrio e realização. Todavia, elas pareciam pouco numerosas e bastante dispersas.

Às vezes, eu queria saber se o coração de que meus amigos e eu falávamos realmente existia ou se era produto da nossa imaginação. O que estaria por trás de expressões como "Siga o seu coração", "Vá direto ao coração do tema", "Ele toca com o coração", ou "Procure a resposta no seu coração"? Seriam meras figuras de linguagem ou significariam algo mais? Haveria alguma instância ainda inexplorada do coração que fosse comum a todos?

Tudo o que eu realmente conhecia sobre o coração se limitava ao seu poder de despertar emoções profundas, que me levavam a querer compreender a vida, experimentar o amor em profundidade e me importar com os outros. Certa noite, quando ainda estava na faculdade, um rapaz com quem eu saía de vez em quando me perguntou o que era Deus. Dos meus lábios brotou a resposta: "Deus é amor." Isso me surpreendeu, mas em meu coração sabia que era verdade. Havia uma sabedoria interior, uma convicção e uma sensação de paz que eu sentia *em meu coração.*

Imaginação

À medida que descobria mais sobre o coração, eu também distinguia melhor o que era imaginário e o que era real. Na faculdade, especializei-me em cerâmica, cursando também desenho, por isso não ignorava que se podia definir a imaginação como a capacidade de formar uma imagem mental de algo ainda não apreendido pelos sentidos ou jamais percebido inteiramente na realidade concreta. Excitava-me captar um desenho tal qual surgia diante dos olhos da minha mente e, então, moldá-lo, dar-lhe uma forma física. Eu recebia aulas sobre o desenvolvimento infantil antes de escolher a minha especialização. Fora-me ensinado que a imaginação é muito ativa na maioria das crianças, tendendo a se tornar inativa à medida que elas crescem e aprendem, tanto na escola como no trabalho e no convívio social, a confinar os pensamentos dentro de um raciocínio linear. Entretanto, eu sabia que a imaginação constituía uma fonte valiosa, uma capacidade criativa que nos levava a percorrer o caminho da fantasia para a exploração do real. Fiquei fascinada quando aprendi que Einstein revelou que a sua Teoria da Relatividade, a qual conduz à equação $E= mc^2$, surgiu da visualização de raios de luz, gravidade e campos de força. Ele explorava o universo inteiro em sua imaginação e, então, anotava suas idéias no verso de envelopes velhos e guardanapos de papel. Sua imaginação estava tão adiante do resto do mundo que foi dito que apenas seis pessoas conseguiram entender sua teoria quando publicada pela primeira vez, e que muitas a rejeitaram. Contudo, a relatividade mudou o curso da História.

Quando eu pesquisava para adquirir uma compreensão maior do coração e da imaginação, vi uma série de reportagens na TV a respeito dos clarividentes contratados pela polícia para localizar bens roubados. Com o auxílio da imaginação, eles podiam visualizar onde se encontrava o artigo e guiavam a polícia direto ao lugar. Li matérias sobre pessoas que tiveram premonições acuradas e, em conseqüência, foram capazes de salvar a própria vida ou a de entes queridos. Estudei relatos documentados sobre experiências de quase-morte, nos quais as pessoas deparavam com anjos ou visitavam outros mundos, confirmando a existência de uma realidade para além daquela que percebemos com os sentidos, apreensível através da faculdade da imaginação. Ao regressarem, essas pessoas que estiveram perto da morte haviam desenvolvido, como Einstein em sua poltrona, uma perspectiva mais ampla da realidade — de uma espécie que, embora não transformasse a ciência, revolucionaria a vida delas.

Em 1982, uma pesquisa Gallup revelou que 8 *milhões* de adultos nos Estados Unidos haviam passado pela experiência de quase-morte, e essa era uma estimativa tida como conservadora. As descrições da grande maioria apresentavam semelhanças impressionantes. Mencionavam sair do corpo e atravessar um túnel em grande velocidade; ser banhado por uma luz brilhante que proporcionava sensação de paz, alegria e amor; ver seres de luz, bem como familiares e amigos mortos; e observar a vida inteira desfilando numa rápida sucessão, com profusão de detalhes. Depois que voltavam dessa experiência, eles sentiam um desejo de ajudar os outros. Muitos promoveram profundas mudanças em seu estilo de vida, passando a ser enfermeiros, assistentes sociais ou voluntários em serviços comunitários. Nutriam o anseio de ver as condições do mundo melhorarem. Amar, cuidar e ajudar o próximo era o que lhes importava agora. Ficaram menos materialistas e deixaram de temer a morte. Intrigada com essa transformação, eu me perguntei: "O que os modificou tão profundamente?"

O *American Journal of Psychiatry* publicou recentemente um artigo sobre o fenômeno de quase-morte. Lendo essa matéria, constatei que aquelas estatísticas vinham despertando um grande interesse científico. Diversos estudos conduzidos com o rigor da ciência estão agora em andamento. Há apenas dez anos, quase todos os cientistas descartavam essas experiências, considerando-as alucinação ou fruto da imaginação, ou mero desejo de acreditar em suas implicações. Mas, como afirmou o psicólogo Kenneth Ring, "Não é possível que todos estejam inventando". O dr. Bruce Greyson, diretor da clínica psiquiátrica da Universidade de Connecticut, resume o pensamento corrente: "Todas as provas de que dispomos apontam para o fato de que não se trata de fantasia."

A Matemática do Coração

Certo dia, ouvi alguns amigos meus estabelecerem uma analogia entre o coração e os computadores. Questionei essa teoria em tom quase defensivo.

— Computador? Que coisa mais fria. As pessoas não são computadores!

Entretanto, procurei manter a mente aberta e escutar seus argumentos sem julgá-los. Prestei atenção ao que chamavam de "matemática" (seus dados, informações e conhecimento) para ver se realmente oferecia uma perspectiva mais ampla.

Eles explicaram que o coração contém uma fonte ilimitada de programas de inteligência superior que nos possibilitam fazer escolhas eficazes na nossa vida. Para acessar esses programas, basta escutar aquela voz serena (ou intuição) dentro de nós mesmos que nos dá a sensação de sabedoria interior. Então, podemos testar a sabedoria do que percebemos na vida real para verificar se nos trouxe paz e compreensão maiores. O coração proporciona a inteligência mais elevada, a *inteligência do coração* ou poder do coração — um poder que ilumina o entendimento. A cabeça, ou mente, traduz as freqüências dessa inteligência em idéias, palavras ou imagens intuitivas para que você possa compreendê-las. Na verdade, a mente atua como um terminal do computador central localizado no coração. A inteligência do coração oferece uma perspectiva ampla que abrange tudo, permeada pela freqüência do amor. A compreensão do todo só é possível por intermédio do coração — o computador central de acesso ao universo.

Uma Jornada Fantástica ao Coração

Enquanto eu tentava entender com maior profundidade, as perguntas continuavam brotando em minha mente: "O que é o universo?", "Por que estamos aqui?" Essas eram indagações que todos nos fazíamos. Então, disse a mim mesma: "Tudo bem, coração, se existe aí uma inteligência que de alguma forma lembre as funções de um computador, eu gostaria de compreendê-la." Fechei os olhos e, com o auxílio da imaginação, concentrei todas as minhas energias naquela região central onde sentira meu coração agitar-se. Visualizei meu coração como o computador central e a minha cabeça como um terminal. Tive a forte sensação de que uma imagem interior surgiria para revelar como tudo funcionava, pois já havia visto formas e padrões sutis de energia várias vezes antes, nos momentos em que rezava com fervor, ou quando me entregava à meditação ou à contemplação. Mas nenhuma dessas experiências me preparara para o que aconteceria a seguir.

Quando me concentrei no núcleo do meu coração, comecei a senti-lo como a bomba da força vital, fornecendo-me vigor e contato com a energia do meu espírito. Minha consciência se expandiu pelo espaço, como se avançasse por um corredor cheio de portas. Na extremidade desse corredor, delineou-se a imagem de uma cornucópia de cristais aparentemente sem fim. A cornucópia estava repleta de formações cristalinas. Distingui muitas facetas e arestas. Percebi que cada aresta do cristal apresentava uma faixa de freqüência inteligente distinta. Cada faceta parecia conter um programa ou padrão diferente. Fiquei fascinada.

Então, a imagem ficou ainda mais nítida. Muitas cores rodopiaram e se transformaram, como num caleidoscópio, em cores vivas que criavam inúmeros e incríveis padrões dotados de profundidade, como um filme em terceira dimensão. Concentrei minha atenção nesses padrões e os vi ampliarem-se diante dos meus olhos, como se os examinasse com uma lente de aumento. Eram arredondados, intricados, como flocos de neve banhados de luz e sombra, e eu podia enxergar através deles. Juntos, assemelhavam-se a uma pilha de disquetes de computador que flutuavam sem se tocar. Percebi que cada disquete ativava eletronicamente o seguinte. Os disquetes de cristal giravam e as facetas continham sulcos que armazenavam informações, como os *chips* de um computador. Os padrões cristalinos davam a impressão de se estenderem pela eternidade, numa distância tão grande quanto a que minha visão podia apreender.

De repente, uma revelação emergiu de algum lugar no âmago do meu ser. Para meu espanto, descobri que cada um de nós é provido de um padrão e cores próprios de cristal do coração, os quais, a meu ver, constituíam uma espécie de "*planta da alma*". Havia *chips* com informações detalhadas: armazenamento de registros desta vida, de vidas passadas e de possibilidades futuras — toda a inteligência de uma pessoa. Conforme as escolhas que fazemos, o programa ou disquete seguinte é ativado. Cada disquete é como um capítulo de um livro, um capítulo da nossa vida. Agora compreendo de que modo as pessoas conseguem visualizar a vida inteira desfilando diante dos seus olhos no momento da morte. Percebi com clareza que a inteligência total, compacta, de cada ser humano está contida num *chip* do coração, uma espécie de formação cristalina holográfica linda, elegante e imemorial. O amor era a emoção sobrepujante que abarcava toda a minha experiência.

O Computador do Coração

Mais tarde, refleti sobre a grande semelhança entre o funcionamento do computador do coração e o do meu escritório. Eu introduzia um disquete, selecionava um programa e, de algum modo, o sistema operacional lia as informações eletronicamente armazenadas nos *microchips* abrigados em seu interior. Na tela da minha visão surgiam os conteúdos do programa que eu havia selecionado. O computador traduzia os impulsos eletrônicos — as freqüências — em cores, imagens e palavras que eu pudesse entender. De repente, compreendi que a mente humana constitui uma espécie de tela de computador que realiza a leitura dos dados com que somos alimentados por meio dos cinco sentidos, dos neurônios e células cerebrais, e do computador do coração.

Em casa, meu microcomputador por acaso está conectado com a rede principal da editora. Num lampejo de intuição, percebi a *existência de um controle geral do coração, um computador central ao qual o computador do coração de todas as pessoas está ligado em rede*. Também me dei conta de que o amor é o poder que flui pela rede global. Por fim, entendi que tudo na vida podia de fato estar interligado. O amor é a freqüência nuclear eletromagnética que percorre todo o computador central holográfico da vida.

Quando alguém chama um programa do computador do coração — por exemplo, uma mãe ao amar o filho —, o disquete começa a rodar. À medida que o disquete roda, o programa atrai energia emocional. Se surgir o apego, e começarmos a impor condições ao amor, o disquete de cristal é recoberto por uma película espessa, prejudicando a irradiação da energia pura do amor.

Entusiasmada, continuei praticando a concentração no coração. À medida que o tempo passava, eu enxergava com maior clareza que o computador do coração proporciona ao sistema humano uma inteligência superior, que opera num comprimento de faixas de freqüência inteiramente diverso em relação à mente. *A mente ilumina-se e funciona em sua potência máxima quando serve de terminal para os programas de inteligência dirigidos pelo coração*. Exercitei de maneira incansável a concentração das minhas energias no núcleo do meu coração para obter um entendimento ainda maior. E aprofundava a minha compreensão quando irradiava amor ao indagar sobre o coração, inclusive como órgão físico.

Todos sabem que o coração é o músculo que bombeia o sangue para todo o corpo físico. Em termos de eficiência e *design*, esse órgão ultrapassa de longe todos os motores conhecidos. É possível sofrer morte cerebral e o coração ainda continuar batendo com força vital. Mas, se o coração parar de bater, o cérebro morre rapidamente. O coração bate por conta própria. Como? Nem mesmo a ciência pode responder a essa pergunta. Os engenheiros mal conseguem imaginar como aperfeiçoar a forma do coração, nem mesmo com todas as suas engenhosas e sofisticadas máquinas.

Em *Nutrition Plan for High Blood Pressure Problems* (Bircher-Benner), C. Hocrein descreve, com evidente admiração, o que esse músculo bombeador de sangue realmente faz para nós no nível físico da vida.

> "Trabalha dia e noite ininterruptamente por 70-80 anos, sem manutenção ou limpeza, sem consertos nem substituição de peças. Bate 100 mil vezes por dia, aproximadamente 40 milhões de vezes por ano, e em 70 anos realiza sua capacidade de bombeamento em quase 3 bilhões de pulsações cardíacas. Bombeia 7,5 litros de sangue por minuto, 378 litros por hora, por meio de um sistema vascular com cerca de 96.540 quilômetros de extensão — 2,5 vezes a circunferência da Terra."(*)

Essa descrição ampliou substancialmente o meu apreço pelo meu próprio coração físico. Como a maioria das pessoas, eu nunca lhe dera o valor merecido. Agora, percebia que esse órgão é uma poderosa máquina feita de músculo e tecido, projetada por uma inteligência extraordinária. Essa consciência eliminou qualquer resquício de temor de que o coração interior fosse algo frio como um computador em termos de projeto e funções. Ficava evidente para mim que alguma inteligência superior estava em ação na organização precisa e matemática do universo — na disposição e ordenamento das estrelas, corpos físicos, átomos, gravidade e de todas as outras partículas e forças. Eu li até num exemplar recente de *Good Housekeeping* que os diminutos genes do corpo humano funcionam como comutadores elétricos. As combinações de genes que estão ligados ou desligados determinam os programas de DNA para o desenvolvimento de todas as células do corpo — os órgãos que constituirão, a cor dos olhos e todas as outras características físicas. Os genes contêm uma planta de você e desempenham funções com a eficácia de um computador.

(*) Bircher-Benner, *Nutrition Plan for High Blood Pressure Problems* (Jove Publications, 1977).

Abrindo o Coração

Minha admiração pelo coração como órgão físico me levou a estender a investigação sobre a energia e propriedades inteligentes do coração interior. Assim, certa noite perguntei a mim mesma: "Se todas as propriedades físicas são compostas por freqüências, que tipos de freqüência compõem o coração interior?" Concentrei-me no centro do meu coração e notei que sentia mais equilíbrio, paz, amor e realização. Eu me dei conta de que essas emoções provinham do sistema de energia elétrica que circunda o coração físico. Falar em boa disposição natural! Eu queria mais do que isso.

Indaguei ao computador do meu coração de que modo eu poderia preservar aqueles sentimentos positivos na minha vida diária. Não tardou para que eu descobrisse a resposta. Logo na semana seguinte, meu chefe me ofereceu uma nova posição gerencial e sugeriu que eu refletisse sobre a proposta por alguns dias. A princípio fiquei entusiasmada, mas, ao considerar todas as responsabilidades acarretadas pela gerência de um mercadinho, comecei a me sentir bastante insegura em relação ao cargo. Minha mente examinou todos os ângulos, remoendo questões como: "Eu me sairia bem? Os funcionários me aceitariam como gerente? Eu teria tempo suficiente para a minha família?" À medida que os pensamentos me assaltavam, minha insegurança crescia. Tentei esquecer o assunto e me distrair com outras coisas, mas eu estava tensa e acumulando ainda mais tensão e *stress*. Além disso, sofria uma dor de cabeça constante. Seria possível que a insegurança fosse a causadora de tudo isso? Eu me desesperei. "O que devo fazer?", meus pensamentos continuavam inquirindo. Estava aprisionada numa cela no interior da minha mente — com quatro paredes e nenhuma porta. Minha mente continuava recitando os prós e os contras do emprego, e não dava sinais de que pararia.

Por fim, depois de engolir duas aspirinas, lembrei-me do meu coração e de sua inteligência superior para tomar decisões eficazes. Talvez, se eu realmente me esforçasse para liberar a insegurança, pudesse encontrar uma solução clara. Concentrei minha energia no computador do meu coração interior, na esperança de obter alguma sabedoria e iluminação. Então, comecei a enviar amor. Amei o chefe que me ofereceu o cargo, os funcionários do mercado, meu marido, meu filho e a mim mesma. Logo me senti melhor. Percebi que, quando passam por momentos difíceis, as pessoas freqüentemente se dirigem ao coração em busca de compreensão e de uma tranqüilizadora sensação de segurança. O problema que me afligia não era nenhum bicho-de-sete-cabeças. Lembrei-me que, quando meu avô morreu, foi em meu coração que busquei conforto. Nessas situações, as palavras de consolo que ouvimos não parecem suficientes para nos amparar. A força para se conformar e se adaptar à nova situação geralmente vem de dentro, lá do fundo. Agora, concentrando-me nas emoções verdadeiras do meu coração, minhas respostas se tornaram cristalinas, prospectivas e sólidas. Concluí, com serena convicção, que devia aceitar a promoção. Senti-me absolutamente segura.

À medida que meus conhecimentos sobre o coração aumentavam, eu me conscientizava de que as associações piegas e sentimentalistas que se faziam em relação à palavra "coração" na verdade constituíam uma limitação. Normalmente não cogitamos a possibilidade de acionar o coração para obter forças ou orientação a fim de enfrentar o cotidiano e o corre-corre da vida. Por que buscaríamos seu auxílio, se a maioria de nós tende a considerá-lo o nosso ponto fraco, tão frívolo e emocional que com freqüência nos cria problemas? Nestes tempos estressantes, a maior parte de nós o julga mal, desperdiçando-lhe a sabedoria e o poder oculto de nos guiar.

Meu contato com o computador interior do coração me mostrou que o coração não é piegas, suave e emotivo — algo em que pensamos no Dia dos Namorados ou quando nos apaixonamos. O coração tem muitas faixas de freqüência de sentimentos raros que enriquecem a textura e a qualidade do dia-a-dia. Nós dispomos de palavras para descrever essas texturas de freqüência, tais como amor, solidariedade, perdão e compaixão. Num momento de concentração no coração, ficou tudo claro para mim — as freqüências do coração eram a chave que destrancava a intuição e uma compreensão mais inteligente da minha vida. Entendi por que todos os grandes mestres e fundadores das religiões do mundo pregavam a seus seguidores o amor e a solidariedade recíprocos — ambos os sentimentos constituem códigos de acesso à sabedoria do coração, aos seus programas de inteligência superior. A compreensão com o coração é um importante passo à frente em relação ao raciocínio comum, porque nos oferece um entendimento mais amplo do que aquele que os processos analíticos ou dedutivos ou o raciocínio linear podem proporcionar. Você traz mais inteligência do coração para a sua consciência quando relaxa a mente e escuta as emoções do coração. Esse processo fornece respostas muito rápidas para as decisões, grandes ou pequenas, que você precisar tomar em sua vida. O coração é uma fonte de sabedoria e de sugestões intuitivas, embora poucas pessoas saibam como usá-lo.

A inteligência do coração dispõe de programas incomparavelmente diferentes dos programas da mente isolada que regem a maioria das pessoas. Ambição, hábito de julgar os outros, cobiça, ódio e inveja são freqüências mentais cujas raízes consistem em medo e insegurança. A mente roda programas de medo e insegurança quando perde o contato com o coração. Sem essa conexão, a mente fica por conta própria e cria programas dedutivos para gerenciar a nossa vida. Quando eu era criança, ouvia dizerem que o amor afugenta o medo. Agora compreendo por quê. Com os pensamentos e emoções que permitimos operarem em nosso sistema, criamos a nossa vida à medida que vivemos.

Continuando a concentrar-me no coração, consegui descobrir quais emoções ativavam seu computador. Meu coração me incentivava a adotar atitudes de paciência, bondade, reconhecimento, bom humor e diversão. Todas as vezes em que eu seguia essa orientação e aplicava a sabedoria interior, constatava que o *stress* desaparecia e eu tornava a me sentir no topo do mundo!

Cabe realmente a cada ser humano *escolher* as idéias e emoções que operarão em seu sistema e por quanto tempo. Claro, não parece ser assim. Mas, com a prática, você aprende a ajustar seus pensamentos e atitudes. É isso que os programas de auto-ajuda tentam facilitar, embora pudessem obter resultados mais expressivos se incluíssem o coração. O condicionamento social e o hábito nos preparam para viver sob a direção da mente, aprisionados nas freqüências de insegurança, preocupação, ressentimento e frustração, buscando sempre uma saída. A função do medo e da insegurança é nos advertir sobre a necessidade de agir para nos protegermos do perigo — uma ação do coração! Mas, se permanecermos muito tempo nessas freqüências, causaremos mal a *nós mesmos* e esgotaremos as nossas fontes de energia. A mente continuará repetindo padrões de pensamentos que desperdiçam energia, e nossa vida se estagnará no mesmo velho e estressante torvelinho.

Quando você opta por acionar e sentir sinceramente as freqüências do coração — como amor, solidariedade e compaixão —, amplia a sua receptividade à inteligência superior que essas freqüências lhe propiciam. Ao *senti-las*, você desenvolve uma *percepção* profunda de si mesmo e dos outros, ativando a equação da energia: Emoção + Percepção = Compreensão. O coração e a mente, então, trabalham juntos num criativo empreendimento conjunto.

A maioria das pessoas sabe disso intuitivamente, mas não dispõe de instrumentos ou de uma tecnologia passo a passo para aprender a viver em permanente conformidade com o coração. E é o coração que nos confere poder, promovendo segurança e auto-estima. A inteligência do coração é o seu verdadeiro mestre — porque, em última análise, é o coração que confirma ou rejeita o que qualquer outro mestre disser.

Diretrizes do Coração

Até onde posso lembrar, sempre ansiei por algo que me fizesse sentir. Fui criada como presbiteriana e minha família ia à igreja todos os domingos. Não éramos muito religiosos, mas alguma coisa em Jesus Cristo, além do sentimento de integração, de família e de amor que eu sentia no templo, tocava-me profundamente. Na adolescência, freqüentei outras religiões na companhia de amigos — primeiro a católica, depois a batista e a pentecostal. Fui "salva" e usufruí o companheirismo que me ofereciam. Ainda assim, permanecia o anseio por um nível mais profundo de realização e compreensão.

Na igreja, falava-se sobre a voz serena. Eu rezava e ouvia, mas nunca tinha certeza de qual voz era a correta. No HeartMath, descobri que essa voz serena é a sabedoria intuitiva do coração, que nos brinda com amor e paz e soa como verdadeira. Para mim, parecia mais uma sensação do que uma voz, embora às vezes também me ocorressem palavras. Trata-se do que você poderia chamar de *diretriz do coração*, porque lhe mostra a atitude e as respostas mais eficazes para as escolhas que você tem de fazer na vida. Para receber as diretrizes do coração, é preciso aquietar a mente, acessar o computador do coração, concentrar-se nele e, ao mesmo tempo, emitir amor. Às vezes demora um pouco para você extrair as informações da inteligência intuitiva. Eu acabei por considerar esse processo como o verdadeiro ato de rezar.

Depois que aceitei minha promoção para gerente, percebi o quanto a fonte do coração é poderosa e me determinei a consultar o computador do meu coração todos os dias. Em vez de tentar resolver problemas com a cabeça, eu pararia e estabeleceria contato com a intuição do coração para obter informações por intermédio daquela voz serena. Era apenas bom senso. Quanto mais eu seguia as instruções recebidas do coração, mais forte e gratificante minha vida se tornava. O melhor de tudo é que a voz do coração se torna mais alta e nítida à medida que você pratica.

Cada um de nós tem seu próprio quebra-cabeça para resolver quando tenta encontrar o equilíbrio em meio às oscilações da vida. Nossas experiências constituem a *geometria da vida* — diferentes configurações de pessoas, coisas, eventos, situações. A geometria da sua vida traça um plano para o seu crescimento e evolução, com o propósito de lhe proporcionar maior compreensão e realização em relação a si mesmo e aos outros. Você aperfeiçoa o plano quando assume o seu poder, atuando de acordo com as diretrizes do seu coração, que constituem a forma mais eficiente de retorno do seu sistema.

Ao escutar as diretrizes do coração e atuar em conformidade, você começa a reprogramar e harmonizar a sua natureza mental e a emocional para adquirir equilíbrio e realização. É uma questão de causa e efeito. O tipo de energia que você libera corresponde exatamente àquele que retornará no final. Ou, em termos bíblicos, nós colhemos o que semeamos. Produzimos *stress* ou realização, dependendo dos programas e atitudes que rodamos todos os dias em nossos pensamentos e emoções.

Ativos e Déficits

Praticando o que no Instituto chamamos de "a matemática de Doc", aprendi a identificar os ativos e os déficits do meu sistema. Certos pensamentos e atitudes drenam a minha energia e interrompem a conexão com o coração, enquanto outros restabelecem esse contato. Sentir as freqüências do coração — amor, solidariedade, capacidade de perdoar e gratidão —, sempre me aproxima do centro do meu coração. Quando permaneço presa na mente, em seu hábito de julgar, seus ressentimentos e autocomiseração, parece-me impossível acessar o computador do coração. Contudo, com a prática, aprendi a concentrar a atenção nas freqüências do coração ou nas da mente ou numa combinação delas. A escolha era minha. Descobri que todos nós dispomos de um *dial* de rádio dentro de nós e que podemos escolher qual freqüência sintonizar. Percebi o que significa realmente assumir o poder.

Quando eu estava no trabalho, fechando o caixa, fazendo inventário ou a contabilidade, eu certamente precisava que as freqüências da minha mente funcionassem a todo o vapor. Quando me encontrava com a minha família ou com amigos, ou mesmo quando sozinha, era melhor para o meu sistema viver de acordo com as emoções do coração — amor, solidariedade e paz. Aprendi a sintonizar meu *dial* no coração e emitir muito amor, compaixão e gratidão. A recompensa, na maior parte do tempo, era uma profunda sensação de realização.

Certas situações, porém, ainda conseguiam me abalar e apanhar desprevenida. Dava por mim voltando à mente, justificando as minhas reações e até esquecendo que tinha coração. Quando meu filho era muito pequeno, por exemplo, jamais batia nele ou realmente tentava discipliná-lo. Por volta dos 3 anos, ele era tão levado e criava tanta confusão que meus amigos me advertiram que, se eu não começasse a lhe impor disciplina, em breve seria impossível lidar com ele. Meu filho estava controlando a minha vida. Minha mente queria justificar de qualquer maneira o meu desempenho, reafirmando que eu era uma boa mãe, e acabei sentindo pena de mim mesma. Chorei vezes sem conta por esse motivo. Lá estava eu, cheia de autocomiseração, exaurida e zangada. Mas meus amigos tinham razão e meu coração não ignorava o fato. Então, eu me recompus e resolvi começar a educar meu filho, pedindo orientação ao coração. Tão logo obtive uma visão clara da situação, uma parte de mim se transformou numa espécie de guerreiro, e fui à luta para pôr em prática o que eu sabia ser a verdade. Foi o que fiz. Que momento crucial em nossa vida! O comportamento do garoto começou a melhorar de imediato. Ele sabia que eu não estava brincando, mas, ao mesmo tempo, sentia-se amado. Eu podia ver que estava economizando uma imensa quantidade de energia para nós dois. Em um mês meu filho havia mudado radicalmente. Em seis meses, a transformação se completara — ele se tornara uma criança adorável.

Outro exemplo ocorreu no trabalho. Como gerente responsável por vários adultos, cabia-me estabelecer regras para os meus subordinados. Quando alguém as desobedecia, afetando os colegas, era meu dever tomar providências. Eu usava a inteligência do coração para me comunicar do modo mais eficaz possível. Tudo caminhou bem até o momento em que uma determinada funcionária passou a chegar atrasada diversas vezes por semana — sempre apresentando alguma desculpa. Conversei duas vezes com ela a esse respeito, sem sucesso. Entretanto, não lhe chamei a atenção porque não é do meu feitio confrontar-me com as pessoas. Em vez disso, passei a evitá-la e me sentia mal por isso. Os demais empregados estavam ficando ressentidos e esperavam que eu tomasse as medidas apropriadas.

Certa manhã, quando acordei, ocorreu-me que eu teria de despedi-la e essa perspectiva me abalou muito. Eu estava indo tão bem vivendo de acordo com o meu coração, minha vida deslizava com tanta suavidade, e agora aquele incidente vinha perturbar o meu sossego. Fiquei aborrecida com ela e com a vida. Resvalei para o meu antigo hábito de sentir pena de mim mesma. Nesse dia, voltei do trabalho arrasada. Não tinha sequer vontade de consultar meu coração em busca de resposta. Pensamentos carregados de ressentimento assaltavam a minha mente e eu sabia que, se não fizesse alguma coisa, eles me causariam ainda mais sofrimento e tensão. Minha inteligência me aconselhava a agir sem demora. Com a coragem de um soldado no campo de batalha, sentei-me na cama e tentei acalmar minha mente tumultuada e neutralizar as minhas emoções. Decidi enviar amor àquela moça que continuava chegando atrasada. Concentrei-me no coração e sinceramente senti amor por ela. Fiquei apta a me livrar do ressentimento ao compreender que a moça enfrentava problemas para conciliar os filhos com o trabalho. Quando mergulhei mais fundo no meu coração, ouvi minha voz interior sugerir: "Que tal estabelecer um horário diferente para essa empregada? Veja se ela pode entrar uma hora mais tarde, mesmo que isso implique uma redução no salário, porque desse modo será possível preservar-lhe o emprego." A despeito do problema com a pontualidade, a funcionária era eficiente e eu sabia que o restante do grupo tinha condições de cuidar tranqüilamente da loja sem sua ajuda durante a primeira hora.

Que solução simples! Eu vi que era muito boa. Se não entrássemos em acordo, minha obrigação seria demiti-la, mas pelo menos eu lhe teria oferecido uma alternativa justa. Agora, o desfecho dependia da decisão dela. No dia seguinte, eu a chamei ao meu escritório e fiz a proposta, salientando a condição de não haver mais atrasos. Ela ficou tão aliviada e grata que não parava de me agradecer e garantiu que trabalharia dobrado para compensar aquela hora. E foi exatamente isso o que fez, além de cumprir rigorosamente o horário. Essa experiência reforçou a minha determinação de consultar meu coração com maior freqüência no futuro. Toda aquela energia desperdiçada com preocupação e tensão desnecessárias, originando um tremendo déficit, só porque não usei a inteligência do coração desde o início!

Cabe a Você

Observar os resultados na sua própria vida da inteligência do coração é uma experiência que serve de foguete propulsor para motivá-lo a continuar usando o coração na tomada de grandes e pequenas decisões. Você começa a enxergar as formas diferentes da geometria da vida como oportunidades — de assumir o poder e acumular energia ou de se fazer de vítima e acumular tensão. A decisão é sua.

Para estabelecer a base do poder do coração como sistema completo de realização, você primeiro precisa *lembrar-se* de aquietar a mente. O passo seguinte é voltar-se para o coração, obedecendo-lhe as instruções para resolver os problemas do dia-a-dia. Então, perceberá que *você* é o responsável pelo gerenciamento do seu sistema. É essa a sua tarefa interior. Para atingir o equilíbrio, deve-se escutar as diretrizes ditadas pelo coração e corrigir os pensamentos, emoções e atitudes ineficazes. Buscar a sabedoria interior é apenas uma questão de bom senso. A maioria de nós tem uma porção de programas velhos para apagar e substituir por atitudes mais sábias, poupadoras de energia. Ninguém executará essa tarefa em seu lugar. Nenhuma outra pessoa o fará sentir-se realizado. A sua segurança está dentro de você, esperando apenas ser encontrada.

Não é imperativo que a dança da vida consista numa valsa lenta. Podemos escolher o ritmo que desejarmos, mas às vezes a valsa é uma boa opção. À medida que dança pela vida, você acaba descobrindo o ritmo que lhe proporciona um equilíbrio maior. Se não correr demais nem andar demasiado lento, você terá condições de identificar os passos que o divertem e realizam. Ao aprender o que enriquece os seus ativos ou cria déficits no seu sistema, você aumenta o seu poder de transformar o que lhe é prejudicial. Nos seminários do HeartMath, ensinamos a elaborar um *balancete pessoal de gerenciamento de energia*. Você utiliza o balancete observando a si mesmo todos os dias para verificar o que drena a sua energia (atitudes e reações que produzem tensão) e o que lhe proporciona energia e bem-estar (atitudes e reações que acumulam energia). Você delineia cada déficit e pergunta ao coração como transformar aquele déficit em superávit. Então, segue as diretrizes do coração para fazer os ajustes necessários nas atitudes a fim de torná-las mais eficazes em termos de energia.

Quando comecei a editar este capítulo, aconteceram em Los Angeles alguns incidentes graves. Depois do julgamento dos policiais acusados de espancar Rodney King e do tumulto em South Central Los Angeles, todos se perguntaram: "O que podemos fazer?" Ricos e pobres, estrelas de cinema e sem-teto, negros, brancos, coreanos, hispânicos, todos se juntaram para remover os escombros e dar comida e roupas às vítimas dos distúrbios. Reinava um grande espírito de integração. As pessoas se questionavam: "Por que é necessário surgir uma crise para nos unirmos?" No noticiário noturno da TV, foi entrevistado um voluntário que varria o entulho. O repórter lhe indagou: "Na sua opinião, existe algum modo de nos preocuparmos uns com os outros e de agirmos em conjunto para evitar que esse episódio se repita?" Ele respondeu: "Nós precisamos retornar aos valores básicos e agir com o coração, com mais compreensão e compaixão uns pelos outros." Essa entrevista de TV me inspirou a escrever um pouco mais depressa.

Compreenda que o coração não é uma solução imediatista. Não existem soluções imediatistas. Mas, conforme ensina a minha experiência e a de todos os meus amigos do Instituto, a inteligência do coração proporciona respostas concretas e soluções sólidas de longo prazo. Já se tentou tudo o mais. Por que não tentar voltar à base e realmente aprender a amar e se importar com o outro em níveis mais profundos e sinceros?

Capítulo 3

A Cabeça

Muito bem, mas qual é a participação da cabeça no processo de assumir o próprio poder? A maioria de nós deseja um poder mental maior e investe pequenas fortunas em cursos para aguçar a capacidade mental. Você já se sentiu desorientado diante da profusão de seminários, livros e informações disponíveis em toda parte? Por meio dos bancos de dados dos computadores, agora podemos ter acesso a volumes e mais volumes de detalhes sobre praticamente qualquer assunto. Mesmo que você estudasse 24 horas por dia, jamais aprenderia tudo.

Cérebro, mente e intelecto constituem um fantástico e complexo maquinismo. Para simplificar, eu os citarei coletivamente como *a cabeça*, já que operam juntos numa determinada amplitude de freqüência de inteligência denominada faixas de freqüência da cabeça. A principal função da cabeça é organizar, processar e analisar informações. Avaliar, calcular, memorizar e comparar também estão entre as suas atribuições. É uma parte muito útil e importante do nosso sistema, e teríamos grande dificuldade para sobreviver sem seu auxílio. Você não conseguiria pensar, dirigir um carro, falar, ler, escrever ou levar uma vida movimentada sem uma boa cabeça plantada em seus ombros.

Contudo, por mais maravilhosa que ela possa ser, se não estiver em conexão com as freqüências do seu coração e se não acionar programas eficientes, a cabeça criará um bocado de *stress*. Uma pesquisa recente sobre os trabalhadores norte-americanos revelou que 62% deles costumam sofrer tensão mental e ansiedade; 45% se queixam de freqüentes dores de cabeça em conseqüência do *stress*. Dentre as freqüências da cabeça que causam *stress*, algumas das mais comuns são o hábito de julgar a si mesmo e aos outros, o medo, a inveja, o ressentimento e a preocupação. Você percebe que essas atitudes e reações mentais são subprodutos de comparação, avaliação ou análise feita sem a compreensão mais ampla do coração?

Deixe-me explicar. Suponhamos que uma amiga sua atraia todas as atenções por causa de um penteado novo e o fato lhe provoque inveja ou mesmo ressentimento. Nesse momento, você se compara com ela e se considera menos atraente. Ou então suponhamos que alguém no trabalho receba um elogio por um serviço bem-feito e você, que não foi elogiado, sinta-se magoado e preterido. Mas, se ativasse o seu coração, você teria a segurança necessária para perceber que aquele cumprimento recebido pelo seu colega não foi retirado de você. No seu coração, você se lembraria de que é comum as pessoas receberem atenção quando mudam o penteado. O seu coração saberia que você também já foi elogiado por seu desempenho em outras ocasiões, e que nada o impede de alegrar-se quando chega a vez dos outros. Esses são exemplos simples de como o poder oculto do coração pode ajudá-lo a mudar seus pensamentos e protegê-lo do *stress* causado pelo hábito de julgar a si mesmo e pela insegurança.

Embora a cabeça constitua um belo mecanismo, seu desenvolvimento tem merecido uma ênfase exagerada, sem que se providenciem instrumentos adequados para o seu gerenciamento. Os nossos sistemas educacionais privilegiam o conhecimento da cabeça em detrimento da sabedoria do coração. Entretanto, é a combinação de ambos que nos proporciona maior inteligência e equilíbrio, além de um entendimento verdadeiro, indispensável para reconstruirmos a nossa sociedade. As freqüências da cabeça e as do coração são projetadas para trabalharem em conjunto. Quando a cabeça opera sem gerenciamento, sem a sabedoria do coração, freqüentemente cria perspectivas distorcidas que resultam em pensamentos e emoções estressantes. Sozinha, a cabeça simplesmente não dispõe de amplitude de inteligência suficiente para alcançar uma freqüência de perspectiva que promova equilíbrio e realização, em vez de *stress*. É para isso que serve o coração. Sem a sua participação, os processadores da cabeça freqüentemente emperram, como os antigos discos de vinil que, quando riscados, repetiam sem cessar o mesmo trecho da música.

Gerenciando a Sua Cabeça

Na sua mente consciente, os pensamentos passam furiosamente grande parte do tempo. Já lhe aconteceu de voltar para casa depois de um dia estafante de trabalho, ou depois de um desentendimento com alguém, e perceber que continua pensando no ocorrido? Às vezes você se dá conta de que isso não é bom e gostaria de parar, mas não consegue. Então, você talvez tome alguns drinques ou procure um estímulo qualquer, com o propósito de esfriar a cabeça. Mas, mesmo que isso funcione por algum tempo, os pensamentos logo retornam, às vezes no meio da noite, e até mais fortes do que antes. A razão é que o verdadeiro vício que adquirimos na vida *são* os nossos padrões de pensamento. A dependência física em relação ao álcool, às drogas, etc. freqüentemente resulta da nossa ânsia de escapar de padrões insatisfatórios de pensamento. Esses pensamentos viciosos se tornam as realidades que criamos, resultando em *stress* e desgaste do corpo. Eles nunca trazem paz de espírito.

Imagine essa situação bastante comum: primeiro, você se decepciona com uma pessoa; depois, faz um inventário das faltas dela e, em conseqüência, sente-se justificado em sua mágoa; a raiva então começa e o padrão negativo de pensamentos surge, obscurecendo a sua visão da realidade. Esse é um exemplo clássico do programa da cabeça rodando em círculos — ou seja, executando repetidamente um determinado procedimento. E a cada repetição, os pensamentos se aceleram, intensificando as suas emoções. Por fim, você se convence de que a situação é ainda pior do que parecia no seu primeiro pensamento.

Em seu famoso livro *Healing The Shame That Binds You*, John Bradshaw explica que: "A obsessão mental, repetição incessante de alguma coisa, é parte do círculo vicioso."(*) Quando se acrescenta energia emocional aos processadores da cabeça, eles giram e giram e, como um imã, atraem padrões de pensamento semelhantes. Outro exemplo: se chegar atrasado ao trabalho e, em conseqüência, perder um negócio importante, o mais provável é que você não tenha muita paciência para enfrentar um congestionamento de trânsito ao voltar para casa. E, ao chegar, é provável também que você ainda carregue aquelas energias de frustração e impaciência, que acabarão por afetar sua esposa e filhos pelo resto da noite e possivelmente pelo resto da sua vida.

Existem vários modos de deter os processadores da cabeça negativos. Você pode desviar a atenção para outra coisa que a sua mente considere mais estimulante (embora os processadores negativos geralmente retornem mais tarde). Você pode parar quando o seu sistema finalmente entrar em colapso — físico, emocional ou mental. Ou pode conscientemente optar por suspender os pensamentos negativos praticando métodos específicos que o ajudem a modificar as suas freqüências.

A última alternativa é obviamente a mais eficiente. Você não precisa necessariamente mudar os *eventos* do dia, mas pode *deter* as suas reações negativas. O primeiro passo é perceber que a repetição de pensamento negativo apenas acumula mais tensão. Se você não os impedir, as atitudes e os padrões negativos continuarão circulando pelo seu sistema e dando a tonalidade do resto do seu dia. É possível exercitar-se para transformar essas energias por meio de um esforço para voltar ao poder do coração, a fim de ao menos *neutralizar* os seus pensamentos até você adquirir uma perspectiva mais ampla e aprofundar a sua compreensão. Só a capacidade de neutralizar padrões mentais e emocionais negativos já lhe poupa um bocado de tensão e o prepara para o passo seguinte no processo de assumir o poder do coração.

(*) John Bradshaw, *Healing the Shame that Binds You* (Health Comm., 1988).

"Bem, isso talvez funcione com problemas menores", você talvez argumente, "mas algumas coisas são realmente grandes e muito complexas. Como poderia o coração proporcionar uma perspectiva que de fato melhorasse a situação se eu batesse o carro ou perdesse o emprego?"

Se um evento for extremamente desalentador, é provável que represente um grande choque para o seu sistema. Muita gente não consegue aceitar ou superar acontecimentos tais como acidentes, perda de emprego, divórcio, doenças, mortes e catástrofes. Entretanto, no fim acabam por fazê-lo (em geral, depois de muitos anos). Encontrar a compreensão do coração é sempre parte desse processo. Embora na verdade ninguém deseje sofrer, para a mente e para as emoções pode ser muito difícil abandonar a perspectiva da freqüência da cabeça que mantém a dor viva. O poder do coração é imprescindível para abrir mão do sofrimento.

O coração entende que alcançar a paz numa situação de crise por vezes demanda algum tempo. Contudo, o uso da inteligência do coração acelera o processo. A maneira eficaz de dissolver a dor é buscar no coração uma compreensão mais profunda, em vez de permitir que os processadores da cabeça se desgovernem e distorçam qualquer revelação que o coração queira lhe fornecer. Para tanto, você deve manter a mente em ponto neutro, a fim de dar ao coração a oportunidade de lhe transmitir informações. Colocar a mente em ponto neutro significa simplesmente tentar parar de pensar naquele assunto específico. Apenas faça um esforço para colocar o problema numa prateleira, para tranqüilizar a mente e "*ser*" o melhor que você puder até sentir novamente o coração. *Não se trata de enterrar o problema.* Trata-se de nutrir a esperança e a compreensão que permitem ao seu coração ofertar-lhe o amor e a inteligência capazes de ajudá-lo.

Quanto mais você consente que os padrões negativos de pensamento o governem, mais fortes eles se tornam e, em conseqüência, fica muito mais difícil detê-los. Você não precisa esperar que o *stress* se instale e se acumule a ponto de levá-lo à angústia, às lágrimas de desespero e à apatia. É para esse tormento que, durante uma crise, os processadores da cabeça mal gerenciados podem conduzir — e efetivamente conduzem — a maioria das pessoas.

Uma vez alcançado o nível da apatia, o alívio parece remoto e o processo de *recuperação* dá a impressão de arrastar-se para sempre. Pode demorar meses, anos, às vezes a vida inteira, até a pessoa perdoar e superar um evento. (Algumas jamais o conseguem.) Mas, usando o coração para gerenciar os processadores da cabeça, você obterá o alívio necessário para sobreviver e seguir em frente.

Existe esperança! Você *tem* escolha. Não importa o que lhe aconteça — seja um problema com uma pessoa ou um lugar, ou pensamentos ruins resultantes de lembranças do passado ou de medo do futuro — você escolhe como processar a experiência. A sua perspectiva naquele momento influencia o rumo que você tomará. O seu curso mais eficaz de ação consiste em dirigir-se ao coração para obter a perspectiva mais ampla possível. Não parta do pressuposto de que a primeira reação da sua cabeça irá mostrar-lhe o que deve fazer.

Tempestade em Copo d'Água

Examinemos mais detidamente o modo como os processadores da cabeça funcionam. Digamos que você acabou de saber que o seu filho tirou notas baixas na escola ou que um negócio tido como certo fracassou. Essas más notícias podem constituir um desapontamento que afetará profundamente as suas emoções. Quando os sentimentos assinalam um distúrbio, a cabeça converte a informação em pensamentos e cria uma perspectiva de determinada freqüência. Se você não a gerenciar nesse momento, a cabeça iniciará automaticamente um programa que aciona fitas mentais baseadas nessa perspectiva — geralmente fitas de desalento, frustração, autocomiseração e assim por diante. E magneticamente chamará da memória experiências semelhantes que você teve no passado, com as quais reforçará aquela freqüência de perspectiva. Então, o programa da cabeça continuará rodando em círculos essa perspectiva, acrescentando energia a cada repetição, fazendo do problema uma tempestade, uma crise, em vez de apenas um copo d'água. A cabeça não gerenciada pode fugir ao controle da mesma forma que um computador contaminado por vírus.

Quando você entra nesse processo, é hora de se voltar para o coração — imediatamente —, e extrair um programa novo do computador principal. O programa do coração *proporcionará* uma freqüência mais forte, que irá ajustar-se melhor ao seu sistema. Então, zelosamente a cabeça converterá aquela freqüência em *pensamentos novos*, fornecendo-lhe uma *nova freqüência de perspectiva* da situação, baseada na inteligência do coração.

Quando passei a observar esse processo no meu próprio sistema, comecei a tomar consciência de que muitas vezes eu experimentava energias que afetavam os meus sentimentos antes que os pensamentos e processadores iniciassem seu trabalho. Às vezes, apenas me sentia insegura sem qualquer motivo aparente.

Para mim era impossível entender sempre quais freqüências abalavam a minha percepção do mundo. Você pode notar isso no seu sistema também, por vezes.

Por exemplo, se você estiver sentado à beira de uma lagoa, rodeado de árvores, as freqüências irão lhe parecer pacíficas e serenas, influenciando os seus pensamentos de maneira positiva. Mas, se estiver preso num congestionamento de trânsito, ao som de buzinas e o escapamento dos carros irritando o seu nariz, as freqüências podem deixá-lo tenso e nervoso, agindo negativamente sobre os seus pensamentos. Para recuperar a sensação de segurança num ambiente estressante, você pode começar buscando o silêncio interior — dentro de si mesmo, portanto. (Na verdade, não é tão difícil. O seu coração só está esperando que você lhe peça ajuda — mesmo em meio à agitação de uma grande metrópole.) Então, se lhe fizer perguntas, você receberá respostas que trarão uma compreensão maior dos seus sentimentos. Com a compreensão, virá a sensação de segurança. Contudo, é preciso prática para estabelecer essa ligação entre a sua cabeça e o seu coração.

Observar esse processo constituiu uma grande revelação para mim. Desde a infância, bastava alguém elevar o tom de voz para que eu me magoasse, me sentisse culpada e, não raro, chorasse. Eu era sensível às energias dos outros e temia ter feito algo de errado. Certa vez, quando eu tinha uns 5 anos, uma amiga de minha mãe me deu uma carona de volta para casa, depois da aula de balé. Ela parou diante de uma casa qualquer, virou-se para mim e me perguntou um tanto rudemente se era lá que eu morava. Fiquei tão magoada que respondi que sim e desci correndo do carro, embora chovesse muito e eu morasse a vários quarteirões dali. Estava encharcada quando finalmente entrei em casa. Jamais me ocorreu que ela poderia estar num dia ruim.

Quando decidi explorar o meu coração, uma das primeiras coisas que eu quis gerenciar foi a minha hipersensibilidade, que sempre me lançava num círculo vicioso difícil de romper. Minhas mágoas eram tão reais para mim que me parecia justificável senti-las, o que distorcia a minha perspectiva da situação como um todo. Quando minha cabeça assumia o controle e processava insegurança, eu tinha a impressão de que demorava uma eternidade para restabelecer o contato com o meu coração. Cada vez que isso acontecia, eu me perguntava por que continuava fazendo isso comigo. Só parei de me identificar com sentimentos de insegurança e comecei a alcançar o equilíbrio quando passei a seguir as instruções da minha intuição. Encontrar essa sabedoria interior criou uma forte ligação com a minha segurança interior, capacitando-me a sentir o coração das outras pessoas e a enxergar a verdade com maior clareza. Foi uma grande descoberta perceber que as minhas *reações de insegurança às outras pessoas estavam sugando o meu poder*. Por fim, me dei conta de que a culpa não era necessariamente minha se alguém me olhasse de modo estranho ou elevasse o tom de voz. A pessoa poderia simplesmente estar estressada. A sensação de poder que encheu meu coração quando aprendi a gerenciar a minha suscetibilidade foi profundamente gratificante.

O ideal é usar as freqüências da cabeça para reunir informações e dados e o coração para colocar essas informações sob uma perspectiva confiável. É para isso que a central do seu coração é projetada — se você a utilizar. A cabeça e o coração — num empreendimento conjunto — proporcionam sabedoria, compreensão e alívio. E diversão também!

Quando você começa a praticar o contato com o coração, uma compreensão satisfatória pode surgir de imediato, como num passe de mágica, acompanhada por uma nova percepção do coração. A velocidade com que você obtém essa compreensão depende da sua capacidade de empregar o coração para controlar e acalmar a mente e encontrar o seu silêncio interior. Se experimentar com problemas menores, você desenvolverá um "músculo" interior com o qual poderá contar quando surgirem problemas maiores ou situações de crise. Lembre-se, a mente não foi projetada para governar a si mesma; essa tarefa cabe ao coração.

Como Gerenciar Pensamentos Inconscientes

Todos nós possuímos programas antigos, inconscientes, criados na infância e em eventos anteriores da vida, que são estocados no nível celular do seu sistema. Os planos físico, mental e emocional da nossa natureza estão tão interligados que as nossas células na verdade se lembram de velhas mágoas e dores. É por isso que temos tanta dificuldade para nos libertar de algumas memórias. Para apagar esses programas, use o computador do coração. Se você estiver confuso, sem conseguir distinguir a diferença entre os pensamentos da sua cabeça e as idéias do seu coração, repouse a cabeça um pouco e dê ao coração uma oportunidade de trabalhar. A cabeça talvez ainda tente turvar a sua visão com padrões de pensamento. Não importa. Apenas pratique dirigir o foco da sua atenção para o coração, sentindo no seu centro amor por si mesmo. Mesmo que surja apenas uma compreensão parcial, seja paciente e continue treinando. Em breve a vida irá lhe parecer melhor. A paciência é uma poderosa freqüência do coração que ajuda a ativar a compreensão que você procura.

Uma grande amiga minha, Debbie, inventou uma regra "24 horas". Por mais complexo que seja o problema, ela descobriu que, se o colocar na prateleira e tentar manter-se no coração, em 24 horas quase sempre surge uma revelação ou solução. Ao dizer a si mesma que 24 horas é o prazo máximo que esperará para se sentir bem de novo, Debbie consegue ser paciente e deixar o coração executar sua tarefa. Quanto mais responsável você for em dirigir a sua mente consciente com pensamentos positivos do coração, mais o seu espírito pode acelerar o processo de aprendizado e crescimento, permitindo-lhe seguir em frente, rumo a uma vida mais gratificante.

Sem a perspectiva do coração, a mente não gerenciada continuará recriando os mesmos velhos pensamentos e sentimentos negativos com os programas celulares inconscientes da sua memória. Esses programas negativos geram energia desarmônica e experiências estressantes que lhe roubam a vitalidade. Se você não tomar providências, a reprodução dos programas negativos acelerará o processo de envelhecimento, conduzindo à doença e até mesmo causando a morte.

Cristalização e Estruturas Mentais

A cristalização é o processo em que se imprime um padrão de pensamento na mente e no corpo. Quando se cristaliza (ou enrijece) num determinado modo de ser, você não sente mais o desejo de ver e compreender sob uma perspectiva mais ampla, nem de aperfeiçoar suas posturas internas. Você deixa de se interessar pela possibilidade de mudar ou de melhorar a situação. Você se desenergiza. Em geral, a cristalização se forma a partir do apego a "estruturas de crença" e aos seus conceitos sobre a natureza das coisas. Ela se forma a partir de qualquer tipo de apego.

Se você se apegar ao conforto e acreditar que precisa tê-lo sempre, perderá a flexibilidade de que dispunha na infância, época em que estava sempre pronto para uma aventura. Alguns adultos se privam de ir à praia para não sujar a roupa com areia.

Outros abrem mão de uma caminhada na floresta porque receiam ficar muito cansados na manhã seguinte. Você se sente mais ameaçado por novas pessoas e novas idéias quando sua postura se cristaliza, impedindo que a vida lhe ofereça todas as dádivas que deseja oferecer-lhe.

Os padrões de pensamento correm pela mente como cavalos selvagens, impossíveis de deter depois que disparam. Contudo, existem pontos ao longo da trilha em que a mente pode falhar, exatamente como um cavalo que, com obstinação se recusa a atravessar um riacho. Esses pontos são chamados de *estruturas mentais*. A mente decide que "sabe tudo o que há para saber" e não deixa espaço para novas perspectivas. Alguns bons exemplos são: antigamente acreditava-se que a terra era plana — mas hoje sabemos que sempre foi redonda. Antigamente dizia-se que, se tivesse sido concebido para voar, o homem teria asas — mas hoje temos aviões a jato. É provável que você conheça alguém que hoje usa um penteado ou um tipo de roupa que não usaria "nem morto" dez anos atrás. Quantas pessoas você conhece que agora fazem dietas, adotam estilos de vida, crenças ou posições políticas que antes criticaram nos outros? À medida que as variáveis da vida mudam, suas perspectivas e padrões de pensamento precisam mudar também. Não fique estagnado, contentando-se em "saber o que já sabe". Você só se magoa quando não se expande e cresce. Muitos não toleram a idéia de envelhecer e, no entanto, são os padrões de pensamento cristalizados e as estruturas mentais inflexíveis que nos envelhecem prematuramente. Você *pode* romper e desafiar os seus padrões cristalizados e as suas estruturas mentais. Esse é o verdadeiro significado da evolução e da expansão do amor.

É possível um empreiteiro de obras trabalhar com eficiência sem manter contato com o arquiteto? Se ficar por conta própria, sem entender os planos do coração, a cabeça pode desorientar-se. Se, em vez disso, você receber instruções do coração e atuar em harmonia com ele, colocará sua casa em ordem, tornando-se aquele "braço direito" que você sempre quis. Funcionando como parte do seu eu *superior* ou intuição, a cabeça traduzirá a energia da inteligência superior em perspectivas e pensamentos novos. A mente se ilumina e esclarece, passando a explorar todo o seu potencial, quando opera criativamente com a sua capacidade projetada — programada e dirigida pelo coração.

A história está repleta de casos em que alguém foi colocado numa posição de liderança e poder quando tudo o que realmente desejava era ajudar o líder a executar a tarefa. Essas pessoas nunca se sentiam inteiramente adequadas para a responsabilidade e continuavam desejando que a vida retomasse o rumo que seguia quando elas ainda eram o braço direito do líder. De modo análogo, quando tenta gerenciar tudo, a cabeça não se realiza e freqüentemente cria mais tensão para si mesma até o coração por fim assumir o controle. No seriado de TV *Jornada nas Estrelas: A Nova Geração*, o capitão Jean-Luc Picard dá uma demonstração da sabedoria do coração. Seus conselheiros são Data, um andróide dotado de uma mente fantástica de computador, e Troy, cujo talento consiste em intuições profundas do coração. O capitão toma as decisões finais com base na sabedoria do coração — um empreendimento conjunto da cabeça e do coração.

No mundo atual, milhões de pessoas estão percebendo que dar ouvidos apenas à cabeça causa *stress* e que, portanto, deve haver uma alternativa melhor. À medida que mais pessoas explorarem o poder oculto do coração, a humanidade se tornará consciente de seu potencial para a realização. Afinal de contas, é isso o que desejam a cabeça *e* o coração.

Capítulo 4

Stress: Uma Doença Social

"Já sabemos que ficar emocionalmente estressado, viver em constante ansiedade ou depressão não é muito saudável", afirma Jonathan Shedler, professor de psicologia clínica do Instituto de Estudos Avançados de Psicologia da Adelphi University. Reprimir o sofrimento, contudo, pode revelar-se até pior, de acordo com uma nova pesquisa de Shedler reproduzida no *San Jose Mercury News*.

> "Ignora-se que percentual, dentre as pessoas que se consideram psicologicamente saudáveis, padece de distúrbios ocultos. Esses problemas são difíceis de se detectar, mas se evidenciam de modo indireto por meio de inexplicáveis dores de cabeça ou de estômago, por exemplo, ou por um aspecto ansioso ou infeliz — que os amigos geralmente notam."

Muita gente não se julga estressada porque simplesmente não reconhece os sintomas ou porque nega o que está acontecendo no seu interior até proceder a um exame mais profundo.

Vamos fazer uma "avaliação de stress". Com que freqüência você apresenta qualquer dos sintomas de *stress* abaixo?

❑ sensação de falta de tempo	(você se sente pressionado?)
❑ humor instável — cheio de altos e baixos	(você está cansado?)
❑ tédio — falta de interesse	(você está deprimido?)
❑ perde a calma ou fica frustrado com facilidade	(você está ansioso?)
❑ irritabilidade	(você está zangado?)

- ❑ não se sente amado ou admirado (você está insatisfeito?)
- ❑ dores de cabeça — problemas demais para resolver (você está desanimado?)
- ❑ não consegue acalmar a mente e relaxar (você está tenso?)

Todos esses sintomas de *stress* são como o soar do alarme de um despertador, assinalando desperdício de energia, e constituem o modo natural do seu sistema de lhe dar informações vitais ou de avisar que alguma coisa em você precisa de ajuste. Eles lhe parecem familiares?

O *stress* é um fator importante da vida e merece consideração. Shedler constatou que as pessoas que ocultavam — até de si mesmas — ansiedades não resolvidas sofriam um inusitado aumento nos batimentos cardíacos e na pressão sangüínea quando realizavam tarefas estressantes, o que podia indicar um risco maior de doenças do coração. Uma nova pesquisa estabelece uma ligação entre a raiva e uma mudança na função do coração. Conforme relatado pelo *New York Times*,

> "No estudo, (a dra. Gail) Ironson e seus colegas mediram a eficiência de bombeamento do coração de dezoito pacientes com doenças coronarianas no momento em que eles contavam um episódio que ainda lhes provocava emoções fortes. Durante a narrativa, a eficiência caía em média cinco pontos percentuais; sete dos pacientes apresentaram um declínio de 7% ou mais. Os cardiologistas consideram quedas dessa magnitude como evidência de cardiopatia isquêmica, uma queda no fluxo sangüíneo para o próprio coração".

Vejamos mais alguns estudos e estatísticas. Os pesquisadores da Yale University descobriram que "as pessoas que costumam reagir às situações com emoções fortes, principalmente a raiva, são especialmente propensas a morrer de parada cardíaca". O American Institute of Stress relatou que "há estudos que associam a superprodução de hormônios relacionados ao *stress* ao desequilíbrio do sistema imunológico e a muitos problemas de saúde". *The Journal of Neuroscience* publicou as conclusões de um estudo em que se mostravam evidências diretas de que a prolongada exposição ao *stress* pode acelerar o envelhecimento das células cerebrais na mesma região do cérebro afetada pelo mal de Alzheimer, levando à incapacidade de aprendizado e memorização. Uma pesquisa realizada ao longo de mais de vinte anos pelo Instituto de Psiquiatria da London University descobriu que as pessoas que reprimem as emoções, em situações de *stress*, são mais vulneráveis ao câncer. O fumo e a ingestão de alimentos ricos em colesterol constituem fatores que, isolados, exercem um papel menos preponderante na geração de doenças do que as reações negativas ao *stress*.

Num prazo reduzido de tempo, o *stress* se revelou como uma das principais causas de morte. Quando nos estressamos, a energia do nosso sistema entra em curto-circuito e os nossos acumuladores de energia se descarregam. À medida que as reações estressadas se repetem, o sistema inteiro entra em colapso. Todo mundo tem seu *limite de tolerância ao stress*, e esse limite é atingido por milhões. Olhe ao seu redor. Observe a sua sociedade. As pessoas estão chegando ao ponto em que já não ligam para nada e apenas tentam sobreviver, num esforço constante para satisfazer as necessidades físicas básicas, como obter alimento, água, abrigo, um carro e dinheiro para o combustível. Seu grande propósito na vida é permanecer vivo. Quando isso ocorre, a mente se torna entorpecida e dormente, podendo cruzar a linha da sanidade a fim de proteger o coração contra a tristeza, o desespero e a dor.

O *stress* é a tensão física e mental criada quando se tem uma carga para suportar cujo peso é superior à capacidade de suportá-la com tranqüilidade. A fórmula necessária para aliviar o *stress* está dentro do seu coração. Aprender um procedimento para reverter o *stress* durante a situação estressante é uma atitude muito mais sensata do que submeter-se posteriormente a uma cirurgia de coração aberto, à quimioterapia ou à radioterapia. A escolha é sua. Você pode evitar esse sofrimento se aprender a combater o *stress* no dia-a-dia.

O que bloqueia a inteligência do coração, impedindo-a de prevenir e aliviar o *stress*, são as fortes e desgovernadas faixas de freqüência da cabeça. Sei disso porque, como ocorre com a maioria das pessoas, algumas faixas de freqüência da minha cabeça são muito fortes. Sou dotada de uma profunda sensibilidade e, quando alguma coisa me magoa, minha cabeça prontamente entra em campo para descobrir por quê. E poderá processar e processar, acumulando cargas de *stress*, se eu permitir.

Observando as Suas Reações

Deixe-me dar-lhe um exemplo de como costumavam ser meus antigos dias estressantes. Veja se há alguma semelhança com os seus. Eu acordava de manhã com o toque do telefone. Logo em seguida uma voz na secretária eletrônica me lembrava que haveria uma reunião de pais e mestres naquela noite. Eu bocejava diante do aparelho, olhava para o relógio e me dava conta de que chegaria atrasada ao trabalho se não começasse a correr. Então, disparava para o banheiro, derramava xampu no tapete e me irritava por ser tão estabanada. Em momentos diferentes, ordenava ao meu filho que saísse da cama e tomasse depressa o café da manhã. E me exasperava porque de novo ele não encontrava a lição de casa, obrigando-me a ajudá-lo a procurar. Depois de despachá-lo para a escola, eu engolia uma xícara de café e uma torrada, já abrindo a porta. Só aí percebia que não havia colocado combustível no carro. Frustrada e ralhando comigo mesma, " Não acredito na minha estupidez", eu esperava na fila do posto de gasolina, enquanto escutava no noticiário do rádio que os índices de desemprego eram os mais altos em anos e tentava retocar minha maquiagem feita às pressas, examinando pelo espelho retrovisor as bolsas que se formavam sob os meus olhos. Sujava minhas mãos de gasolina ao encher o tanque e o cheiro impregnava o carro durante todo o trajeto. Quando chegava ao trabalho, várias outras funcionárias estariam na fila do único banheiro e eu me sentava diante da minha mesa, com o coração descompassado, a pressão sangüínea subindo, já completamente estressada no início do expediente. Isso se parece com um dos seus dias?

No Institute of HeartMath passamos a encarar o *stress* como uma energia ou experiência desarmônica *resultante* das nossas reações ineficientes. Eu tive um bocado de experiências desarmônicas nesse dia que acabei de descrever. Quando saí do trabalho, estava exausta e me sentia como se houvesse um torniquete apertando a minha cabeça. Quando me lembro de dias assim, compreendo o real significado dessa definição de *stress*. *Era a minha reação negativa a cada evento que determinava o nível do meu* stress. Minhas reações de frustração nos pequenos embates do cotidiano criavam *stress* e constringiam o fluxo da minha energia. Eu era a única responsável pelo meu próprio desgaste.

Com o tempo, a dose constante de pequenas irritações e aborrecimentos retorna para o seu sistema, roubando-lhe energia e vitalidade. Na verdade, não são as grandes crises que provocam o *stress* mais intenso. Como já disse, nas grandes crises as pessoas tendem a se voltar para o coração, buscando a amizade e recebendo a compreensão dos outros. Pense em todas as histórias comoventes de comunidades que se unem depois de catástrofes como terremoto, enchente ou incêndio. São os inúmeros aborrecimentos diários que levam as pessoas a afirmar que estão com níveis elevados de *stress*. Uma pesquisa recente de Harris mostrou que, nos Estados Unidos, 89% dos adultos — 158 milhões de norte-americanos de todos os segmentos sociais — experimentam o que eles mesmos consideram níveis elevados de *stress*. A Shelton Marketing Communications relatou que 25% de todos os adultos pesquisados declararam atingir altos níveis de *stress* todos os dias, e esse número sobe para 90% quando se considera uma periodicidade maior — uma ou duas vezes por semana. Não é de se admirar que em 75% de todas as consultas médicas as queixas se relacionam ao *stress*!

Na nossa sociedade, tendemos a acreditar que as constantes irritações constituem uma parte necessária da vida. Muitos executivos e gerentes ainda julgam que um nível elevado de *stress* no trabalho é necessário para a produtividade e para uma sólida ética profissional. Mas as estatísticas provam o contrário. As pesquisas têm mostrado que as nossas reações aos "pequenos aborrecimentos" liberam mais hormônios negativos no corpo e provocam mais doenças do que um único e grande evento. Os pequenos aborrecimentos criam um "*stress* silencioso" e contínuos diálogos mentais e emocionais internos negativos (como, por exemplo, julgar a si mesmo ou aos outros), esgotando a energia, acelerando o processo de envelhecimento e sufocando o crescimento e a eficácia interiores. O desenvolvimento de reações negativas aos pequenos aborrecimentos pode ocasionar, mais tarde, uma resposta mais traumática a um evento de grande porte.

Gerenciar suas reações a situações estressantes é a chave para a saúde e para o bem-estar. O *stress* não é apenas um efeito. O *stress* acumulado no sistema não só origina muitas crises — como divórcio, problemas na adolescência, ataque cardíaco, alcoolismo ou vício em drogas, e muitas outras perturbações sociais crônicas — mas também reduz a nossa capacidade de enfrentá-las com eficácia. A conseqüência é o sofrimento.

O sofrimento é o *stress audível*, um alarme que soa avisando-nos de que algo está errado. Irritação + frustração + raiva + julgamento + ressentimento = uma fórmula garantida de *stress*. *Stress* em demasia sempre resulta em dor. Quando sobrecarregamos o computador da cabeça com emoções e pensamentos negativos, acabamos por entrar em "COLAPSO", ponto em que deixamos de funcionar normalmente nos níveis mental, emocional ou físico. O colapso pode ser extremamente doloroso.

Depois de um colapso, geralmente nos perguntamos: "Por quê?", "Por que eu?" ou "Por que isso *sempre* acontece comigo?" O nosso sistema, dependendo da maneira como somos projetados e das nossas respostas às situações, apresenta vários limites de tolerância ao *stress*. Em algum ponto, depois de respostas ineficientes em demasia, poderemos ter de escolher entre uma sobrecarga física, que deterioraria a saúde, e uma sobrecarga emocional, que talvez conduzisse ao suicídio — pois veríamos a morte como o único meio de aliviar a dor.

A vida *é* uma dádiva, mesmo que nem sempre dê essa impressão. Às vezes, mais parece um presente que gostaríamos de devolver. Muitas vezes é difícil compreendermos por que certas coisas acontecem — por exemplo, perder o emprego ou uma amizade ou algo valioso. Como é possível uma perda constituir um presente? A vida não consiste necessariamente no que chamaríamos de uma seqüência lógica de eventos. Entretanto, mesmo os eventos aparentemente ilógicos têm muito a ensinar, se conseguirmos enxergar e entender o quadro todo do nosso projeto. À medida que a compreensão se aprofunda e mais peças do quebra-cabeça são encaixadas, a vida passa a ser uma aventura — um sonho tornado realidade. Ao usar a inteligência do coração, você *pode* descobrir o seu propósito na vida.

A Epidemia de *Stress*

Agentes estressantes são os estímulos capazes de provocar mudanças psicológicas ou de comportamento. Quando não conseguimos lidar com esses agentes estressantes de modo eficiente, seja no trabalho ou em casa, o resultado é o *stress*. Em geral não podemos mudar o meio ambiente, ao menos não nesse momento. Contudo, podemos promover mudanças em nós mesmos, a fim de enfrentarmos o meio ambiente sem criar *stress* em nosso interior.

Ironicamente, muitas pessoas que querem transformar o mundo ficam tão frustradas, zangadas e ressentidas que aniquilam o próprio poder de transformar a situação que gerou a frustração. Você pode observar isso em certos ativistas dos movimentos em favor da paz e do meio ambiente, dos direitos de aborto e da igualdade de oportunidades. O que não significa que não devamos lutar pelas transformações sociais. Mas, se aprendermos a gerenciar o nosso *stress*, ampliaremos o nosso poder de implementar as mudanças positivas que desejamos.

Muita gente me diz que gosta de ter algum *stress* na vida, pois provoca estímulo e motivação, chamando-o de *stress* positivo. Para nós, do Instituto, trata-se na verdade de "energia de resistência criativa". É diferente de *stress*. Ao responder de forma criativa aos agentes estressantes ou resistências, você não gera *stress* em seu interior. O agente estressante se torna um divertido desafio, uma oportunidade para crescimento, como ocorre quando se pratica levantamento de peso. Você desenvolve uma força positiva quando, em vez de reagir, responde com criatividade. Desse modo, o agente estressante não o exaure. Em vez disso, você se sente bem por dentro — quando nos estressamos, nunca nos sentimos bem e jamais alcançamos um estilo de vida gratificante. O *stress* nos envelhece e é o responsável, a chave de ignição, de centenas de doenças.

Você detém, em seu interior, dois poderes — o de se considerar infeliz e o de mudar essa opinião. A falta de autogestão é o que causa o *stress* maciço dentro do nosso sistema. A mente vagueia para a frente e para trás com pensamentos acerca do presente, do futuro, do passado, com indagações tais como "Onde eu deveria estar agora?", "O que devo fazer?", "Que direção devo seguir?" e assim por diante, sem cessar. Quando entra nesse turbilhão, a cabeça pode fugir ao seu controle, agarrando-se a um determinado pensamento e tomando decisões importantes. Se essas decisões não surtirem o efeito desejado, você decerto se sentirá infeliz e derrotado.

A velocidade do acúmulo de *stress* global nos anos 1990 revelou-se maior por motivos tais como a ausência de gerenciamento constante dos processadores da cabeça, a sobrecarga no sistema nervoso e o fato de vivermos um tempo de mudanças aceleradas, que nos obriga a acelerar igualmente o processo de tomada de decisões. Como afirma C.W. Metcalf, autor do livro *Lighten Up*: "O índice ascendente de mudanças na sociedade tem tornado as coisas mais difíceis a cada dia. Nós temos de nos adaptar com uma freqüência maior e uma preparação menor a um número maior de fatores do que em qualquer outro período da história."(*) A luta para tomar uma decisão após a outra ficou tão confusa e esmagadora que as pessoas se sentem frustradas em relação à vida.

Assista ao noticiário noturno da TV durante uma hora. Fique certo de que receberá um relato estressante sobre a economia mundial, o meio ambiente, a política, etc. Nos últimos vinte anos, o trabalho intelectual substituiu o físico na maior parte do mundo. Em conseqüência, o *stress* mental assumiu proporções epidêmicas. As empresas estão sob o impacto das estatísticas mais recentes. Uma pesquisa da Northwestern National Life Insurance realizada em 1992 apontou que: 34% dos trabalhadores dos Estados Unidos consideravam a possibilidade de abandonar o emprego em razão do excesso de *stress*; 46% descreveram seu emprego como altamente estressante (duas vezes mais que em 1985); e 33% acreditavam que o *stress* do emprego os levaria a "bater as botas" cedo.

O número de reivindicações por parte dos trabalhadores está aumentando dramaticamente em conseqüência das exigências relacionadas com o *stress* do trabalho. Um caso típico de *stress* custa provavelmente o dobro do valor médio das reclamações relativas a acidentes do trabalho — mais de 15 mil dólares cada um em tratamento médico e prejuízo resultante da perda de jornada de trabalho. Em seu livro *Self Empowerment: The Heart Approach to Stress Management; Commom Sense Strategies*, o pesquisador de *stress* Doc Childre, fundador e presidente do Institute of HeartMath, afirma:

> "A maioria das empresas se assustaria se procedesse semanalmente a uma análise por computador que mostrasse o tempo de trabalho que seus empregados gastam pensando e remoendo problemas. Se dispusessem de outra análise de computador que indicasse a quantidade de hormônios negativos liberados no corpo em decorrência desses hábitos de pensamento, bem como suas implicações para a saúde, as empresas — pelo próprio bem — tomariam a iniciativa de promover alguns ajustes mentais e emocionais. Os computadores ainda não são capazes de gerar todas essas informações, por isso não temos de encarar os fatos. Contudo, os fatos do *stress* nos atingirão — de algum modo. A ampliação do passivo causada pelo *stress* acontecerá, quer tenhamos consciência dela ou não."

Quando começamos a introduzir nossos treinamentos HeartMath nas empresas, os consultores da indústria confirmaram que a autogestão mental/emocional *constitui* o elo perdido de seus seminários, treinamentos e programas de saúde. De acordo com a revista *Industry Week*, tanto por uma questão de sobrevivência como para garantir a lucratividade, "os empregadores deveriam implorar aos seus funcionários que os deixassem ajudá-los a encontrar a forma de trabalhar que lhes seja mais prazerosa, gratificante e criativa".

(*) C.W. Metcalf, *Lighten Up: Let C.W. Metcalf Show you How to be More Productive, Resilient & Stress-free by Taking Laughter Seriously* (Addison-Wesley, 1992).

Quando você está exausto, sobrecarregado e estressado, seus dias não são nada divertidos, nem aventurosos ou gratificantes. À medida que se instala e não é liberado, o *stress* devasta todo o seu sistema. Devasta famílias, escolas, empresas, o governo — todo o sistema social. Na nossa sociedade atual o *stress* tem infligido muito sofrimento, em sua maior parte interno e silencioso, ocorrendo dentro da mente antes de atingir o corpo ou outras pessoas. Contudo, há uma saída. Para começar, você pode aprender a se equilibrar no dia-a-dia, usando o computador do seu coração — sua inteligência superior. Enquanto pratica, você descobrirá que existe uma instância para além da dor. E passará a enxergar com clareza que é possível escolher a sua reação à qualquer situação que a vida lhe proponha.

Nove anos atrás, minha inteligência superior começou a instilar em mim um novo senso de propósito. Eu estava explorando as energias mais antigas do universo (os mundos celestiais) e queria profundamente transportar para este mundo o amor que eu apreendia lá — onde não havia estupidez, nem *stress* ou tensão, apenas paz. Uma paz que passou a ser a minha missão: "Paz na Terra aos Homens de Boa Vontade." Com o poder oculto do coração, é realmente possível trazer a paz dos céus para a terra. Ao aprender a gerenciar o *stress* do seu cotidiano, você alcançará o estágio seguinte — o da paz, que se opõe ao *stress*. Essas duas freqüências — paz e *stress* — não podem coexistir porque uma anula a outra. É uma questão de escolha pessoal. O jogo da vida se desenrola entre você e você. Se souber como, você pode *assumir o poder* do coração. E banir o *stress* da sua vida. Tudo se inicia com a eliminação do *stress* nos simples e triviais aborrecimentos do dia-a-dia.

Dedique algum tempo a aquietar a sua mente e pergunte a si mesmo: "Ao longo deste dia (ou semana, ou mês), o que acumulei mais: *stress* ou paz?" Recapitulando: comece por reconhecer os seus padrões mentais e emocionais de resposta. Observe e identifique se a sua resposta aos agentes estressantes provém de reações do coração ou da cabeça. Examine para onde as reações da cabeça o conduzem. Avalie se elas constituem dispêndios eficientes ou ineficientes de energia, e então corrija-se. Entre em contato com a inteligência do seu coração e siga a sua orientação — no que se refere a atos, atitudes, compreensão e comunicação com os outros. Com a autogestão você pode conquistar uma paz real e segurança interna num mundo repleto de *stress*.

Capítulo 5

Freqüências do Coração: as Altas e as Baixas

Consegui encaixar uma das peças maiores do quebra-cabeça ao resolver um problema com Christian, meu filho de 10 anos. Eu sempre o amei profundamente, mas, às vezes, esse amor me causava insegurança e apego excessivo. Como qualquer mãe, desejava que ele se destacasse na escola e fosse estimado por todos. Quando era informada sobre um eventual mau comportamento, meu coração doía. Reagia como se a culpa fosse minha e me perguntava onde havia errado. Como podia o coração doer? Por que o amor infligia dor? Compreendendo, como eu compreendia, o computador do coração, não era possível computar esse sofrimento!

Milhões de pessoas atualmente têm medo de amar porque receiam ser magoadas, rejeitadas ou sofrer uma dor de cotovelo. Gato escaldado tem medo de água fria. Outras consideram o coração algo piegas e excessivamente sentimental, que as coloca em apuros quando as leva a reagir emocionalmente. Muitas já experimentaram tanta mágoa e desapontamento que acabaram fechando o coração para se proteger, tornando-se indiferentes e até apáticas. Elas trazem da infância ou da juventude lembranças vívidas de ocasiões em que abriram o coração e se feriram. Existem milhares de terapeutas de casais que tentam ajudá-las a recuperar a intimidade no relacionamento. Ao mesmo tempo que valoriza a sinceridade e a honestidade do coração, a nossa sociedade também tem consciência de que ele é vulnerável quando aberto.

Essa aparente contradição me deixava perplexa. Eu não me absteria de amar e de me importar com as pessoas, porque isso significaria negar o que faz a vida valer a pena. Que outra atitude havia para tomar? Eu sinceramente questionava por que o meu amor me proporcionava paz e felicidade e, em seguida, me causava sofrimento e *stress*. Não era esse o tema que filósofos, artistas e poetas debatiam através dos séculos?

Meus amigos e eu começamos a dirigir esse questionamento para o coração — para o computador do coração. Quando me concentrei no coração e enviei sentimentos serenos de amor para Christian, percebi que o meu apego à opinião dos outros resultava em desperdício de poder. O *medo* de que julgassem a mim ou a ele estava causando dor. Não era de forma alguma o "amor" que provocava a angústia. Direcionando esses pensamentos e medos para o meu coração e apenas amando, vi que as pessoas só queriam me ajudar. Essa constatação me proporcionou uma grande sensação de alívio. Também enxerguei meu filho de modo equilibrado. Sim, havia áreas em que eu podia auxiliá-lo a melhorar o comportamento. Na verdade, ele era um bom garoto e raramente causava problemas. Eu me dei conta de que não era o amor que havia criado as minhas inseguranças, mas sim a minha hipersensibilidade, que sempre gerava sentimento de culpa.

Essa resposta era a ponta do *iceberg*, pois havia ainda outra descoberta a fazer acerca da natureza do coração. No Instituto, descobrimos que o coração apresenta faixas de freqüência altas e baixas, separadas por uma variada gama de proporções e tonalidades. Para visualizar essas freqüências superiores e inferiores do coração, lembre-se de que no universo há um número infinito de faixas de freqüência semelhantes às de rádio. Cada pessoa constitui uma emissora de rádio única, com padrão, desenho, cores, texturas e sons próprios. A emissora de rádio de cada uma delas sintoniza diferentes freqüências de acordo com o momento. Embora algumas freqüências nos afetem inconscientemente — portanto, nada podemos fazer a seu respeito —, nós sempre temos o poder de escolher a nossa resposta às freqüências das quais temos consciência.

As freqüências do coração formam os "sentimentos" que você experimenta; e são eles que fazem valer a pena viver. As faixas altas de freqüência do coração correspondem aos aspectos mais elevados da natureza humana — amor, solidariedade, compaixão, tolerância, paciência, gratidão e generosidade. O acesso a esses sentimentos se dá por intermédio do centro do coração. A freqüência do centro primário do coração consiste apenas em "amor" ou "amar as pessoas", tema sobre o qual conversaremos bastante. As faixas superiores do coração têm um caráter sincero e solidário, sendo sempre benéficas para o seu sistema e para os outros. Quando você as emite, essas freqüências o regeneram ao longo do dia, fortalecendo o seu sistema imunológico e atuando como uma verdadeira fonte da juventude.

Os sentimentos mais nobres do coração não comparam, não culpam nem julgam. Ao sintonizar esses sentimentos, você percebe que cada pessoa está fazendo o melhor que pode. As freqüências mais altas do coração representam a porta de entrada da inteligência superior e de uma compreensão mais ampla.

Como as Freqüências Mais Baixas do Coração Afetam Você

As freqüências mais baixas do coração compõem as emoções do coração tonalizadas por sentimentos como apego, expectativa e excesso de zelo. Essas ondas inferiores produzem sentimentos desagradáveis como preocupação, ansiedade, mágoa e pena de si mesmo ou de outra pessoa. Quando o amor se transforma em apego ou a compaixão assume o matiz da piedade, as energias do seu coração entram num processo de estagnação, voltando com freqüência ao seu sistema sob a forma de dor e tristeza. É possível ter-se a impressão de que o amor produz sofrimento, principalmente quando o sentimento inicial do coração for profundo e sincero. Na realidade, é o que a nossa cabeça faz com o nosso amor que determina se esse sentimento permanecerá no coração superior e será gratificante ou irá nos conduzir para emoções mais baixas do coração e para o *stress*.

Dentre as faixas mais altas do coração, a do zelo, por exemplo, pode facilmente transformar-se numa faixa mais baixa, a do *excesso de zelo*. Eu quase caí nessa armadilha quando cuidava de uma amiga muito doente. Podia sentir sua dor, seu medo diante da possibilidade de morrer. No passado, eu teria me inquietado e chorado junto com ela, em solidariedade. Contudo, sabia que a preocupação só nos iria exaurir. Em vez disso, eu ativei o zelo mais genuíno que era capaz de experimentar em meu coração e continuei enviando esse sentimento para ela. Eu conseguia distinguir quando minha amiga precisava de água, de calor humano ou de uma palavra de estímulo — o que lhe proporcionou uma grande serenidade e manteve o equilíbrio das minhas energias. No final do dia, eu estava tranqüila e ela, genuinamente grata.

Quando você deixa que elas sejam predominantes nos seus sentimentos, as faixas mais baixas do coração podem esgotar o seu sistema e causar um tremendo *stress*. Embora operem com o coração apenas em certos momentos, é comum as pessoas acreditarem que o fazem todo o tempo, confundindo as emoções das freqüências mais altas com aquelas que na realidade sentem, como apego, excesso de zelo, expectativa e tendência a julgar — freqüências essas que interrompem a sua ligação com o coração superior, podendo facilmente conduzir a pensamentos de preocupação, desapontamento e medo. Esses pensamentos, então, ativam a insegurança, a mágoa e a dor. É por isso que, muitas vezes, acusamos o coração de extrema vulnerabilidade.

O "Coração Partido"

Quando você fica com o "coração partido", a sua mente sofre um profundo desapontamento e passa a repetir o mesmo velho filme triste, reforçando a mágoa em cada reprise. O coração partido resulta, na verdade, de uma colisão frontal de expectativas frustradas e relacionamentos rompidos com investimento emocional — e uma certa energia do coração, motivo por que se tem a impressão de que o coração dói. Você na realidade amou, mas o amor resvalou para freqüências mais baixas do coração, como o apego e a expectativa de que a pessoa amada retribuísse na mesma medida. Como isso não aconteceu, o choque emocional promoveu um curto-circuito em sua mente e emoções. A sua segurança dependia de um fator externo — outra pessoa — e, quando essa segurança se foi, você se sentiu impotente, uma verdadeira vítima.

Enquanto algumas pessoas são capazes de se conectar com seu poder interior, superando o sofrimento e seguindo em frente, muitas ficam paralisadas nesse tipo de crise e jamais se recuperam. A cabeça repete incessantemente a antiga dor ou a enterra no inconsciente, para permitir que a pessoa sobreviva.

Quando uma criança ou um adulto sofre uma violência traumatizante, é fácil justificarmos seu apego à mágoa e ao ressentimento provocados pela sensação de traição. Contudo, mesmo que isso pareça natural, o fato é que aferrar-se à mágoa só mantém a pessoa indefinidamente no papel de vítima, causando-lhe um sofrimento ainda maior. É o coração que poderá resolver o problema, levando-a a se libertar da raiva, do pesar ou da sensação de traição. As freqüências do coração ajudam-nos a liberar a amargura, a negação e a tristeza, num processo geralmente gradual. Aprender a perdoar, a libertar-se e desapegar-se constitui um investimento importante no nosso bem-estar mental, emocional e físico.

Sozinha, a cabeça não consegue gerenciar as emoções nem curar a mente quando ocorre um curto-circuito. É capaz de reprimir emoções, mas aquelas questões mentais/emocionais básicas tornarão a surgir e você poderá sentir-se derrotado. Só o coração tem o poder de lhe dar alívio completo nas crises emocionais e mentais que o exaurem. O segredo é ativar energia do coração suficiente para substituir os programas de autocomiseração rodados pela cabeça por programas do coração. Para começar, ative o poder do coração para gerenciar as suas atitudes e liberar os pensamentos ineficazes da cabeça quando enfrentar problemas de pequena importância. Assim, você fortalecerá o seu coração e o seu poder para, quando necessário, resolver os problemas mais importantes.

Emoções

"E-moção" significa energia em moção, amplificando os pensamentos e sentimentos ou lhes conferindo um certo peso. Podemos chamá-la de aspecto afetivo da consciência. Trata-se de uma qualidade grandiosa, da seiva que percorre o seu sistema, proporcionando aquele "estar de bem" com a vida — enriquecendo-a com cor, som, sabor, cheiro e textura. Contudo, a energia emocional em si é neutra e, portanto, assume a tonalidade da cabeça ou a do coração

— ou seja, potencializa um aborrecimento ou um alegre entusiasmo. O coração propõe: "Vamos amar" e as emoções respondem: "Vamos!" A cabeça diz: "Vamos ficar frustrados" e as emoções replicam: "Vamos!" O modo como gerenciamos as nossas emoções determina se optaremos por uma boa qualidade de vida ou pelo *stress*.

Emoção em excesso transforma-se em suscetibilidade, que consiste em resvalar para o desequilíbrio emocional — o que talvez pareça bom na hora da crise, mas não resolve o problema básico. E também pode drenar a vitalidade do seu sistema. O momento mais oportuno para tomar a decisão de disciplinar o seu corpo emocional é quando, perturbado por alguém ou por um evento qualquer, você estiver à beira das lágrimas. Deixe-as escorrerem pelo seu rosto — afinal, alguma coisa o magoou. Depois de chorar, você esgotará a sua energia se permanecer estagnado na cabeça, deixando a situação assumir contornos desproporcionais. Em vez disso, experimente voltar-se para o coração e aceitar o problema. O seu coração irá ajudá-lo a encontrar uma perspectiva mais ampla.

Cuidado — se a sua cabeça continuar repisando a mágoa, a comoção se transformará em suscetibilidade. E, se alcançar esse estágio, você irá adotar uma atitude de "pobre coitado", aumentando a gravidade real do incidente.

A suscetibilidade não resolverá a questão. Sentir pena de si próprio, ou culpar algo ou alguém pelo sofrimento, não solucionará o caso. Apenas criará *stress*. Tenha paciência e compaixão por você mesmo. Não seja um "pobre coitado" em busca da piedade dos outros. Você provavelmente não conquistará simpatia onde deseja e espera. E, se conquistar, as pessoas apenas chorarão junto com você. Isso não irá libertá-lo do padrão emocional de energia. Você atrairá compaixão e compreensão se estiver realmente desesperado e pedir ajuda com sinceridade. Todavia, se fizer uma birra infantil ou tiver um acesso de fúria, só criará *stress* até o ponto de entrar em colapso para liberar toda a energia emocional acumulada. É como ser obrigado a fechar uma conta no banco por não conseguir parar de emitir cheques. Você terá de recomeçar tudo do zero.

A suscetibilidade também pode surgir no lado oposto do espectro, o entusiasmo exagerado. Ao aguardar com genuíno interesse uma viagem de férias ou um encontro especial, você pode sobrecarregar a sua natureza emocional com ansiedade, expectativa e um impaciente "mal posso esperar". Essa sobrecarga desequilibra as suas energias, bloqueando o fluxo de energia do coração. Freqüentemente, as crianças fazem do Natal uma ocasião estressante, tornando-se excessivamente esperançosas e ansiosas. Em conseqüência, ficam cansadas e rabugentas porque gastaram energia demais com o entusiasmo exagerado.

Não crie expectativas tão grandes que o deixem arrasado ou profundamente desapontado se não se concretizarem. A resposta é disciplinar o seu sistema para entusiasmar-se de forma equilibrada com um evento prestes a ocorrer, divertindo-se com a sensação de "mal posso esperar". Usando o coração para equilibrar a sua emotividade, você não estará varrendo as emoções para debaixo do tapete, fingindo que não existem, mas sim assumindo-lhes o controle, para que imprimam um caráter lúdico e aventuroso à sua vida.

É comum as pessoas recorrerem a drogas, álcool, comida, sexo, TV ou o que quer que encontrem para aplacar a suscetibilidade. Essas diversões são apenas temporárias e não resolvem os desequilíbrios básicos nem suprem a falta de gerenciamento emocional. As suas emoções trabalham melhor a seu favor quando recebem instruções do coração. Aprendendo a atentar para os impulsos do coração inferior, você pode equilibrar as suas emoções. Observe como você sente as freqüências mais altas do coração e compare-as com as freqüências mais baixas do coração e da cabeça. As sensações correspondentes a amor e zelo verdadeiros são muito diferentes daquelas referentes a apego e excesso de zelo. Com a prática de elevar os impulsos emocionais para o coração superior, você recuperará a sensação serena de amor e zelo ou compaixão genuínos.

Muitos casamentos têm por base a intimidade. Porém, quando essa intimidade se transforma em apego físico ou emocional, os casais freqüentemente se tornam inseguros e o relacionamento pode ficar pegajoso. E isso muitas vezes leva um dos parceiros a querer libertar-se. Desenvolvendo a capacidade de distinguir essa freqüência relativa à intimidade pegajosa de todas as outras freqüências reais do coração, que são claras, compassivas e zelosas, você pode proporcionar ao seu casamento um novo amor, uma nova profundidade e realização.

Para fazer as freqüências mais altas do coração relacionarem-se de modo eficaz com as mais baixas, é preciso entendê-las. A sua experiência de vida se aprofunda quando você, assim que detecta sentimentos insatisfatórios, conduz as suas energias de volta para o coração superior. A sua intuição o guiará com sabedoria para as equilibradas e inteligentes freqüências do coração que correspondem ao verdadeiro amor.

Transformação Social

Consideremos esses níveis do coração em relação à sociedade. A sociedade oferece-nos infindáveis exemplos das freqüências mais baixas do coração e do conseqüente *stress*. Atualmente, graças ao *stress*, muitas pessoas estão despertando para o fato de que a nossa cultura privilegia o desenvolvimento da cabeça e da mente. Como resultado, as nossas estruturas sociais alcançaram um limite em termos de consciência e não conseguirão ultrapassá-lo a menos que compreendam o coração. Ao longo das eras, a religião tem nos ajudado a desenvolver em algum grau o coração. Entretanto, na época da Revolução Industrial, o desenvolvimento intelectual da humanidade atingiu um ponto em que muitos dos dogmas das religiões tradicionais deixaram de fazer qualquer sentido para a mente racional. Enquanto a cabeça seguia seu próprio curso, o coração foi ficando para trás. Agora, o crescente *stress* força-nos a olhar para dentro com maior profundidade, em busca de bom senso e segurança interior. De volta ao básico, ao coração. Quanto mais rapidamente nos conscientizarmos de que a mente trabalha com maior eficácia quando o coração a dirige, mais depressa a transformação social ocorrerá.

Contudo, é desnecessário esperar a sociedade redescobrir o coração para só então alcançar o equilíbrio e a realização. Você pode começar agora, experimentando gerenciar o coração nas situações comuns do dia-a-dia. Ative o poder do seu coração amando mais as pessoas. Faça isso conversando ao telefone, trabalhando, repousando em casa, usufruindo a companhia da família, ou em qualquer situação. Irradie amor para todos aqueles que você encontrar. Volte-se para o computador do seu coração para entender o sentido dos acontecimentos cotidianos que o confundem ou estressam. Deixe a cabeça fazer leituras criativas das instruções intuitivas do coração. Em pouco tempo, o seu coração e a sua cabeça funcionarão como um time dotado de extraordinária inteligência sob o comando do coração. Como afirma Joseph Chilton Pearce, célebre autor de *Magical Child*: "Os assuntos do coração estão intimamente ligados ao cérebro, e é a inteligência natural do coração que deve expandir-se para que o cérebro opere com maior eficiência." (*) O poder oculto do coração é simples. Você só precisa começar a usá-lo.

No Capítulo 8, examinaremos alguns instrumentos que irão capacitá-lo a manter um contato mais profundo com o poder do seu coração. Esses instrumentos, que ativarão as freqüências mais altas do coração, ampliando a sua perspectiva em relação à vida, são instrumentos de trabalho — o trabalho de gerenciar e recriar o seu sistema. As freqüências mais altas do seu coração contêm a essência da verdadeira sabedoria e fazem parte do *software* do computador do coração (seu e do mundo) e da planta do DNA para a evolução. O uso de instrumentos é essencial para alargar essas ondas do coração; por isso, lembre-se de usá-los. "Ame as Pessoas" constitui a freqüência do núcleo do coração, o principal instrumento do poder, codificado com luz, poder e inteligência. Nos tempos bíblicos, sua expressão era "Amem-se uns aos outros" e "Amar é obedecer à lei". Ambos os ensinamentos refletem a força da freqüência do núcleo primário do coração. Ao ampliar a consciência do seu coração, você obtém a compaixão e a compreensão necessárias para ajudar os outros a eliminar o *stress*. Com uma prática sincera, você *pode* conquistar a paz e a realização.

(*) Joseph Chilton Pearce, *Magical Child* (Bantam, 1981).

Talvez seja pela contínua ativação dessas freqüências mais altas que nós poderemos adquirir uma compreensão mais inteligente de Deus — a fonte máxima de poder. Minha sensação é a de que Deus vê este mundo como um imenso jardim. Nós formamos uma grande família, tentando abrir caminho através da resolução do quebra-cabeça que é a vida. Estamos todos ligados uns aos outros no coração. A conexão com a fonte máxima do amor é possível quando se descobre o poder oculto em nosso coração.

Capítulo 6

Mudança de Dimensão

Muitos empresários e analistas de tendências têm afirmado que o mundo está passando por uma *mudança de paradigma* — ou *mudança dimensional*, como alguns preferem chamá-la. Por paradigma entenda-se o nosso modelo de visão da realidade. A mudança de paradigma ocorre quando a nossa visão fundamental da realidade adota uma nova e mais ampla perspectiva. Como exemplo, tomemos o momento em que a humanidade se deu conta de que a Terra gira em torno do Sol, não constituindo, portanto, o centro do universo. Essa constatação alterou a perspectiva global, abrindo um leque de possibilidades jamais sonhadas antes. Quando Einstein provou que toda a matéria é energia, ocorreu outra mudança de paradigma, prenunciando e tornando possíveis inúmeras descobertas nas áreas da ciência e da tecnologia.

Na atual mudança de paradigma, as empresas enfatizam menos o dinheiro e os lucros e mais a excelência e a qualidade. Como Joel Barker, autor de *Future Edge*, observou numa entrevista publicada pela revista *Industry Week*:

> "Qualidade total é uma mudança de paradigma. Haverá uma dramática separação entre os que praticam a Qualidade Total e os que fingem praticá-la. Os vencedores serão os fornecedores de bens e serviços de classe internacional... As pessoas de Qualidade Total conseguirão resultados fantásticos... A base do século XXI será a excelência."

A *mudança de dimensão* é composta das muitas mudanças de paradigma promovidas ao longo do tempo. Embora a ciência a considere apenas em termos de tempo e espaço, a dimensão é definida, na verdade, como uma amplitude específica de freqüência de percepção e de inteligência. Cada dimensão abrange a inteligência das dimensões abaixo dela e pode ser percebida como um mundo próprio de energia e forma.

A Terceira Dimensão

Nossa realidade física, incluindo o nosso denso corpo físico, existe na *terceira dimensão*. Os físicos newtonianos levaram-nos a crer que a única "realidade" é a que apreendemos pelos sentidos. Nossos sentidos percebem cada parte da matéria como separada das demais, levando-nos à conclusão de que tudo é separado. Adotando essa visão paradigmática, muitos cientistas fecharam a mente para a possibilidade de outra realidade. Esse é um exemplo de percepção e inteligência da *terceira dimensão*.

Para compreender melhor as dimensões, observe o modo como a consciência se desenvolve. Os bebês recém-nascidos vêm ao mundo com uma percepção consciente limitada e dependem inteiramente da mãe para obter alimento e abrigo, mover-se, etc.

À medida que a criança se desenvolve, sua consciência se expande nos níveis físico, mental e emocional. Em pouco tempo ela consegue andar, falar, alimentar-se sozinha, pensar e conversar. Mas, para a maioria de nós, a velocidade do desenvolvimento da consciência diminui ao atingir o limite da terceira dimensão; e somente por meio de uma compreensão maior é possível romper essa barreira.

A consciência humana comum, do dia-a-dia, é produto da terceira dimensão. Tendemos a perceber o mundo em termos de bom ou mau, certo ou errado, preto ou branco e essa percepção determina as nossas reações. Freqüentemente, a nossa visão dos conflitos se traduz em frases como "É assim que as coisas são e vão piorar". A terceira dimensão é uma extensão de faixas de freqüência confinada por muitos limites ilusórios, realçados por medos que nos impedem de enxergar uma saída. Esses limites são criados por pensamentos como "Não existe prova de vida após a morte; portanto, vida após a morte não existe". Você decerto conhece pessoas que têm medo até de pensar em vida após a morte.

A descoberta de Einstein de que tudo é energia ajudou a criar uma nova ciência, a física quântica, que afirma que nada está realmente *separado* de nada — ao contrário, tudo está interligado e se inter-relaciona. A física quântica também conclui que a consciência do observador afeta o objeto observado. Portanto, tudo depende da percepção. A realidade quântica é muito diferente da newtoniana e constitui um exemplo da percepção e da inteligência da *quarta dimensão* — ultrapassando e abrangendo a compreensão newtoniana assim como a consciência do mestre abrange a do jovem aprendiz. A física quântica abriu toda uma nova dimensão de consciência.

A Quarta Dimensão

A quarta dimensão é uma extensão de inteligência e percepção que nos eleva acima do limite da terceira — com pensamentos mais eficazes, solidários e esperançosos —, ampliando o nosso poder de crescimento e transformação. A consciência de uma quarta dimensão inferior permite-nos filosofar, conceber novas possibilidades e começar a modificar padrões ineficientes. Embora já consideremos a importância do pensamento positivo, não agimos necessariamente em conformidade.

Na quarta dimensão inferior, tentamos colocar as idéias em prática, mas ainda sofremos da síndrome da "dieta do ioiô". Para cima e para baixo. Sabendo, por exemplo, que precisamos perder peso, seguimos uma dieta por alguns dias, mas então alguém nos oferece um sorvete e nós o devoramos. Sentimo-nos culpados e começamos outra vez. Na quarta dimensão inferior, criamos entulhos — mágoa, dor, culpa —, em seguida os eliminamos e os criamos de novo. A recuperação pode parecer um processo interminável porque não atingimos a raiz do problema. A quarta inferior representa um círculo em que se vive permanentemente resolvendo problemas, recuperando-se, fazendo dieta, eliminando, arrumando, sem cessar. Felizmente, a consciência não pára aí.

No estágio intermediário da quarta dimensão, levamos o crescimento pessoal a sério e cuidamos de nós mesmos, do próximo e do planeta. Temos mais vislumbres de novas possibilidades. Algumas pessoas se envolvem bastante em causas sociais ou promovem grandes mudanças em seu estilo de vida e, movidas por uma preocupação real com o aperfeiçoamento próprio e o do mundo, põem mãos à obra. Muitas das que estão no processo de crescimento pessoal e espiritual ficam estagnadas no meio da quarta dimensão. Algumas pensam que "chegaram lá" e, portanto, podem considerar-se especiais, até mesmo integrantes de uma elite, pois detêm certos conhecimentos que são ignorados pelas demais. Outras se apegam ao ritual de sua prática e desenvolvem resistentes estruturas mentais acerca de suas crenças, ou condenam todo aquele que não for esclarecido ou não agir da mesma maneira que elas. No estágio intermediário da quarta dimensão, pode ser fácil julgar que estamos "lá" e não enxergarmos a tarefa inacabada que ainda jaz à nossa frente, principalmente quando se trata de enfrentar questões mentais e emocionais não resolvidas. Isso pode provocar uma cegueira em relação aos pontos em que é necessário um esforço extra para atingirmos a meta. Mesmo assim, sentimos que alguma coisa está faltando. Sabemos que o potencial para a realização está em nosso interior, mas não temos idéia de como alcançá-lo. Ainda desperdiçamos energia e "tentamos resolver problemas", em vez de encontrarmos a inteligência mais profunda do coração, que nos elevaria para a quarta dimensão superior, onde os problemas são finalmente resolvidos.

É na quarta dimensão superior que se encontram as freqüências do amor, solidariedade, compaixão, capacidade de perdoar e paz interior. Quando mantemos essas freqüências do coração, nossa consciência experimenta um fluxo mais sereno e harmonioso. Sentimos mais esperança — e esperança é um poderoso combustível para impulsionar mudanças positivas e alcançar a realização. A quarta superior representa um salto crucial na consciência humana.

As freqüências harmonizadoras e regeneradoras da natureza estão em sintonia com as freqüências da quarta dimensão superior. A natureza simplesmente emite freqüências de paz e harmonia, sem se deter para questionar se são boas o bastante ou se as pessoas irão apreciá-las ou se interessar por elas. Ela apenas emite. A quarta dimensão superior — uma dimensão mágica, sublime, magnífica e prazerosa — constitui um nível de consciência disponível no momento em que você quiser experimentá-la. Quando Cristo veio à Terra, trouxe consigo novas percepções de amor e rompeu muitas das estruturas mentais da época, criando e deixando como legado uma abertura para a quarta dimensão. Essa foi uma poderosa transformação de uma sociedade que operava na segunda dimensão — a da mente não desenvolvida. Na quarta dimensão superior, enxergamos a união — vemos todas as pessoas como uma só. Cristo, dotado de uma constante clareza de visão, amou todos os seres humanos que viu. Tendo por missão entrar em contato com as pessoas e seus "estilos de vida", Ele se aproximou de todos os segmentos do povo, sem excluir pessoa alguma. Na quarta superior, não julgamos nem nos preocupamos demais com o modo de viver dos outros. Nós nos ocupamos apenas do estilo e concentração do nosso próprio amor e consciência, nutrindo um interesse genuíno por todos.

O planeta já adquiriu a estabilidade necessária para começar a operar de modo mais uniforme na quarta dimensão, mas será necessária uma forte infusão de energia da quinta dimensão para nos libertarmos da densidade e do *stress* do pensamento de terceira dimensão. E será preciso gerenciarmos a nós mesmos por meio do coração para transformarmos nossos hábitos atuais de pensamento numa compreensão superior, baseada no amor e na solidariedade.

A Quinta Dimensão

Atuando com o coração, você constrói uma ponte de consciência entre a terceira dimensão e a quarta superior — uma ponte que conduz à sabedoria interior da quinta dimensão. Na quinta, a consciência é guiada pelas diretrizes intuitivas que o libertam do processo interminável de limpeza e recuperação da quarta dimensão e dos medos e fobias da terceira, que tanto o restringem.

A inteligência da quinta dimensão fornece uma aerodinâmica eficiência interior — para você, para mim e para toda a raça humana. O *stress* é transformado pelo coração. Não há limites. Você é responsável por trazer o céu para a terra. Você percebe e compreende tudo como luz, energia e freqüências, e lhe compete gerenciar as suas energias com eficácia. As ações não são boas ou más, certas ou erradas, mas sim eficazes em termos de energia — conduzindo a mais amor — ou menos eficazes, produzindo *stress*.

Cada nova dimensão engloba a inteligência e a consciência das perspectivas abaixo dela. Na quinta dimensão, nós compreendemos as perspectivas da terceira e da quarta sem sofrermos suas limitações e sem julgá-las. Entendemos por que as pessoas pensam e agem do modo como o fazem, mesmo que esse modo não seja eficiente nem as favoreça. A quinta é uma poderosa dimensão para o bem, para a manifestação criativa e para o próprio poder. É a dimensão em que *você* realmente cria o seu mundo e abandona o papel de vítima. Pela perspectiva da quinta dimensão, os momentos de *stress* são vistos simplesmente como *oportunidades não transformadas* para adquirir mais amor e poder.

No atual período histórico, algumas energias da quinta dimensão já se infiltram na nossa consciência. Essas freqüências são recebidas por meio de descobertas intuitivas e de novas tecnologias que podem guiar o mundo para além da barreira da terceira dimensão. Uma mudança dimensional está eclodindo.

Os grandes mestres do mundo têm dito: "A vontade de Deus é encontrada dentro do coração" e "O reino está dentro de nós". Maomé aconselhou aos seus seguidores: "Consulta o teu coração e ouvirás o mandamento secreto de Deus proclamado pela sabedoria interior do coração." Quando aprende a se voltar para o coração, você descobre a vontade de Deus e a sua vontade interior. E conquista a sua liberdade. Quando aprende a escutar diariamente as diretrizes do coração, você pode assumir o poder de manifestá-las. Mas, se ignorar o coração, você ficará estagnado nos limites da terceira dimensão, criando *stress* para si mesmo. Se apenas escutar as diretrizes do coração, sem obedecê-las, você continuará preso na batalha contínua para alcançar a quarta inferior. Siga o seu coração — ou seja, siga o seu espírito. Conceda-se a dádiva de se elevar até a consciência superior.

Não é necessário um esforço muito grande para entender o que o seu coração lhe diz. Não é preciso ser um gênio, nem conhecer a matemática do coração. Se investir um pouco de tempo, sereno e concentrado, você poderá desenvolver a intuição e a sabedoria do coração. Quando você sinceramente se empenhar para alcançar níveis mais profundos de amor, os resultados obtidos, em termos de bem-estar e melhor qualidade de vida, serão a sua motivação para prosseguir rumo a uma consciência dimensional mais ampla. Esses resultados são tão gratificantes que você pode facilmente desenvolver uma verdadeira paixão por gerenciar a si mesmo.

Um Jogo Dimensional

A tentativa de entender as dimensões pela perspectiva da cabeça poderá terminar em frustração, porque a mente esbarra nas próprias limitações e estruturas mentais. Assim, experimente encarar essa questão como um jogo divertido. Este livro foi escrito como uma excursão dimensional, passeando pelas descrições de *stress* da terceira dimensão e da quarta inferior até chegar às descrições de energia e poder do coração da quarta dimensão superior e da quinta. Observe como as suas energias fluem à medida que você avança na leitura dos diferentes trechos. Procure manter-se numa perspectiva superior do coração, sem julgar as idéias que lhe parecerem novas ou estranhas. Tente não sucumbir à ansiedade da terceira dimensão ao reconhecer áreas em si mesmo que carecem de mudanças, nem à sensação da quarta inferior de que a transformação de um padrão arraigado representa uma longa e árdua tarefa. Considere tudo um passeio dimensional. Quanto mais permanecer no coração, mais diversão e entendimento você adquirirá.

Zelo — Uma Perspectiva Dimensional

Certo dia, procurei a palavra "zelo" no dicionário e fiquei atônita com o que encontrei. A definição incluía (*) desvelo ardente, cuidado, diligência — ou seja, um opressivo senso de responsabilidade, apreensão e preocupação. Reflita a respeito. Nenhuma dessas acepções parece positiva, nem sugere diversão, paz e harmonia. E certamente não descreve o sentimento de verdadeira afeição e proteção que experimentei quando pela primeira vez segurei meu filho recém-nascido nos braços. As definições do dicionário revelam os limitados padrões de pensamento da terceira dimensão em relação à palavra "zelo" — ou *excesso de zelo*. O zelo na terceira dimensão não é nada atraente.

Na quarta dimensão, você tem o poder de se libertar do excesso de zelo para realmente cuidar das qualidades do amor e se familiarizar mais com elas. Tendo experimentado amiúde o amor, você *compreende* a verdade de que é ele que faz o mundo girar. A sua compreensão advém da freqüência de amor do núcleo do coração. Você começa a sentir a freqüência do amor incondicional — sem julgamento, medo, impaciência, ressentimento, autocomiseração, preocupação ou tristeza. Em outras palavras, incondicional é o amor que não se converte num estressante excesso de zelo agravado pelas abordagens mentais. Quando isso acontece, o seu amor fica tão manchado de qualificativos que perde qualquer valor relevante. O amor pode revestir-se de tantas atitudes negativas das energias da terceira dimensão e da quarta inferior, que se transforma em passivo, ao invés de um ativo para você e para os outros. É importante lembrar que na quarta dimensão superior você *realmente* se importa com o mun-

(*) No original, trata-se da palavra *care*. A autora consultou o dicionário Webster, encontrando as seguintes definições: *suffering of mind* (sofrimento mental); *grief* (pesar); *a burdensome sense of responsibility* (um senso opressivo de responsabilidade); *anxiety* (ansiedade); *concern* (cuidado); *solicitude* (apreensão) e *worry* (preocupação). (N.T.)

do, com o meio ambiente, com o sistema educacional, com as pessoas, com as leis, etc. O que não implica resvalar para ansiedade e excesso de zelo, porque você sabe que isso lhe roubaria a energia e reduziria a eficácia do seu zelo. O zelo genuíno é dotado de sabedoria e discernimento. Trata-se de amor na modalidade ativa — a união do coração superior e da mente.

Os padrões de pensamento da quinta dimensão em relação a zelo são eficazes em termos de energia e no cumprimento de uma missão — atingir o seu propósito. Você se dá conta de que a vida é um jogo que disputamos com nós mesmos. Na quinta dimensão criamos o nosso próprio universo. Por esse motivo, ao zelar genuinamente, você sente o desejo de gerenciar o seu sistema com a maior eficácia possível. A voz do seu coração soa alta e clara; o seu espírito fala. E, se estiver despertando para o seu verdadeiro ser, adquirindo autoconhecimento, você seguirá o seu espírito, que é feito de luz. Colocará a sua sabedoria em ação, criando à medida que vive. Nessa dimensão de luz e amor, o universo se reordena para acomodar a sua visão da realidade.

A Mudança Global de Paradigma

Quanto mais eu compreendia as diferentes dimensões, mais me parecia vital importar-me sinceramente com as pessoas. Ao longo do tempo, meus associados e eu tivemos vislumbres da mudança global de paradigma ora em andamento. Descreverei algumas das minhas visões na esperança de que você as leia com mais amor e interesse pelo seu próprio coração.

Vivemos um momento histórico desafiante. O mundo está passando por uma mudança global de paradigma, movendo-se como um todo da terceira dimensão para a quarta e dando um salto quântico para as fronteiras da quinta dimensão. Você pode detectar os sinais em todas as aceleradas transformações sociais e políticas que estão ocorrendo. O fim do comunismo e a queda do muro de Berlim constituem apenas dois exemplos de mudanças que ocorreram muito mais rapidamente do que a consciência da terceira dimensão podia prever. A consciência coletiva tende a movimentar-se em ondas, enquanto os velhos padrões e as estruturas cristalizadas se esfacelam. O pêndulo oscila na direção do amor, volta para o medo, retorna para o amor, regride para o medo, de um lado para o outro. Para ilustrar essa tese, podemos citar as guerras étnicas que eclodiram na Europa depois que a Cortina de Ferro se abriu. Durante meses os países alimentaram uma grande esperança, mas depois a violência teve início.

O problema é que as perspectivas da freqüência da terceira dimensão vêem as pessoas, as estruturas — tudo — como separadas umas das outras, gerando imensa dualidade, antagonismos e oposições. Assim, nessa dimensão, as pessoas nutrem alguma esperança, mas o medo acaba por ressurgir. Ainda existem grossas muralhas e fortes limitações no pensamento do mundo. As estruturas mentais são tão rígidas que, quando aumentadas por emoções não gerenciadas, promovem violentos conflitos. A consciência da terceira dimensão continua chocando-se contra a barreira de seus próprios limites — como vê com olhos separados, enxerga muitos inimigos. Quando projetamos o futuro e não conseguimos vislumbrar uma saída, nós nos amedrontamos. Quando o medo está presente, a consistência do amor não se sustenta.

Só o poder do coração pode fornecer a força propulsora, a compreensão dimensional superior. Ao se desenrolar, a mudança dimensional propicia ao mundo uma oportunidade de enxergar além das velhas fronteiras, proporcionando uma esperança diferente e um vislumbre de novos prodígios. À medida que o planeta avança para freqüências de vibração mais altas e rápidas, você — e qualquer um de nós — pode dispor as freqüências a qualquer momento e transmutá-las dentro de si por meio do coração. Você travará contato com uma nova perspectiva do mundo, na qual cabeça e coração se unem no esclarecimento. Para manter essa perspectiva, gerencie a sua natureza física, mental e emocional com a inteligência do coração. Todos somos dotados de coração e todos prosperamos quando o utilizamos. Esse é o poder da mudança dimensional que estamos testemunhando agora.

Com o prosseguimento da transição global da terceira dimensão para a quarta superior, um número cada vez maior de pessoas perderá a disposição para participar de ações que não promovam real integração e bem-estar para si mesmas, para seu país e para o seu mundo — e despertará para a ineficácia dos velhos padrões de pensamento e ação. Quando a nossa freqüência de percepção coletiva mudar para a quarta dimensão, nós estabeleceremos caminhos verdadeiros para o bem-estar mundial e abandonaremos as tentativas ilusórias e efêmeras que sempre redundam em fracasso. Os conflitos raciais e étnicos atuais acelerarão a percepção coletiva de que é imprescindível construirmos uma base de amor e solidariedade reais em nossa inter-relação. Com a globalização da TV e os satélites de comunicação, milhões de pessoas estão reconhecendo que antagonismo e separação só resultam em maior desespero, *stress* e deterioração do planeta. A verdadeira paz virá quando nos dermos conta de que a única alternativa é promover a reconciliação entre nós. Seguir o coração é a chave.

Como Superar a Inércia

Uma das resistências básicas a essa vibração mais alta da paz é a inércia humana. Muita gente não valoriza conscientemente a paz o bastante para transformar-se interiormente. Há pessoas que nem tentam alcançar o equilíbrio e a realização por temor do fracasso. Mas esse medo não se fundamenta na realidade. É apenas um reflexo das limitações da terceira dimensão que elas impõem a si mesmas, permitindo que esse medo as controle. A inteligência do coração ajuda-nos a entender nossos medos para que possamos dissipá-los.

No futuro, nos relacionamentos interpessoais e entre nações, *tentar exercer domínio sobre os outros* será considerado um distúrbio de comportamento. Atitudes desse tipo serão reconhecidas como perniciosas para o equilíbrio e a paz mundiais.

O amor é inevitável; ele constitui a nossa verdadeira essência. Somos seres multidimensionais despertando para a nossa própria natureza superior. Quando amamos mais, rompemos as velhas barreiras e os padrões cristalizados. Contudo, seguir contra a corrente da transição do planeta para o amor mais verdadeiro só criará sobrecargas de *stress*. A resistência à mudança gera uma resposta inarmônica do sistema humano, afetando a família, as empresas, as estruturas sociais e políticas. Isso já está acontecendo. O amor consciente e inteligente pode superar toda a resistência. Existem soluções, conhecimentos, compreensão e instrumentos para nos ajudar. Você pode fazer dessa mudança dimensional uma aventura. Por meio do coração, você adquirirá a compreensão necessária para ter esperança e ser forte, objetivo e corajoso ao longo da mudança do mundo. Lembre-se, o amor conquista tudo.

O poder do amor ou do coração é um poder de qualidade baseado na eficácia da administração de energia dentro de um sistema. Visualize o coração como o eixo da roda do poder; os raios da roda seriam os seus condutores. Numa pessoa, os raios correspondem aos fatores mentais, emocionais, físicos e a outros de sua natureza. Numa família ou organização, os raios são feitos das pessoas que compõem a coletividade. O que são os Estados Unidos da América do Norte senão um conjunto de pessoas? O mesmo se aplica a uma cidade, a uma "gangue", às empresas, ao mundo e, sim, esse princípio se aplica ao universo. O universo é um conjunto de unidades individuais de energia. O trabalho conjunto e harmônico de todas as partes cria o todo.

Ao assumir o poder do coração — em termos mentais, emocionais e físicos — VOCÊ acelera a evolução. O seu próximo estágio de crescimento é ativado de maneira mais divertida, gratificante e eficaz em termos de energia. Ao amar as pessoas em níveis mais profundos, você lhes facilita o acesso às freqüências do coração. Por meio do coração, a inteligência de Deus o eleva e o conduz mais rapidamente para uma nova compreensão das dimensões superiores. Estagnado na cabeça e sem contato com o coração, a energia evolutiva aceleradora apenas intensifica os seus conflitos internos e o *stress*. Quando um número maior de pessoas entrar em contato mais profundo com o poder do coração, o *stress* será visto como uma *oportunidade não transformada para assumir um poder maior*. Assumir o poder do coração — não de modo idealizado, mas *de fato* —, fornece-nos a inteligência imprescindível para resolver os conflitos que predominam no mundo da terceira dimensão. Na quarta superior, todas as oposições deixam de existir e tudo o que se vê é a Luz Única. Esse não é o fim da visão, mas o fim de ver com olhos separados. É a *percepção direta*, e não apenas o *conhecimento teórico*, de que tudo é energia. Como escreve meu pai, tenente-general reformado dos fuzileiros navais, ao assinar suas cartas: "*E Pluribus Unum*" — "De vários, um só".

Uma História de Aeroporto

"Tudo bem, mas o que é esse 'poder oculto do coração'?", indagou-me um executivo certo dia, durante um longo "bate-papo" no aeroporto. Nosso vôo estava atrasado e ele havia iniciado a conversa enquanto esperávamos no saguão. Além de se preocupar com a situação mundial e com as eleições que se avizinhavam, ele achava que éramos todos vítimas dos problemas da economia. Contou-me sobre seu trabalho estressante, o recente divórcio e sua luta para equilibrar o orçamento. Essas questões o impediam de dormir à noite e o deixavam extremamente estressado. Ele não seguia qualquer religião, mas sabia que devia haver *alguma coisa* — e a ciência acabaria por descobri-la — que explicasse realmente a vida humana. Nutria a esperança de que as pesquisas sobre cérebro/mente encontrariam a resposta.

No curso da conversa, partilhei com ele as minhas visões a respeito do coração, apresentando-o como fonte da inteligência e do poder oculto que as pessoas pressentem e esperam que sejam possíveis. Eu lhe disse que assumir o poder pessoal é uma tendência dos anos 1990, porque *muitas pessoas*, como ele próprio, estavam cansadas de se sentir vítimas da vida.

Ele escutou. Intrigou-o a idéia da existência — cientificamente comprovada — de um "poder oculto" no coração. "Haveria possibilidade de a vida realmente melhorar?" Executivo prático que era, perguntou que instrumentos ele poderia usar para acionar esse poder. O que eu lhe respondi você lerá nos próximos capítulos.

Capítulo 7

Os Instrumentos do Poder do Coração

Como seria se, na maior parte do tempo, os sentimentos gratificantes de amor e solidariedade fluíssem pelo seu sistema? Se você pudesse comprar instrumentos que o ajudassem a sentir mais amor, você os compraria? E se o manual de instruções aconselhasse o usuário a praticar regularmente, como se faz para aprender golfe, um novo passo de dança ou um novo videogame, você praticaria? Não importando se a sua meta é menos *stress*, amor mais profundo ou equilíbrio e realização, empregar com *constância* ao menos um ou dois dos instrumentos do poder do amor pode mudar a sua vida.

Ativando no seu sistema as *faixas de freqüência do núcleo fundamental do coração*, os instrumentos colocam você em contato com o poder do seu coração. Sua sensibilidade aumenta, sua comunicação se torna clara, a sua compreensão se desenvolve e suas perspectivas se ampliam. Em geral, a prática constante traz resultados em poucos dias. O uso de qualquer um dos instrumentos é lucrativo, proporcionando grandes dividendos. Experimente-os. Você decerto os apreciará. Esses instrumentos se destinam a todas as pessoas — independentemente de idade, sexo, escolaridade, raça, ou religião. São dádivas para a evolução da humanidade. Alguns deles talvez lhe pareçam "lugares-comuns", por você já tê-los ouvido antes — e ouviu mesmo. Entretanto, é comum desperdiçarmos o seu enorme poder. Todos atuam sobre a inteligência do coração para ativar suas freqüências superiores de amor, solidariedade, compaixão, gratidão e capacidade de perdoar.

O Amor é um Instrumento

Como pode o amor ser um instrumento? É simples. Para usar o amor como um instrumento de poder, basta concentrar a atenção no centro do coração, ativar o amor por alguém e emitir a freqüência desse amor. A energia fluirá de você e para você refluirá. O amor se irradiará e retornará — acrescentando sentimentos profundos de amor dentro de você e no seu relacionamento com as pessoas. Então, continue irradiando amor e a energia voltará para você numa espiral regeneradora. O seu sistema acumula tanto a energia do amor como o *stress*. O acúmulo de amor preserva o equilíbrio e a harmonia do seu sistema. O amor é o instrumento e mais amor é o resultado final.

O amor confere poder. Muita gente que julga estar amando fica espantada com as mudanças que experimenta quando usa sinceramente o amor como instrumento. Seus comentários são quase evangélicos, revelando uma nova compreensão da natureza regeneradora do poder oculto do coração. Quando essas pessoas concentram a energia no coração e irradiam amor, espantam-se com as novas formas de amor que descobrem. A diferença entre como se sentiam antes e depois de usar o amor como instrumento parece-lhes assombrosa. Elas mantêm um contato maior com seu verdadeiro espírito. Como a Bíblia descreve: "O fruto do Espírito é amor, alegria, paz, paciência, mansidão, caridade, fé." (Gálatas 5:22)

O "amor" não é uma faixa de freqüência tranqüila, de otimismo à Pollyana, confortável como um chinelo velho. As palavras "amor", "solidariedade" e "gratidão" são como pequenas gaiolas que abrigam amplas e poderosas energias. Quando a ciência provar que o "amor" constitui uma inteligência em si, os pesquisadores respeitarão mais objetivamente seu amplo potencial. A física tem demonstrado que duas partículas, ao se tocarem, estabelecem uma conexão permanente que ultrapassa o tempo e o espaço. Os estudiosos já voltaram os olhos para os efeitos do amor no processo de cura. O cardiologista Randolph Byrd conduziu recentemente um estudo científico, durante dez meses, com pacientes coronarianos no San Francisco General Hospital sobre os efeitos terapêuticos do amor e da oração. Ele aplicou os critérios mais rígidos para a observação clínica e obteve resultados notáveis. Os pacientes a quem foram ostensivamente dedicados amor e orações necessitaram de um número de drogas e procedimentos cirúrgicos significativamente menor do que os que não contaram com esse tipo de ajuda. De acordo com o dr. Larry Dossey, "Se a técnica objeto desse estudo fosse uma nova droga ou procedimento cirúrgico, quase certamente seria anunciada como uma 'descoberta revolucionária'".

Existe uma diferença entre dirigir deliberadamente a vida com as energias do amor, da solidariedade e da gratidão fluindo pelo sistema e apenas deixar que elas surjam ao acaso. É como a diferença entre usar uma furadeira elétrica de impacto ou uma simples chave de fenda na construção de uma casa. Ao praticar com atenção concentrada, você se torna muito mais eficaz e experiente em dirigir essas energias. O amor é a mais poderosa freqüência do núcleo do coração e, sim, constitui a verdadeira esperança para o mundo. O amor compreende todos os outros instrumentos de poder e é o primeiro e mais importante de todos.

Praticar a técnica de amar o próximo mudou a minha vida. Algum tempo atrás, li num livro popular que é necessário que os casais expressem sua raiva e aprendam a *brigar bem* para preservar a afetividade do casamento. Quando tentamos essas técnicas, meu marido (na época) e eu encontramos um certo alívio em liberar a raiva, mas isso não durou. Brigando bem, conseguimos uma certa comunicação, mas nós ainda tínhamos de enfrentar o efeito desgastante da raiva e dos julgamentos. Falar a verdade sem o coração estava nos exaurindo. Os resultados foram completamente diversos quando começamos a usar a técnica de amar um ao outro enquanto expressávamos nossos sentimentos acerca de uma determinada questão. Pratiquei a técnica de irradiar amor com sinceridade enquanto falava, e descobri que o amor não reprimia em absoluto os meus sentimentos. Na verdade, ao amar deliberadamente, eu conseguia expressá-los com mais clareza. Então, continuei emitindo amor enquanto escutava a resposta de meu marido. A nossa comunicação adquiriu grande eficácia. Nós atingíamos os problemas reais de modo mais rápido. A energia do amor criava uma zona de segurança que nos possibilitava ficar menos na defensiva e agir com maior honestidade. Isso começou a derrubar as muralhas que a raiva, o ressentimento e o medo haviam erguido.

Na infância, é comum recorrermos a acessos de cólera para conseguirmos o que desejamos. Quando crescemos, porém, percebemos que as explosões de fúria já não funcionam e que tanto as discussões quanto a atitude fria de "não quero falar com você" não nos levam muito longe. Descobri que o amor deliberado *escancara* a porta para a verdadeira comunicação e me propicia o que eu de fato desejo. Você se sente muito melhor interiormente. Foi desse modo, portanto, que comecei a construir o meu alicerce — amar as pessoas. Como conseguir isso? Basta lembrar-se de fazê-lo. *Apenas amar as pessoas — todas e qualquer uma que lhe cruzar o caminho.* Você estará prestando um benefício a elas e, principalmente, a si próprio.

Simplesmente amar as pessoas — incluindo você, naturalmente — constitui a equação básica da energia de paz e plenitude duradouras. Amando as pessoas, você ativa a energia do coração capaz de equilibrar o seu sistema e produzir paz. A energia do coração flui através dos sentimentos, da mente e do corpo, proporcionando uma profunda sensação de realização. Você fica repleto de amor.

Sinceridade

Já reparou quanto o seu coração se comove com o pedido *sincero* de uma criança? Você deseja satisfazer-lhe a vontade, mesmo que isso signifique ficar de quatro para brincar de cavalinho. Se a criança se comportar mal, mas depois *sinceramente* pedir desculpas, o seu coração voa para ela e se torna impossível deixar de perdoar. A sinceridade é uma faixa de freqüência superior do coração que funciona como uma espécie de dínamo para todos os instrumentos de poder — e exerce um efeito tremendo. Ligue qualquer instrumento que esteja usando numa profunda sinceridade e você irá amplificar-lhe o poder. O amor sincero amplia a sua intuição ao criar sintonia com o seu Eu Superior. Ao amar sinceramente, você adquire uma perspectiva mais ampla da inteligência superior, que lhe propicia maior compreensão nos relacionamentos, no trabalho e no lazer. Então, se antigos ressentimentos ou raiva surgirem, a sua intuição vai lhe mostrar como se livrar deles. O amor *sincero* irradia o poder do coração para a área em que você pretende efetuar mudanças. Ao mesmo tempo, garante a sensação de realização crescente. Evolução é isso... a prática do amor verdadeiro.

O Amor Requer Prática

Há quase 2 mil anos as pessoas citam a descrição bíblica do amor, que ensina:

> "O amor é paciência; o amor é benevolente e não conhece a inveja. O amor nunca é orgulhoso, nem vaidoso, nem rude; jamais é egoísta, nem se apressa a ressentir-se. O amor não mantém os erros na memória; não se regozija com os pecados dos homens, mas se rejubila com a justiça. Não há nada que o amor não possa enfrentar; não existe limite para sua fé, esperança e resistência. O amor jamais chega ao fim" (1 Coríntios 13: 4-8).

Comentado e cantado em verso e prosa, o amor é um dos grandes temas da filosofia. Mas e se o amor fosse sincera e seriamente praticado?

O sistema HeartMath pode ajudá-lo a entender o amor, a aprender como praticá-lo e por quê. Quase todos sabemos como é amar ou ser amado de algum modo. O amor é o poder que une e completa. Embora não seja nova, a idéia de praticar o amor ainda não foi inteiramente compreendida. Praticando o amor, você desenvolve uma consciência e um entendimento maiores dos programas do computador do coração, a fim de empregá-los na sua vida.

O amor nem sempre é gentil e delicado. Às vezes, revela-se explosivo e energizante, ou apresenta uma natureza metódica, organizadora. Como une todas as pessoas, o amor cria comunicação, afinidade e uma compreensão mais profunda.

Não confunda o amor com comiseração, excesso de zelo, suscetibilidade, expectativa ou apego. Certa vez, apeguei-me demais a um namorado. Acreditava que nos amávamos. Contudo, quando ele começou a sair com outras garotas, concluí que não se importava comigo e que rejeitava o meu afeto — eu alimentara a expectativa de que seu desejo fosse ficar exclusivamente comigo. Menos de um ano depois, apaixonei-me por outro rapaz. Quando encontrei meu ex-namorado numa loja de roupas, percebi que, embora houvesse existido amor, meu principal sentimento não passara de apego. Ele representara uma espécie de âncora, de segurança, que confundi com amor. O amor verdadeiro é muito mais forte do que o apego, a suscetibilidade e as expectativas. Meu amigo Lew resume da seguinte forma: "O amor de verdade devora tudo isso no café da manhã." O amor verdadeiro implica cuidar, perdoar, ter gratidão e compaixão, transcendendo as limitações e barreiras que criamos em seu nome. O amor nutre, abarca, realiza e gratifica. Conhecido e celebrado através das eras, o amor supera todos os obstáculos.

O primeiro passo na equação para a realização, que qualquer um pode entender e praticar, consiste em amar as pessoas. Um amor genuíno (e não a ilusão de amar) se revela quando você se concentra no coração e sinceramente irradia amor para todos aqueles que surgirem em seu caminho. O curioso é que muitas pessoas que crêem sentir amor não o fazem de modo deliberado, exceto em relação a alguns poucos amigos ou parentes. Elas sabem que sem uma prática constante não cantarão bem, nem vencerão torneios de golfe, mas julgam que amarão de forma automática. O amor consciente ilumina o coração, para que este possa funcionar em todo o seu potencial e agir com toda a sua capacidade projetada. Quanto mais as pessoas praticarem o amor verdadeiro, maior será a chance de o mundo resolver seus problemas sociais e recriar uma sociedade capaz de cuidar de todos os seus integrantes.

Para aprender a amar genuinamente, é importante que você pratique *amar a despeito do que acontecer em sua vida*. Enfrente todas as situações com amor, inclusive as que ocorrerem internamente. Quaisquer que sejam os sentimentos ou pensamentos negativos que o assaltarem, enfrente-os com amor. Estabeleça o contato com o computador do seu coração para obter uma compreensão maior. Guarde as suas energias no coração e aprenda a "Amar" fortemente o tempo todo. Amar alguém é o que de mais magnificente você pode fazer por si mesmo e pelo outro. Quando ama uma pessoa, você elimina as energias negativas e produz compreensão.

Amar a Si Mesmo

Em geral, amar a si próprio parece mais difícil do que aos outros. Certa vez, minha amiga Wendy e eu conversamos a esse respeito. Expliquei-lhe que encontro mais facilidade em alimentar amor pelas pessoas do que por mim mesma. Às vezes, quando percebo a necessidade de me dedicar amor, não consigo experimentar um afeto significativo. Sinto que não sou digna, que não tenho tantas virtudes quanto desejaria.

Wendy confessou que o mesmo ocorria com ela e nós rimos bastante. Contudo, constatamos que ambas éramos capazes de amar o próximo apesar dos seus defeitos. Podíamos enxergar-lhe a beleza interior e o potencial. Mas, como convivíamos com nós mesmas o tempo todo, éramos o nosso pior juiz.

É comum as pessoas julgarem-se em demasia. Isso acontece porque prestamos excessiva atenção à nossa aparência, ao que estamos fazendo, aos pontos em que precisamos melhorar, etc. Ao confrontar com amor quaisquer pensamentos e sentimentos incômodos que tenha a respeito de si próprio, você entrelaça, conecta e equilibra todas as energias do seu sistema. Amando a sua negatividade, você neutraliza os julgamentos e desenvolve uma força maior para se corrigir. Mantenha as suas energias no coração. Essa prática irá ajudá-lo a ativar as freqüências da intuição, que vão guiá-lo na busca pelo fluxo do amor. Então, você disporá de uma base sobre a qual construir. Se quiser, use a fantasia para auxiliá-lo. Às vezes, eu imagino meu coração como uma cachoeira cujas águas banham todo o meu ser; outras vezes, como uma flauta, e sua música envolve todos a quem amo com a energia do coração; em outros momentos, ainda, como um poço — que eu bombeio durante alguns instantes até que a energia jorre sozinha.

Praticar essas técnicas significa preservar as suas energias no coração para garantir a circulação do amor. Significa lembrar-se ao longo do dia de amar com sinceridade — as pessoas, a si mesmo, sua família, seu trabalho, a natureza — a Vida. O seu poder passa a ser mais construtivo à medida que você aprende a amar em níveis cada vez mais profundos e sinceros. Observe como a energia do coração circunda as regiões mais sombrias dentro de você.

O amor não se restringe apenas à religião. O amor *é*. E pode enriquecer qualquer religião ou caminho espiritual que você siga. O amor facilita qualquer sistema. Tudo o que eu e meus amigos do Instituto fizemos foi pesquisar o que poderia propiciar a felicidade das pessoas. Queríamos descobrir o que constituiria um dínamo para a verdadeira realização. O fruto do nosso estudo são os instrumentos de poder para o empreendimento dos seres humanos — o maior de todos os empreendimentos. Realização não é algo que se encerre ou permaneça estagnado num determinado nível. Impregnada pelo poder do amor verdadeiro, a realização se completa em cada nível e o transcende.

Capítulo 8

Instrumentos para uma Rápida Correção

Ao colher os frutos de amar a si mesmo e ao próximo, você irá motivar-se para desenvolver o poder do seu coração para amar com mais constância. Encerrar-se no coração é um poderoso instrumento que você poderá usar sempre que quiser ter acesso a uma freqüência mais profunda do seu coração. Esse recurso consiste numa revigorante pausa da cabeça que, com um pouco de prática, fará você se sentir bem, ativará o poder do seu coração e o ajudará a manter um equilíbrio maior.

A Técnica de Encerrar-se no Coração (*)

Comece escolhendo um lugar confortável para sentar-se, feche os olhos e relaxe. Para Encerrar-se, transfira a sua atenção da cabeça para o coração, descontraindo os seus pensamentos e concentrando as suas energias na região do coração. Então, envie um sentimento sincero de amor ou gratidão para si mesmo e para os outros. Apenas ame as pessoas. Agradeça pelas boas coisas da vida. Agradeça pela sua vida, comparando-a com situações mais árduas, como as dos sem-teto ou dos que passam fome. Essa postura interior facilita o aprofundamento da ressonância do coração. Simplesmente se desfaça da tagarelice da mente e libere os sentimentos do coração. Se surgirem pensamentos da cabeça, leve a sua atenção gentilmente de volta para a região do coração e irradie sentimentos de amor e gratidão.

(*)Heart Lock-In® Technique.

Se não puder sentir amor de imediato, ou se perceber alguma dor no coração, tudo bem. Tente sintonizar a lembrança de um momento em que você amou alguém e foi tão fácil, ou de uma ocasião em que experimentou uma profunda gratidão, sem insegurança nem ansiedade. Concentre-se nesse sentimento límpido do coração superior. Então o seu amor adquirirá um caráter mais elevado.

Quando o coração inferior e a cabeça se associam, criam insegurança e um sentimento de vulnerabilidade, emoções que freqüentemente ficam arquivadas no inconsciente. Com a prática, a técnica de Encerrar-se no Coração pode libertá-lo delas e conduzi-lo à segurança do recanto mais profundo do coração — segurança que, por fim, transformará a dor e os antigos ressentimentos. À medida que o amor cresce em qualidade, as velhas atitudes de expectativa e apego são aos poucos eliminadas. Visualize todos os sentimentos que surgirem durante a prática de Encerrar-se no Coração como formas de um amor que, embora em expansão, ainda não atingiu a plenitude de seu caráter superior.

As experiências mostram que, quando fechamos os olhos, tendemos a nos concentrar na cabeça, o que pode estimular o processo de raciocínio e o diálogo interior. Entretanto, na técnica de Encerrar-se no Coração, você concentra as suas energias na região do coração, não na cabeça, testa ou plexo solar. Lembre-se, o principal propósito dessa técnica é entrar num contato mais profundo com o coração. Se emergirem pensamentos que drenam energia, contemple-os com objetividade e vá para o computador do coração para obter compreensão e alívio. Seja constante, mas descontraído, na prática de Encerrar-se no Coração e a compreensão e o alívio fluirão. Se você se esforçar demais com a cabeça, criará uma tensão mental que bloqueará a sua consciência em relação à dimensão superior. Reserve cinco minutos, no mínimo, durante o seu dia para sentir amor no coração por si mesmo, por tudo e todos ao seu redor. Tente encontrar paz, tranqüilidade e aconchego na área que circunda o centro do seu coração. Quanto mais você praticar, maior facilidade terá em estabelecer um contato mais profundo com o coração.

A música é um fator eficaz para enriquecer a técnica de Encerrar-se no Coração. Existem muitos estilos musicais que ajudam a ativar as freqüências do coração. A música tem o poder de modificar a atmosfera mental e emocional de um ambiente e de mudar o nosso humor. Pense em como os diferentes ritmos — *rock*, *country*, clássico ou *jazz* — criam diferentes emoções dentro de você. Quanto a mim, gosto de ouvir um gênero de música conhecido como *Heart Zones* (Zonas do Coração) (*) quando pratico a técnica de Encerrar-se no Coração. *Heart Zones* foi indicado por Doc Childre para colocar as pessoas em contato com o poder do coração, bem como para reduzir a fadiga mental e emocional. Doc passou vários anos estudando os efeitos das notas musicais, da

(*) Disponível em Planetary Publications.

ressonância harmônica, das inversões rítmicas e dos acordes específicos sobre os padrões de *stress* psicológico. Sofisticados testes das freqüências de EEG (eletroencefalograma) e ECG (eletrocardiograma) registraram mudanças significativas num grande número de pessoas. Para mim, *Heart Zones* funciona como um divertido e alegre tônico ou fortificante para a natureza mental e emocional. Um artigo de jornal descreveu esse gênero de música como uma "xícara de café musical sem os efeitos colaterais", por proporcionar a muita gente uma clareza energética e concentrada. Há muito tempo eu recorro ao seu auxílio nas minhas práticas de Encerrar-se no Coração. *Heart Zones* se tornou um amigo querido — um amigo que propicia um bom sentimento do coração.

Desenvolvendo a Intuição — O Bolo Inteiro

Todo o mundo tem lampejos de intuição, mas a intuição só se desenvolve quando aprendemos a ouvir e a seguir as diretrizes do coração. Um aspecto do sistema HeartMath, que chamamos de Tecnologia da Intuição (*), pesquisa a tecnologia interior do desenvolvimento da intuição, oferecendo métodos avançados para o seu crescimento sistemático e para a eliminação do *stress*. A Intui-Tecnologia proporciona uma ampla consciência de quinta dimensão para facilitar novas descobertas nos negócios, na medicina, na ciência, política, assuntos sociais e econômicos.

Embora úteis, os lampejos ocasionais de intuição que a maioria de nós tem representam apenas uma fatia do bolo. As faixas mais amplas de intuição que podem beneficiar você, o país e o mundo, são acessíveis por meio da estação receptora do coração. Se fizerem esse único esforço — o de praticar o contato com a inteligência natural do coração — as pessoas perceberão que alavanca isso representa para o mundo, embora seu resultado não seja imediato. A proporção de retorno de energia em relação ao seu esforço é de 1:9 — ou seja, um esforço gera um trabalho nove vezes maior —, porque o coração exerce um efeito multiplicador, uma vez que é projetado para zelar e cuidar de todo o seu sistema. Essa é a magnitude do poder oculto do coração, que funciona, em termos aritméticos, como a equação $E = mc^2$. As energias da quarta dimensão superior e da quinta, disponíveis por intermédio do coração, têm um imenso poder transformador.

Você pode sintonizar a "estação da intuição" — o seu coração é a tecla de controle. Usando os instrumentos de poder do coração, você mantém a sintonia com a estação. Contudo, se não houver como base o desenvolvimento do coração, não lhe será possível conservar a freqüência e você continuará resvalando, a despeito de eventuais contatos com algumas freqüências isoladas da

(*) Intui-Technology ®.

intuição. Com o crescimento do número de pessoas que se empenham no desenvolvimento da inteligência do coração, nos próximos dez anos presenciaremos uma mudança substancial no modo de sentir e compreender a "intuição". E, aperfeiçoando a intuição, os nossos líderes políticos executarão seu trabalho visando satisfazer as necessidades de *todos*. Eles se conscientizarão de que constitui ineficiência e estreiteza de visão atender apenas aos interesses de alguns. Os "Tecnologistas da Intuição" serão os "eliminadores de *stress* do planeta", dotados do poder de desencadear mudanças positivas que abrangerão o mundo inteiro.

Congelamento de Estrutura (*) — Uma Técnica da Intuição

Essa é uma técnica que se pode usar em qualquer situação — trabalhando, guiando o carro, conversando com alguém ou assistindo à TV. Ela revelou-se extremamente valiosa no meu processo pessoal de desenvolvimento do coração.

No Congelamento de Estrutura, você interrompe o filme da sua vida por um instante e vai para o coração na condição de diretor. Essa técnica é especialmente útil quando você enfrenta algum problema, porque o ajuda a relaxar e a se distanciar do seu envolvimento mental ou emocional com o assunto, sendo um bom primeiro passo para adquirir objetividade — e, se for objetivo, você pode escolher o curso mais eficaz de ação. É como pressionar a tecla de pausa no seu videocassete, interrompendo o seu filme holográfico para recriar a sua própria realidade naquele exato momento. Você concentra as energias no coração, pára o filme dos seus pensamentos e emoções — congela a imagem (como se tirasse uma fotografia instantânea) — e, então, dirige-se ao computador do coração em busca de diretrizes. As próximas freqüências escolhidas ativarão os programas seguintes, a cena seguinte do seu filme. Lembre-se, você criará o seu próprio filme por meio da sua percepção e das suas escolhas naquele instante. Você tem o poder de optar — e todas as opções que fizer, mesmo as aparentemente menos relevantes, na verdade se revestem de uma importância crucial. Sempre que necessário, vá ao coração e mude a freqüência.

Você já viu o Holodeck a bordo da nave Enterprise, no seriado de TV *Jornada nas Estrelas: A Nova Geração*? O Holodeck é um holograma em 3-D que simula a realidade. Os tripulantes pedem ao computador central para reproduzir no Holodeck qualquer cenário, experiência ou situação que quiserem. E é exatamente o que obtêm, com todos os detalhes desejados por sua imaginação. Eles entram no cenário para participar do filme holográfico — e tudo parece absolutamente real. E é possível congelar o holograma a qualquer momento e

(*) *Freeze-Frame* ®.

instruir o computador para mudar o programa. Praticar o CONGELAMENTO DE ESTRUTURA ajuda-o a recriar o filme da sua vida num determinado instante, acessando um programa novo do computador do seu coração. E o *seu* filme será inteiramente real.

Com o CONGELAMENTO DE ESTRUTURA, você estabelece uma pausa momentânea, de modo a serenar-se e recolher-se no coração. Acalme a tagarelice da cabeça e as reações emocionais, e continue enviando as energias de volta para o coração. Esse procedimento requer prática, mas a prática proporciona um imenso retorno. O CONGELAMENTO DE ESTRUTURA possibilita-lhe uma interrupção das reações mentais e emocionais ineficazes, o que lhe oferece a escolha de corrigir a si mesmo, economizando energia e consolidando o poder no seu sistema — o *seu* poder.

O CONGELAMENTO DE ESTRUTURA funciona melhor quando você *se lembra* de ativar uma freqüência positiva do coração. Quando interromper o seu filme, faça um esforço sincero para sentir no coração amor, solidariedade ou compaixão. Dessa forma, você estará preparando o palco para a intuição do seu coração entrar em cena. É como sintonizar o *dial* do seu rádio para conseguir uma transmissão melhor e eliminar a estática. Talvez nem sempre você consiga experimentar de imediato um sentimento do coração mais profundo, mas continue concentrado no coração. A sinceridade do seu esforço restabelecerá a sua ligação com a corrente do coração e acionará o fluxo de seiva. Para criar essa conexão, pense em alguém que você ama ou em alguma coisa que lhe cause bem-estar — como uma experiência gratificante. Os sentimentos o ajudam a se lembrar, tornando-o sensível à diferença entre as reações da cabeça e as intuições do coração — que de fato provocam impressões diferentes. E lembrar essa diferença irá ajudá-lo a se dirigir para o coração com maior freqüência — porque assim se sentirá melhor.

Se estiver praticando o CONGELAMENTO DE ESTRUTURA durante uma crise emocional, procure primeiro *neutralizar* a emoção. Quando você desvia a sua atenção do problema e ativa o poder do coração, fica mais fácil aquietar os ruídos interiores e acalmar-se. Como exclama Erin, um garoto de 13 anos do Instituto: "Fique frio!" Então, a sua intuição poderá fornecer, além de alívio, uma compreensão mais ampla da situação. Praticar o CONGELAMENTO DE ESTRUTURA aumentou a minha capacidade intuitiva e me fez experimentar o doce sabor da liberdade, da segurança e da auto-estima.

A intuição do coração consiste numa sensação de sabedoria que cresce rapidamente, com algum treinamento. Mas não se preocupe se não obtiver de imediato respostas claras. Algumas situações não se resolvem de modo fácil e imediato — o seu funcionamento demanda um certo tempo. Quando tiver experiência, você aprenderá a se recostar na poltrona para observar a geometria da sua vida se desenhando e lhe oferecendo soluções. O CONGELAMENTO DE ESTRUTURA constitui um fantástico instrumento de poder no combate ao *stress* — a única exigência é o treinamento necessário para descobrir de que modo o processo funciona no seu sistema — e é tão simples e prático que você pode usá-lo a todo o momento para evitar o *stress*, mesmo em situações estressantes. É um daqueles instrumentos "de mil e uma utilidades" sempre à mão, capaz de colocá-lo em contato com o seu coração e de auxiliá-lo a equilibrar as energias, a eliminar ou prevenir *stress* e a obter soluções intuitivas. Você constatará um aumento de sensibilidade em relação à sua natureza emocional, mental e intuitiva. A técnica de CONGELAMENTO DE ESTRUTURA também pode ser usada sempre que você precisar de uma inspiração criativa ou de uma intuição mais profunda sobre uma questão qualquer. Lembre-se: a mente trabalha de maneira mais produtiva e eficiente se contar com a participação do coração.

Congelando um Pensamento em Círculo Vicioso

Por padrões de pensamento entendam-se os "diálogos aleatórios" ou "trilhas sonoras interiores" que são inerentes à sua visão da vida. Se você os observar, se dará conta de que eles tendem a rodar em círculos viciosos. Nós já concluímos que alguns dos círculos dos padrões mais comuns de pensamento constituem padrões repetitivos de preocupação, ansiedade, medo, ressentimento e desejos insatisfeitos, que o prendem numa ciranda interna (não muito divertida). Às vezes, esses círculos viciosos de pensamentos múltiplos rodam de maneira contínua, sem qualquer solução. Eis aqui um jogo de CONGELAMENTO DE ESTRUTURA para você experimentar quando quiser parar de reprisar velhas fitas estressantes tais como: "Eu devia ter dito isto" ou "Eu devia ter feito aquilo". *Loops* de pensamento como esses costumavam manter-me aborrecida o dia inteiro e constantemente drenavam a minha energia.

Se você ficar preso num círculo vicioso de pensamento, congele-o e diga a si mesmo: "Ora, não foi nada" e não analise nem julgue a si mesmo. Por mais simplista que possa parecer, esse é um instrumento do coração poderoso — quando aplicado com sinceridade —, que o ajuda a se ver como uma criança que está aprendendo a andar. Você não castigaria uma criança por cair e tropeçar ao ensaiar seus primeiros passos. Você lhe diria: "Ora, não foi nada." Isso cria no coração freqüências de zelo, compaixão e capacidade de perdoar em relação à criança, permitindo que ela aprenda mais depressa. Você pode fazer o mesmo por si próprio, a fim de superar círculos viciosos de pensamento. O processo de aprendizagem se acelera, porque se torna mais leve e recreativo. É muito mais divertido subir uma montanha quando se tira a mochila das costas. Não se condene por tropeçar ou por se cansar, apenas dirija-se para o coração e você vai se fortalecer. O hábito de dizer "Ora, não foi nada" ensina-lhe a corrigir a si mesmo sem se julgar. É como um degrau que conduz ao seu coração. Essa pequena frase desloca suavemente a energia, abrindo caminho para uma compreensão intuitiva e para o alívio. Cada vez que surgir um círculo vicioso de pensamentos, lembre-se de congelá-lo, exclamando: "Ora, não foi nada"; em seguida, vá para o coração, liberte-se dos padrões e siga em frente. Essa técnica construirá o seu "músculo" de autogestão — logo tudo ficará mais fácil e automático.

Cada vez que promover uma correção em si mesmo, você adicionará energia ao seu sistema. Essa é a perspectiva de quinta dimensão. Culpar-se e recriminar-se só servem para bloquear a energia, inibir a ação e exaurir você. Essa atitude faz parte da cegueira da terceira dimensão e da quarta inferior, que cria um tremendo *stress* e provoca doenças. Quando pratica as técnicas de Encerrar-se no Coração, CONGELAMENTO DE ESTRUTURA e "Ora...", você se torna mais sensível à sua verdade interior. Quando a mente é desacelerada, a intuição do coração se manifesta na sua consciência com mais plenitude. Observe quantos medos, ressentimentos e ansiedade é possível eliminar! Em pouco tempo, você será capaz de reconhecer a verdadeira voz da intuição do seu coração e de se elevar conscientemente para uma perspectiva de dimensão superior.

Mais Jogos para Desligar Indesejáveis Freqüências da Cabeça

O que fazer quando a cabeça processa um pensamento negativo ou mesmo toda uma torrente deles? Aqui vai um jogo para você experimentar. Assim que reconhecer os pensamentos negativos, mude as freqüências e substitua o pensamento indesejável por um sincero e positivo. Alimente-o por um instante com sentimentos bons do coração. Então, conclua o pensamento positivo com um "ponto" no final da frase. Liberte-se de tudo, siga em frente, dê prosseguimento ao seu dia. Não é uma questão de apenas ajustar a postura mental, o que poderia constituir uma repressão. Trata-se de aplicar o poder do coração nos momentos em que você, aprisionado nos círculos viciosos da cabeça, precisa de um instrumento transformador para *se lembrar* de voltar para os sentimentos do coração, a fim de recobrar uma perspectiva positiva. Cada vez que proceder assim, você estará reforçando a sua segurança interior. E segurança é poder.

Aqui vai outro jogo que costumo usar: ao longo do dia, proponha a si mesmo: "Tudo bem, terei só pensamentos positivos nos próximos cinco minutos" (ou qualquer período que você determine). Quando um pensamento negativo quiser insinuar-se (quase sempre eles querem), diga-lhe: "Quieto. Esse é o tempo do meu coração para pensamentos positivos." Eu tento deter o processador negativo da cabeça desde o início, na primeira ou segunda palavra. Na verdade, é divertido "ser positivo" com o poder do coração. Lembre-se: os verdadeiros vícios consistem nos padrões de pensamento. O que quer que a sua mente considere indispensável para a sua paz é uma pista para identificar o seu vício.

Ser viciado em amor (sem apego), em equilíbrio e realização não constitui um problema. Longe disso, revela inteligência, porque essa é uma inclinação que proporciona bem-estar e não causa efeitos colaterais negativos.

Constatei que, quanto mais eu praticava esses jogos, mais o meu coração dirigia o espetáculo. E o resultado era um número surpreendente de soluções eficazes. Recebi intuições sobre problemas e respostas em questões de criatividade, dietas, administração do meu tempo... num número sem fim de situações. Se me sentisse exaurida, podia encontrar a paz interior que me faltava e facilmente me recarregava através do coração. Desenvolvendo um coração mais sincero, também alcancei um equilíbrio interior mais profundo.

Ouvir Profundamente com o Coração

A técnica do CONGELAMENTO DE ESTRUTURA ensinou-me a ouvir mais profundamente o coração dos outros e o meu. Eu praticava o que chamamos de "Ouvir Profundamente com o Coração", que consiste em concentrar a energia no coração enquanto ouvimos alguém. Eu aprendi a ouvir o ser dessa pessoa — a sua essência — manifestando-se. No início, percebi que, enquanto tentava ouvir, eu rodava fitas sutis da cabeça relativas à minha opinião sobre o assunto — se eu concordava ou discordava, qual teria sido a minha atitude naquela circunstância, e assim por diante.

Procure não ouvir com a cabeça. Nove vezes em dez, eu me surpreendia fazendo isso. À medida que fui praticando amar e ouvir profundamente com o coração, aconteceu um milagre. Passei a experimentar uma perspectiva mais ampla da minha consciência, que me proporcionou uma compreensão mais sensível, mais baseada na essência, do que a pessoa de fato queria expressar. Criava-se uma conexão real entre o meu coração e o do meu interlocutor. Descobri que estabelecer aquela conexão ligava-me a uma corrente, cuja manutenção exigia um esforço menor. Eu me apercebi de que as pessoas não são nossas inimigas; ao contrário, são nossas amigas. Todas têm coração, mesmo que encarem o mundo de modo diferente — o que é freqüente. Minha mente já havia constatado essa verdade, mas acender essa lâmpada intuitiva e *senti-la* diretamente constituía uma verdadeira iluminação.

Quando não ouvimos profundamente o coração do outro, corremos o risco de fazer uma série de suposições equivocadas. Por exemplo, quando um colega de outro departamento não devolvia o material que apanhara emprestado — grampeador, canetas, tesouras e outros objetos da minha mesa —, eu me enfurecia. "Quantas vezes terei de lhe refrescar a memória? Ele não se importa comigo — não tem a menor consideração; caso contrário, devolveria as coisas." Eu me sentia justificada ao me aborrecer e me estressar por esse motivo. Chamei-lhe a atenção várias vezes, sem qualquer resultado — o problema não o sensibilizava e esse fato me irritava ainda mais. As diretrizes do meu coração mostravam-me que a raiva e o ressentimento estavam criando um círculo vicioso de *stress*. Mesmo ele estando errado, estressar-me era um erro *meu*. Intuí que deveria manter o meu equilíbrio, reconhecer as qualidades positivas do meu colega e, então, procurá-lo para conversar. Mais uma vez, discutimos os meus sentimentos acerca de todos os que tomavam o meu material emprestado e não o devolviam, mas dessa vez senti que havia uma conexão com o coração e que o meu colega me escutava em profundidade. Escutei sua resposta com igual profundidade e me dei conta de que, não importando se mudaria ou não, ele era meu amigo e gostava de mim. E me vi em condições de banir o ressentimento por completo. Então, entramos num acordo: eu o lembraria de devolver o material, caso esquecesse — como de fato esqueceu. Entretanto, depois de alguns lembretes, ele passou a lembrar sempre. De modo mágico, quanto maior a profundidade com que eu escutava a mim mesma e aos outros, maior era a tranqüilidade com que todas as situações da minha vida se resolviam. Mas, quando não seguia as diretrizes do meu coração, era inevitável eu me arrepender depois, e ainda tinha de enfrentar as conseqüências.

Níveis Mais Profundos de CONGELAMENTO DE ESTRUTURA

O leitor talvez pergunte: "Por que você não ouvia as diretrizes do seu coração?" Às vezes, ocorriam-me dois tipos de pensamentos que me faziam esquecer ou mesmo duvidar das diretrizes do coração: os sussurrados, unilineares, e os aparentemente *justificados*. Nesses casos, a vida logo me dava uma resposta sob a forma de *stress*. Assim, meu esforço seguinte consistia em concentrar-me na minha cabeça para examinar esses pensamentos justificados. Eu deixava a minha mente falar — e o meu coração se rendia, apenas escutando e compreendendo. Com o CONGELAMENTO DE ESTRUTURA, eu podia recuar e escutar a mim mesma sob a perspectiva do coração. Às vezes, eu me surpreendia aprisionada num programa da cabeça que me teria passado despercebido se eu não investigasse. Comecei a detectar todo o tipo de tagarelice sutil da minha cabeça em que antes não costumava reparar. Sim, eu tinha muitos pensamentos que pareciam inteiramente justificados. Minha cabeça achava que devia analisar, processar e tomar decisões. E dizia: "Tenho de resolver essa questão!" Mas depois emperrava, envolvendo tudo em brumas e névoa. Antes que me desse conta, a busca de uma solução para o problema se transformava nos mesmos velhos círculos viciosos de pensamento. Eu me debatia entre as quatro paredes das minhas celas interiores, como um pássaro tentando achar a saída da gaiola. Só então voltava-me para o meu coração e treinava a mente para relaxar, ciente de que a inteligência do coração mais uma vez me permitiria conhecer a solução mais eficaz.

Aprender a confiar no coração é um processo que se estende à medida que exploramos o funcionamento interno da cabeça e do coração. A cabeça é projetada para pensar, analisar e avaliar. Assim sendo, use os programas da cabeça para esclarecer os fatos e situações. Depois de fazer isso, *mas antes que a cabeça comece a processá-los*, envie todos esses dados para o computador do coração. Mantenha-os lá por alguns instantes e você alcançará paz e equilíbrio. Pratique o CONGELAMENTO DE ESTRUTURA no coração, ame a si mesmo e aos outros, e a solução encontrará você. Essa técnica cria uma serena interface entre o terminal da cabeça e o computador do coração. Experimente e descubra.

Para aperfeiçoar sua intuição, procure atingir níveis mais profundos de CONGELAMENTO DE ESTRUTURA. Gosto de praticar essa técnica e então amar por períodos cada vez mais longos — que estabeleço previamente. Comecei com apenas um minuto, passei para dois e depois para cinco. Consegui ampliar o poder de me concentrar no coração para até dez minutos sem quaisquer pensamentos. Eu praticava o CONGELAMENTO DE ESTRUTURA por dez minutos, em seguida enviava amor por dez minutos, relaxava a mente e prosseguia com a minha rotina diária. Uma hora depois, repetia o jogo. Quanto mais a sua prática de CONGELAMENTO DE ESTRUTURA se aprofundar, mais divertido será observar o surgimento de um impulso de pensamento que jamais irá se concretizar. Lembre-se: é ineficaz você se condenar caso o seu foco regrida para a cabeça. Apenas tente permanecer na intuição do coração por períodos cada vez maiores. Eu descobri que em alguns dias era fácil praticar esse jogo, enquanto em outros isso constituía um verdadeiro desafio — como ocorre quando nos exercitamos para alongar os músculos —, principalmente quando eu me aborrecia pouco antes do horário reservado para o treinamento.

Pensamentos Unilineares

Por meio desse processo, detectei a minha tendência para o que costumo chamar de "pensamentos unilineares". Quando eu cumprimentava alguém, por exemplo, a primeira coisa que me ocorria era "ela está com uma boa aparência" ou "ele parece um tanto mal-humorado". Em outras palavras, avaliações unilineares. Se a energia de alguém me perturbasse, de imediato eu procedia a uma avaliação que poderia transformar-se num julgamento — algo mais ou menos assim: "Há alguma coisa errada aqui." Não importava se girassem em torno de um conhecido meu, ou da cor de um carro, ou da apresentadora do noticiário da TV — os pensamentos unilineares seguiam o que a minha cabeça computasse como dado. Eu me perguntava se seria possível computar percepções sem que os pensamentos unilineares as rotulassem como "boas" ou "más". Eu reconhecia que aquele tipo de pensamento constituía o padrão do processo de raciocínio da terceira e da quarta dimensões. Revelou-se uma grande descoberta perceber o quanto era tênue a linha que separava uma simples avaliação e um julgamento. Os pensamentos unilineares estavam me roubando a oportunidade de ver tudo de um modo novo, como uma criança faria.

Assim, inventei outro jogo divertido para me observar deliberadamente em cada momento ou situação da minha vida — um importante jogo de sintonia fina, cujo objetivo é atuar com o coração num nível mais profundo e sincero. Experimente-o. Eu o chamo de "Sempre Alerta". Quer você esteja efetuando as contas do seu talão de cheques, cumprimentando alguém, falando ao telefone, editando um jornal, ou qualquer outra atividade, observe conscientemente os pensamentos unilineares, congele sua estrutura no coração e examine todas as novas percepções intuitivas. Fiquei impressionada ao constatar o quanto essa técnica deixou a minha vida mais divertida. Eu estava aprendendo a realmente viver no espírito, na quarta dimensão superior. As percepções intuitivas fazem tão bem ao sistema humano que você não irá mais parar de congelar a estrutura da sua cabeça em favor do coração, só pelo prazer de obter essa percepção direta — que mantém vivo o seu espírito infantil.

Pensamentos Murmurados

A energia segue o pensamento. Não importa quais sejam os seus pensamentos, é para eles que a energia fluirá. À medida que a sua consciência se desenvolve, você se dá conta de que, em termos de energia, simplesmente não é eficaz alimentar pensamentos ineficazes. Comecei a prestar atenção ao que eu chamo de "pensamentos murmurados", aqueles que parecem tão serenos que mal os notamos. Indaguei-me se eles também nos prejudicariam a existência num dado momento. Reparei que aqueles suaves murmúrios se repetiam continuamente ao longo do dia. Eu murmurava sobre a minha rotina, sobre o que devia fazer, sobre o que não podia esquecer. A lista aparentemente não tinha fim. Só depois de praticar o CONGELAMENTO DE ESTRUTURA por algum tempo pude perceber que esses murmúrios constituíam um vazamento de energia. Quero deixar claro que não estou dizendo que os pensamentos murmurados, os unilineares, o raciocínio, a análise, etc., constituem freqüências negativas. Todavia, quando permitimos que ocorram constantemente, eles são como uma torneira pingando sem cessar. Assumir o poder é um processo divertido, resultante da nossa conscientização da maneira como gerenciamos *todas* as energias dentro de nós.

À medida que eu desenvolvia a inteligência do meu coração, minha intuição começou a acudir-me no momento apropriado, de modo que eu não precisava ficar percorrendo mentalmente a mesma lista de lembretes. Às vezes, a intuição me aconselhava a anotar num papel um determinado pensamento da minha "lista de tarefas" para, em seguida, tirá-lo da cabeça. Percebi que alguns desses pensamentos murmurados eram úteis, mas outros não passavam de resmungos, expressões de insegurança em relação aos meus deveres. Ao me libertar de muitos deles, eu experimentava um novo nível de organização intuitiva. Muitas pessoas elaboram "listas de tarefas", mas existem também as listas de *sentimentos* murmurados que não nos dão sossego. Ao desenvolver a sua intuição por meio do CONGELAMENTO DE ESTRUTURA, você começa a tomar conhecimento dos seus processos internos, em seus múltiplos níveis, e se torna mais sensível aos pensamentos e sentimentos murmurados que sugam energia. Passei a vê-los como um constante ruído de fundo que pouco a pouco nos ensurdece.

Muito bem, mas o que podemos fazer para manter a intuição funcionando ao longo do dia e para nos livrarmos dos pensamentos murmurados que desperdiçam energia? Eis aqui o que eu fiz. Muitas vezes, quando eu acordava de manhã, a minha mente começava a enunciar todos os meus compromissos daquele dia — telefonemas, cartas para responder, trabalho doméstico, coisas normais do dia-a-dia. Então, eu diligentemente usava a agenda para organizar as minhas prioridades e, em seguida, sentava-me para praticar a técnica de Encerrar-se no Coração. Notei que era nesse momento que os pensamentos murmurados tinham início: "Não se esqueça de..." Cada vez que surgiam, eu pedia ao meu coração uma compreensão mais profunda e ele me dizia para simplesmente deixar que se desvanecessem, assegurando-me que todas as tarefas seriam cumpridas... e que eu devia apenas mergulhar num nível profundo de paz e silêncio. O silêncio interior era muito agradável. Quando eu o praticava, a força do meu coração se ampliava e, de modo mágico, eu me desincumbia de todos os afazeres, e no prazo certo. Eu intuitivamente sabia o que e quando fazer, e meus dias de trabalho fluíam muito bem.

Todos os meus associados no Instituto usam os jogos de CONGELAMENTO DE ESTRUTURA e, apesar de gerenciarmos vários negócios, ministrarmos seminários por todo o país e recebermos muitos visitantes, nossos dias transcorrem em criativa harmonia, com pouco *stress* ou tensão. Gostamos de partilhar com os outros o modo como aprendemos a usar o poder do coração nas empresas. Tudo começa com amar as pessoas e a si mesmo, praticando a técnica de Encerrar-se no Coração, usando os instrumentos simples do CONGELAMENTO DE ESTRUTURA e seguindo as diretrizes intuitivas do coração.

Capítulo 9

Fale a Sua Verdade: Uma Comunicação Honesta

Ouvir profundamente com o coração constitui metade da verdadeira comunicação. Falar com o coração é a outra metade. Ambas são como os dois lados de uma moeda. *Ao se lembrar do modo como gosta que falem com você*, fica mais fácil expressar-se com o coração, e a outra pessoa o ouve melhor. No Instituto nós seguimos um lema: "Fale agora com o coração, não espere a explosão." Eu me conscientizei de que, quando não digo a minha verdade, e deixo as coisas seguirem o próprio rumo, acabo por me sentir muito mal.

Um amigo e colega de trabalho costumava mostrar certa irresponsabilidade. Sua tarefa era cuidar do estoque e, às vezes, ele, negligentemente, deixava de comunicar a chegada de importantes carregamentos ao pessoal administrativo do mercado. Esse lapso não causava grandes problemas, por isso eu relevava... mas me irritava. Pouco depois de um desses incidentes, aconteceu de ele se esquecer de me enviar um memorando. Frustrada, concluí que teríamos de conversar a respeito. Entretanto, não consegui reservar um horário na minha agenda. Certo dia, nós nos cruzamos no corredor num momento em que eu corria para cumprir um prazo e não podia perder um segundo. Mas ele me deteve para discorrer sobre uma questão irrelevante. Eu me enfureci por dentro e o condenei por essa insensibilidade. Mais tarde, senti-me um tanto culpada por ainda não termos conversado.

Ao tomar conhecimento, porém, de que ele havia reclamado do fato de eu não lhe dar atenção, minha reação foi de perplexidade. Minhas razões, que eram muitas, de repente me pareceram insignificantes. Fiquei desapontada e magoada. Quando tornamos a nos encontrar, ele passou direto por mim. Abatida e cheia de ressentimento, retornei para a minha mesa totalmente zonza, prestes a explodir. Sentimentos não expressados se avolumavam dentro de mim. Então, pratiquei o CONGELAMENTO DE ESTRUTURA e me voltei para o coração, ciente de ter causado o meu próprio sofrimento ao evitar uma comunicação real com o meu colega no momento apropriado. Diversas vezes, meu coração tentara silenciosamente avisar-me: "Por favor, diga a sua verdade com o coração. Seja discreta, mas converse com ele."

Tive de me questionar: "Por que não falei a minha verdade?" Essa foi apenas uma situação em meio a tantas outras em que me calei. Constatei que se tratava de um padrão. Eu estava recebendo um *feedback* interior de diversas áreas da minha vida, gerando verdadeiramente uma pilha de *stress*. Essa pilha desmoronaria quando atingisse uma determinada altura. Sem alívio, a depressão logo sobreviria.

Não sou naturalmente agressiva nem extrovertida; tenho um temperamento sensível e, em geral, muito quieto. Durante anos, um dos principais itens do passivo, no balanço da minha energia, consistira numa grande relutância em me comunicar no momento certo. Meus inúmeros motivos para não falar a minha verdade me pareciam válidos, mas não eram. Sob a superfície, eu apenas me sentia apavorada e não sabia por quê. Por fim, tomei a decisão de ir ao âmago da questão.

Em muitas discussões do coração comigo mesma, eu examinava as razões que encontrava para não falar na hora certa. A lista era mais ou menos assim: "Não quero ofender ninguém"; "Não quero interromper nem ser rude"; "Provavelmente não gostariam do que tenho para dizer e não gostariam de mim por dizê-lo"; "Acabaria virando uma discussão." Outro argumento bom era "Ninguém me deu a chance de falar; portanto, não estavam interessados em me ouvir". Não importando que justificativas eu apresentasse a mim mesma para me calar, o resultado era invariavelmente frustração. Então, pensava: "Posso lidar com os meus sentimentos sozinha, ninguém precisa conhecê-los." Essa atitude dava a impressão de ser a saída mais fácil — pelo menos até o momento em que a pilha desses sentimentos não resolvidos desabasse sobre mim. Eu tinha de me perguntar: "Será que todos os meus motivos provêm do meu ego? Será que me enganei durante todo esse tempo?" Afinal de contas, eu não achava estúpidas as pessoas que expressavam a sua verdade com o coração. Não, eu as considerava corajosas.

Se perceber que não está falando a verdade, entre em contato com o seu coração para descobrir o motivo. Você tem medo e não sabe por quê? A inteligência do coração pode ajudá-lo a superar a insegurança, dando-lhe clareza e compreensão. Com lápis e papel, você pode traçar o mapa sugerido pelo coração para solucionar o caso. Pergunte ao coração quais são os passos que você deve trilhar para começar a manifestar a sua verdade. O coração lhe dirá se expressar a sua verdade seria ou não eficaz em termos de energia e o aconselhará sobre o momento mais oportuno de fazê-lo — desse modo transformando qualquer item do passivo em ativo. O coração não trabalha em termos de certo e errado; ele atua como um amigo que quer ajudá-lo a compreender a si mesmo ou aos outros.

Há pouco tempo, eu queria confessar a uma boa amiga que sua tagarelice incessante e veloz me causava irritação. Contudo, nada lhe disse e ela prosseguiu no mesmo ritmo atordoante. Eu me sentia uma espécie de vítima de intimidação. Meu pavio se encurtava perigosamente, de maneira que me dirigi ao coração e perguntei por que ainda não falara coisa alguma. Era preciso averiguar se o meu silêncio se originava nas freqüências da cabeça — como medo de rejeição, desejo de aprovação ou de fugir de discussões — ou se advinha de freqüências do coração que me advertiam da necessidade de ser sensível, de buscar maior esclarecimento e esperar o momento certo. Ao ser honesta comigo mesma, concluí que a resposta consistia numa combinação das duas hipóteses. Finalmente, decidi que a atitude mais eficaz a tomar era ser vulnerável e ter a coragem de expressar a minha verdade. E expressei. Falei com o coração e nós duas provavelmente tivemos a nossa melhor conversa entre todas.

Ser vulnerável não constitui necessariamente uma ameaça. Significa apenas ter a coragem de ser sincero, aberto e honesto, o que abre a porta para uma comunicação mais profunda, levando-nos a assumir o próprio poder e criando o tipo de ligação com o outro que todos desejamos. Falar com o coração nos liberta dos segredos que nos queimam por dentro, que nos fazem adoecer de medo, e nos esclarece sobre as verdadeiras diretrizes do coração.

Usar o coração para falar a verdade e ouvir de modo profundo é uma das melhores dádivas que encontrei na vida, porque me ensinou que posso ser eu mesma, meu ser inteiro. Que entusiasmo descobrir, por fim, aspectos meus que haviam obstruído a minha visão como um galho de árvore bloqueando uma vista panorâmica! Quando é sincero o seu desejo de saber o que o outro tem a dizer, você recebe maior poder para escutar profundamente com o coração, escancarando as janelas da percepção. A comunicação real se dá por intermédio do coração. Escutar profundamente e falar a sua verdade com o coração geram uma estimulante freqüência "diálogo com o coração" — que consiste em colocar a solidariedade em prática, solidificando a amizade. Ao aprender a ver as pessoas como amigas, e não como inimigas, você pára de julgá-las. Apenas mantenha o coração aberto para elas ao dizer-lhes a sua verdade.

Sempre haverá aquelas com quem você sentirá uma afinidade maior do que com outras. Como também sempre haverá algumas com quem você não sentirá nenhuma afinidade. Ainda assim, você pode amá-las sem julgamentos. Sintonize-lhes a essência. Essa é uma das práticas fundamentais do processo de assumir o próprio poder — estar no coração e amar as pessoas, existindo ou não afinidade. Experimente irradiar amor e solidariedade sempre que sobrevierem irritações ou julgamentos — no ônibus, no trabalho, em casa, não importa o lugar. Você pode aprender a amar qualquer um se ativar o poder do coração, ampliando-lhe a capacidade. Não é preciso concordar com as pessoas — basta ser tolerante e compassivo com elas. Cristo e os outros grandes mestres nutriam esse tipo de compaixão, principalmente por aqueles que eram rejeitados ou condenados pelos seus pares. Assumir o próprio poder tinha de ser algo assim.

Capítulo 10

Como se Libertar dos Julgamentos

O modo como você vê a vida — pessoas, lugares e situações — é da maior importância. Existe uma linha muito tênue entre avaliar uma coisa e julgá-la. As avaliações, quando feitas sem o coração, transformam-se com facilidade em julgamentos. Julgar a si mesmo e aos outros constitui um hábito absolutamente mecânico, uma freqüência em geral aceita na nossa sociedade, que gera uma quantidade extraordinária de *stress*. Ao usar a palavra julgamento, não me refiro à capacidade de discernir, mas à tendência para criticar advinda de estruturas mentais ou de insegurança, que obscurece a sua percepção e afeta a sua capacidade de distinguir a verdade. Você irá se magoar se não oferecer a si mesmo uma percepção mais ampla do contexto, levando os dados para o coração com objetividade e, em seguida, valendo-se da inteligência do coração para efetuar uma avaliação clara.

Muita gente não se dá conta de que faz julgamentos; elas "apenas têm conhecimentos" acerca de outras pessoas ou assuntos. A mente recebe os dados e os compara com o que já "conhece" para decidir sobre o que você acha de uma determinada questão. Eu me perguntei se esse "conhecimento" provinha das opiniões ou da verdadeira inteligência do coração. Os julgamentos costumam ser sutis, formados com base em velhas mágoas, pressões, *stress*, pressa e comparações entre você mesmo e os outros. As comparações enganam. É extremamente fácil uma avaliação comparativa se transformar em um julgamento. Como diz Doc Childre em *The How To Book of Teen Self Discovery* (*):

(*) Disponível em *Planetary Publications*.

"Compreenda que todos têm o seu próprio caminho na vida para seguir, um caminho único e diferente de todos os demais. Não julgue nem inveje os sapatos de ninguém. Apenas aprenda a aproveitar ao máximo o par que você traz nos pés. Isso elimina o *stress*."

Ensine a si mesmo a avaliar com o coração. Reconheça a qualidade ou os traços de caráter do outro. Contudo, se discordar dele, não o julgue; ame-o simplesmente e encontrará compreensão. Tente imaginar como seria "usar-lhe os sapatos". As freqüências do seu coração poderiam contribuir para melhorar o comportamento dele e você não sofreria o *stress* de julgá-lo. Eu me lembro de quando as pessoas me julgavam por ser suscetível e exageradamente emotiva. Como eu ainda me sentia insegura, esse julgamento só me fazia piorar. Também me julgavam por ser demasiado introvertida e não me comunicar. Quase sempre tinham razão. Eu era insegura, congelava-me por dentro e não conseguia falar. Entretanto, às vezes, eu ficava em silêncio por estar procurando a melhor forma de responder. Quando me sentia julgada de modo injusto, ficava zangada. Buscava o meu equilíbrio na comunicação, mas parecia que me condenariam, não importando minha maneira de agir.

As pessoas têm o desejo natural de alcançar o equilíbrio. Freqüentemente, criticamos os outros por aspectos que representam lacunas no nosso próprio equilíbrio. Você não pode saber sempre como é a vida de outra pessoa. Certa vez, julguei um amigo por não me dar provas de sua consideração. Havíamos combinado que nos encontraríamos num determinado semáforo às 3h45 e iríamos juntos até uma oficina de reparos. Eu ansiava por essa oportunidade de conversar com ele, na esperança de que ele me contasse novidades sobre os filhos, que eram amigos do meu filho. Esperei mais de vinte minutos debaixo de chuva. Eram quase 4h15 quando o meu amigo finalmente chegou, sem me dar nenhuma explicação e sem se desculpar pelo atraso. Achei aquela atitude uma prova veemente de desatenção. "É óbvio que, se tivesse consideração comigo, falaria alguma coisa", pensei. Mas nenhum de nós dois disse nada. Ele perguntou sobre a minha família. Respondi de forma lacônica: "Estão todos bem." Em casa, revelei meu aborrecimento ao meu marido e resolvi que jamais tornaria a lhe pedir um favor. No dia seguinte, porém, descobri que a secretária dele havia cometido um engano ao marcar o horário na agenda, de modo que o meu pobre amigo sequer desconfiava de que eu o havia esperado debaixo de chuva. Eu tinha feito uma avaliação incorreta da situação e agora me sentia uma traidora. Embora aliviada por me ver livre do julgamento que fizera a seu respeito, fiquei triste pela conclusão precipitada e por perder a chance de conversar.

Os julgamentos nos impedem de estabelecer uma ligação com a essência de outra pessoa, além de promoverem desequilíbrio e desarmonia no nosso sistema. Por mais justificados que pareçam, nunca vi um julgamento ajudar quem quer que fosse. Quando você avaliar alguém ou alguma coisa, observe os seus pensamentos seguintes. É aí que o julgamento pode aparecer. Se a linha que os separa for ultrapassada, será acionada uma energia julgadora que acabará por retornar para o ponto de origem — você. Isso não lhe fará bem, nem à pessoa. Os julgamentos criam um ineficaz círculo vicioso dentro de você, em especial quando a sua percepção está carregada de energia emocional negativa. O julgamento não só interrompe efetivamente o fluxo de energia do coração e a comunicação real como também destrói relacionamentos.

Se você julgar alguém, perderá energia. Você mesmo pagará o preço, e não a pessoa. A vida e as pessoas estão em constante mutação, e os julgamentos muitas vezes restringem a nossa percepção, impedindo-nos de atingir o nível seguinte de conhecimento. Quando você "sabe o que sabe", você impõe limites para a sua capacidade de se expandir e experimentar o novo.

Uma amiga minha me contou sobre a primeira vez, em 25 anos, em que montou um cavalo. Na companhia de um grupo grande de cavaleiros experientes, ela subiu por algumas trilhas aprazíveis na montanha, sentido-se bastante deslocada. A sela a machucava e ela não estava muito convencida sobre o que ela estava fazendo. Minha amiga condenou os companheiros por não prestarem atenção à situação dela.

Quando começaram a galopar, ela sabia que não precisava imitá-los. Mas, na excitação, seu cavalo também disparou. Pensamentos da cabeça assomaram, advertindo-a: "Segure o cavalo!" "Você vai cair!" "Amanhã o seu traseiro doerá demais!" "Você é uma imbecil!" Mas, quando ela relaxou e seguiu a corrente, seu coração começou a transbordar de alegria — não era necessário deter o cavalo. Cavalgaram durante horas e uma sensação de euforia permaneceu em seus pensamentos no dia seguinte, a despeito da dor no corpo.

Você já deve ter passado por uma situação que acabou por se revelar inteiramente diferente do que sugeria a princípio. Se der atenção primeiro ao que a sua criança interior percebe, você ficará mais aberto para as descobertas. Observada com olhos de criança, a vida causa assombro e fica divertida. Você comandará a sua percepção, podendo escolher entre julgar e se manter aberto. A primeira opção suga energia, e a segunda a acumula. Os julgamentos separam e alienam; a abertura leva à união. Qualquer que seja a atitude que você escolher, determinará de que modo a sua vida irá se desenrolar.

Digamos, por exemplo, que você esteja numa festa e antipatize de imediato com alguém pela sua aparência, por alguma coisa que tenha dito, pelo comportamento ou por qualquer outro motivo. Tempos depois, você vem a conhecê-lo e ambos se tornam grandes amigos. Isso já aconteceu a inúmeras pessoas. Em geral, elas riem e contam a todo mundo que, no começo, não gostavam uma da outra. O lado triste da questão é que muitas pessoas deixam de se divertir e a vida perde a qualidade em decorrência de um julgamento inicial.

É impossível viver sem fazer algumas avaliações. Contudo, preste uma atenção especial às avaliações emocionalmente carregadas, que se transformam em julgamentos justificados. Os julgamentos deixam resíduo... um resíduo chamado *stress*.

"Simplesmente Ame-os"

Se estiver lidando com os medos e a insegurança contidos nos velhos programas da cabeça, tenha compaixão por si mesmo. Apenas ame a sua insegurança, os seus medos e ressentimentos. Quando surgirem, liberte-se deles e os perdoe. Julgar, disfarçar ou reprimir a insegurança apenas aumenta o poder da insegurança. Em conseqüência, você desenvolve um padrão que jamais será resolvido. Reconheça que a sua segurança real é construída a partir do seu relacionamento com o coração. Sentimentos baseados na insegurança costumavam causar-me tanta dor que eu condenava a mim mesma e os reprimia para eliminar o *stress*, sentindo-me indigna de ser amada. E, no entanto, eu amaria outra pessoa que agisse do mesmo modo em relação a si própria. Ter amor e compaixão no coração por mim mesma, constituiu uma verdadeira revelação e o ponto de partida para me libertar dos sentimentos de insegurança. Quando simplesmente ama esses sentimentos e usa a inteligência do coração, você aprende a entendê-los e a aceitá-los. E eles desaparecem! "Apenas ame-os" é uma sugestão das mais valiosas para o seu processo de assumir o poder do coração.

Existe uma nuvem de julgamentos e de freqüências de insegurança pairando sobre o mundo. Essa é a principal causa do *stress* mundial. Julgamento, seja em relação a você ou aos outros, é uma comparação entre o modo como as coisas acontecem e o modo como você acha que deveriam acontecer. No meu caso, fiquei estressada, achando que eu deveria ser diferente — e me zanguei comigo mesma. Constatei que não me sentia feliz, embora devesse, e me aborreci. Essas comparações me levaram a resvalar para a autocrítica.

O que é autocrítica? São aqueles processadores da cabeça: "Sou demasiado gordo, magro, desajeitado, taciturno, tomei a atitude errada, estraguei tudo, não sou eficiente, ou eficaz, ou bom o bastante." Fazer autocrítica pode drenar a sua energia tão rapidamente quanto julgar os outros, além de destruir a ligação com o coração — a sua fonte de poder. Você interrompe a conexão com o seu poder quando julga a si mesmo. É como cortar a própria garganta. A autocrítica o exaure e, com freqüência, nem oferece a perspectiva correta.

Por exemplo, você pode começar condenando-se por ser lento demais ou pouco habilidoso num aspecto irrelevante do seu trabalho. Em seguida, passa a se condenar por não ser melhor em vários outros setores. Aí surge a sensação de fracasso. Em conseqüência, você se deplora por estar na profissão errada ou por nunca haver encontrado uma oportunidade justa. Se tivesse consultado o computador do seu coração quando a primeira crítica lhe ocorreu, com certeza depararia uma perspectiva que reconhecesse o seu valor e uma solução criativa para o problema.

Críticas saudáveis, feitas com compaixão e solidariedade, são benéficas. Conduzem à correção. Mas, se perceber o surgimento da autocrítica, pratique a técnica de Congelamento de Estrutura. Conscientize-se de que você fez o melhor que podia. Se for necessário mudar, então tente mudar, mas não se recrimine. E, se julgar a si próprio, admita a ineficiência e corrija-se. Não é tão difícil. Apenas vá para o seu coração e examine a questão sob uma perspectiva mais ampla. Desse modo, obterá energia para realmente compreender e mudar!

Capítulo 11

Segurança Interior: O Segredo da Auto-Estima

Como afirmou Doc, numa noite dessas, durante uma conversa: "A auto-estima é a essência amplificada do poder do coração. É a energia que o seu sistema gera à medida que você desenvolve confiança em si mesmo." A autoconfiança tem por base o nosso nível real de segurança interior — construída quando confiamos em nosso coração, abandonando os velhos programas da cabeça e aprendendo a seguir as diretrizes do coração.

Podemos comparar a segurança interior com a sensação de chegar ao lar. Como diz o velho e sábio ditado, "Lar é onde o seu coração está". A segurança interior e a auto-estima são subprodutos do gerenciamento das energias com o coração — que libera no nosso sistema uma forte energia.

Com a consciência de terceira dimensão, as pessoas tentam desenvolver auto-estima em diferentes áreas e buscam uma opinião "de fora" que lhes informe se estimam ou não a si mesmas. Elas adquirem auto-estima em setores isolados — boa forma física, sucesso de vendas, tornar-se uma estrela de cinema, etc.

Imaginemos um acadêmico agraciado com um prêmio "Quem é Quem", ou um talentoso vendedor recompensado com um troféu pelo seu recorde de vendas. Cada um deles se enche de auto-estima naquele único setor. Mas, em casa, o vendedor pode sofrer um problema de alcoolismo, ter um relacionamento ruim com a esposa ou maltratar os filhos. E o acadêmico talvez alimente secretamente inúmeras inseguranças. A auto-estima duradoura ou plena resulta da construção de uma sólida segurança interior e de assumir o próprio poder — e isso advém de ter um ativo maior do que o passivo na contabilidade da energia no final de uma semana, mês ou ano. A energia da auto-estima acumula-se no seu sistema e o ajuda a libertar-se de antigos problemas e velhos padrões de pensamento. Você se sente livre, sem limites, capaz de fazer qualquer coisa. E, então, o espírito entra rapidamente no seu sistema.

A verdadeira auto-estima consiste na manifestação do espírito em todo o seu sistema. É muito mais forte do que os conceitos de auto-estima da atual terceira dimensão e da quarta inferior. É o poder do coração que libera a verdadeira auto-estima, gerada pela segurança que você criou no coração.

A segurança interior é uma espécie de poder de fogo para a auto-estima. Tornar-se seguro no coração constrói poderosos acumuladores de energia que magnetizam todos os aspectos da auto-estima completa, tais como magnetismo pessoal, carisma e outras qualidades de liderança. Proporciona uma vida de equilíbrio e realização — e uma sensação de estar no lar, não importa onde nos encontremos.

Capítulo 12

A Descoberta da Compaixão

Compaixão é solidariedade com paixão. Paixão é uma energia neutra que enriquece e aumenta a sua solidariedade. Ter compaixão significa solidarizar-se e nutrir uma paixão por compreender e ajudar o próximo. Encontramos essa solidariedade apaixonada em pessoas como, por exemplo, a madre Teresa de Calcutá. Alguma coisa arde em seu coração, levando-as a prestar serviços incessantes em prol dos doentes, dos que sofrem privações, dos esquecidos pela sociedade. Também podemos encontrá-la nos olhos de um bondoso professor, cujo coração ampara as crianças problemáticas, ou num juiz sábio que perscruta o âmago do coração do réu com uma clareza que transcende as letras da lei.

A compaixão revela a qualidade de uma compreensão profunda. Nosso sistema judiciário não se baseia na premissa de que todos são inocentes até prova em contrário? Essa é a base da compaixão, embora muitos a esqueçam, no calor dos problemas sociais de hoje. A menos que ame as pessoas, você jamais conseguirá entendê-las. Quando você ama o bastante para se colocar no lugar do outro, você descobre a compaixão. O amor e a compaixão verdadeiros dão à outra pessoa a liberdade de ser ela mesma, por lhe proporcionarem a sensação de ser finalmente compreendida. Solidariedade e compaixão constituem freqüências do coração ativadas pelo desejo sincero de ajudar. São poderosos instrumentos que, se utilizados, fortalecem a sua ligação com o coração e a sua capacidade de amar.

É bastante comum a compaixão resvalar para a faixa de freqüência mais baixa da comiseração, que drena a sua energia e suga a sua vitalidade em razão de seu caráter de tristeza, pena e remorso. Usando a inteligência do coração, você pode colocar-se no lugar de alguém sem cair do despenhadeiro junto com ele, e respeitar a si mesmo e ao outro. Amar com sinceridade cria uma perspectiva nova e equilibrada de compreensão.

Medo

O que as pessoas geralmente classificam como o lado ruim e sombrio da natureza humana está vinculado ao que a maioria chama de *medo*. Quanto a mim, prefiro chamar de falta de compreensão. Muitas vezes, o fato de estarmos diante de algo novo ou desconhecido, ou de uma situação que não entendemos, pode gerar o medo.

Neste nosso mundo estressante, as pessoas instintivamente reagem com a cabeça, com freqüências de raiva, com atitudes paranóicas ou defensivas — todas essas reações são formas assumidas pelo medo. E o medo é uma ilusão da mente, para a qual todos os temores "fazem sentido". Há sempre uma resposta e uma compreensão satisfatória capazes de dissipar o medo, mesmo que não surjam de imediato. A inteligência do coração pode libertá-lo do medo se você deixar que lhe ofereça uma nova perspectiva. Mas, quando nos enredamos na teia do medo, a mente não enxerga nenhuma saída.

O medo é a emoção desagradável provocada pela expectativa de que alguma coisa ruim está para acontecer. O medo do desconhecido advém da incapacidade de perceber a vida com o coração. Temos medo de não ser capazes de entender e nos adaptar a mudanças. Normalmente, só gostamos de mudanças se pudermos controlá-las — conhecendo de antemão o que está por vir, movendo-nos no nosso próprio ritmo, etc. Mas a vida não se submete ao nosso controle.

O medo pode ser paralisante. Em cidades como Detroit, Nova York e Los Angeles, a maioria das pessoas vive com medo — de sair de casa à noite, de tiroteio nas ruas, de estupro, assaltos e outras violências. Nos subúrbios, onde se localizam bairros da classe média alta, muitos se afligem com o temor de perder o emprego, de sofrer uma redução no padrão de vida, ou de que a violência do centro da cidade chegue até o bairro.

O medo também é criado pela lembrança de mágoas, dores, tristezas ou raiva que não queremos voltar a experimentar. Você talvez esteja protegendo velhas feridas do seu coração. Ainda que finja não enxergar os seus medos e faça de conta que não existem, você causará mal a si mesmo. A ciência tem mostrado que o medo reprimido secreta hormônios na sua corrente sangüínea que exercem um efeito debilitante sobre o seu sistema imunológico. (*) A compaixão por si mesmo constitui um poderoso instrumento para se libertar dos medos.

(*) Kalin, N., "The Neurobiology of Fear", *Scientific American*, maio de 1993.

Muitas vezes, abrir o coração resulta em sentir a dor da humilhação. Quem sabe em algum momento você amou com o coração aberto — como uma criança — e o trataram com ironia, sem compaixão, ou talvez até tenha sido castigado pelo seu modo de ser. Em conseqüência, o medo o levou a fechar o coração, para evitar que esse sofrimento se repetisse.

O medo é uma freqüência profundamente arraigada no mundo estressante de hoje. Construímos defesas emocionais e negamos nossos sentimentos. O medo fica enterrado sob camadas de negação, que podem transformar-se em raiva reprimida e hostilidade. Reprimir as emoções não é saudável. Quando a sua raiva não tem para onde ir, volta-se contra você mesmo ou o leva a culpar o outro — e a agredi-lo sem justificativa. Para se libertar da raiva, primeiro tente amar ou sentir compaixão por aqueles a quem você quer culpar. Isso pode ajudar a acalmá-lo. Então, procure partilhar a sua raiva com eles, mas sem agressividade. Expresse o que você sente sem os responsabilizar por esses sentimentos. Se exprimir a raiva sob a forma de acusação, você matará seus relacionamentos; se reprimir a raiva, isso irá fazê-lo adoecer e morrer. A raiva e a fúria reprimidas devoram-no como um câncer, enquanto a hostilidade e as explosões de ira podem causar doenças cardíacas.

Numa reunião anual da American Heart Association (Associação Americana de Cardiologia), foram distribuídos diversos folhetos acerca dos efeitos da raiva e da agressividade sobre o coração. O *San Francisco Chronicle* relatou:

> "Durante anos, inúmeros especialistas presumiram que as pessoas mal-humoradas e impacientes, com personalidades características do Tipo A, corriam um alto risco de ataques cardíacos. Agora, porém, muitos acreditam que os traços de personalidade realmente letais são a agressividade e a raiva... Quando as pessoas se enfurecem, seu corpo secreta hormônios de *stress*, como a adrenalina, o que aciona a liberação de gordura na corrente sangüínea para fornecer energia. As pessoas que, na faixa dos 19 anos, demonstram grande agressividade tendem a apresentar níveis elevados de colesterol quando chegam aos 40 anos."

Não é possível nem desejável evitar todas as experiências dolorosas da vida, até porque elas nos ajudam a aprofundar a nossa compaixão por nós mesmos e pelos outros. O que você precisa fazer é assumir conscientemente a responsabilidade pelo seu modo de encarar essas experiências. Você pode tomar decisões com base na perspectiva da cabeça — terceira dimensão — ou na inteligência do coração — quarta superior. As decisões alicerçadas no medo, cujo objetivo é nos proteger, constituem a origem da limitadora visão de raças, culturas e nações separadas.

Aqueles que romperem com esses padrões da história serão os guias, que conduzirão por caminhos de compaixão e compreensão, rumo à conscientização do nosso próprio poder.

Quando o mundo se voltar com firmeza para os direitos e responsabilidades individuais, terá de honrar também os princípios coletivos. No projeto de Deus ninguém seria desamparado, o que significa compaixão por todos. A rota mais curta para o âmago da questão é o "amor", assumindo-se pessoalmente a responsabilidade de usar a inteligência superior, o computador do coração. *A mudança fundamental do mundo ocorrerá quando as pessoas abrirem a mente para as perspectivas do coração.*

Somos Vítimas?

I'm Dysfunctional, You're Dysfunctional é o título de um livro que mostra como os Estados Unidos se tornaram um país de vítimas. E aponta a tendência para culpar os pais pelo nosso comportamento desajustado. Quando estava na faculdade e ensaiava os primeiros passos de uma vida independente, eu acusava meus pais por me terem superprotegido. Eu havia morado apenas em bases militares, de modo que ingressar na corrente principal da sociedade representou um choque para mim. Meus pais sempre seguiram diligentemente todas as regras de disciplina da base. E eu, como muitos jovens que saboreiam a independência pela primeira vez, jogava sobre seus ombros a culpa de qualquer aspecto em mim que não me agradasse — uma atitude bastante comodista. Contudo, observando esse comportamento nos meus colegas, não demorei para perceber que eu era responsável por mim mesma, a despeito da minha criação — ou talvez justamente por causa dela. Hoje, eu agradeço sinceramente aos meus pais pelo modo como me educaram e pelo exemplo que me deram — e valorizo a autodisciplina e os valores básicos que me ensinaram.

Nessa sociedade estressante, são tantas as situações adversas que temos de enfrentar que acabamos culpando os outros pelas nossas dificuldades. "Codependência" é um neologismo muito em voga atualmente, aplicável a todo o tipo de problema associado a qualquer vício, real ou imaginário, que afete as pessoas ligadas a um viciado. Muitas visam, por meio do estudo da co-dependência, a um senso de identidade, poder e equilíbrio, com o intuito de não mais se sentirem vítimas. É fácil esmorecermos em relação a nós mesmos, e esse esmorecimento nos leva a tecer mais autocríticas — por acharmos que "deveríamos ser melhores" e "já devíamos ter aprendido". Pode ser bastante verdadeiro o fato de que famílias desajustadas constituem incubadoras de vergonha, culpa, raiva, negação e dúvidas acerca de si mesmo. Não se pode culpar uma criança pelo desajuste resultante de sua adaptação a um ambiente familiar infeliz. Mas o adulto tem a responsabilidade de se libertar da culpa e de assumir a tarefa de reformular sua experiência na maturidade. Muitos continuam a se ver como vítimas adultas de uma dinâmica familiar da infância, e não como participantes com poder de autodeterminação.

A história da vítima se reproduz em pequenas e grandes cidades em todo o país e representa uma tendência no nosso ambiente cultural, independentemente de raça, religião ou *status* econômico. Percebemos que existem problemas, mas não sabemos como resolvê-los. Temos medo de morrer cedo, mas temos medo de envelhecer. Temos medo de não encontrar o relacionamento certo, mas temos medo de ter encontrado o relacionamento certo. Quando o casamento se aproxima, temos medo de criar laços. Temos medo de não conseguir uma casa nova, mas receamos o *stress* das prestações e de sua manutenção. Atualmente, reclamamos, gritamos e nos detestamos — e nos castigamos interiormente. O mal que causamos a nós mesmos é freqüentemente maior do que os problemas pelos quais culpamos os nossos pais.

Em geral, não nos ocorre sentir compaixão por nossa família, que fez o melhor que pôde. Em algum momento, ao longo do caminho, nós nos tornamos responsáveis por nós mesmos.

A energia emocional reprimida constitui o inferno que construímos para a nossa própria danação — doenças, relacionamentos violentos, drogas, alcoolismo, maus-tratos a crianças, compulsão para comer, anorexia, depressão e obsessões são os sombrios resultados. Sim, nós transmitimos as nossas atitudes para os nossos filhos. O inferno coletivo, ao se expressar exteriormente, produz violência, gangues, crimes, falta de teto, guerra e fome. Será que a nossa doença — individual e social — não constitui um vício de negatividade e sofrimento?

Angústia

Em conseqüência de todo esse sofrimento, nós nos escondemos atrás das muralhas que muitos de nós erguemos em torno do coração, por cautela. Mas nós não aprisionamos nada, a não ser a nossa dor. A angústia representa as grades que circundam o coração que sofre. Enquanto a mente roda fitas de angústia, o coração real parece muito distante. A angústia é o estado mental de quem virou as costas para o poder do amor e se manifesta como uma sensação profunda de não ser amado. Viver angustiado é viver na solidão, apartado da dádiva da vida.

Às vezes, a vida apresenta situações que provocam um doloroso choque no seu sistema — falência, desemprego, divórcio, traição, morte de alguém a quem se ama. A angústia ocorre quando permitimos que o choque nos consuma. A mente continua incessantemente a rodar a experiência dolorosa, consolidando o poder do desespero. Quando um ente querido morre, por exemplo, sentimos a perda e sofremos. Quando admitimos o sofrimento e nos concentramos nele, surge a angústia, à qual a mente tende a apegar-se. A sociedade estimula esse apego. Se você não chorar bastante a perda do marido ou da esposa, a sociedade irá condená-lo. Se não derramar muitas lágrimas no funeral, você terá a sensação de que todos o estão fitando com ar de censura.

A mente recusa-se a perder o que lhe é mais caro. Sua tendência de alimentar a culpa e o medo, de apegar-se à autocrítica e a acusações, constitui um aspecto da angústia. Nós endurecemos em decorrência da negação e da autodefesa, e afundamos numa sensação de "insuficiência". Interiormente, nós nos contemplamos num espelho que deforma, criado pelas freqüências desarmônicas do pensamento de terceira dimensão. A imagem distorcida que vemos de nós mesmos parece inaceitável, doentia e indigna de ser amada. Os nossos pensamentos nos dizem que não temos valor, que somos inúteis. Que inferno em vida criamos para nós mesmos. Contudo, nós nos agarramos a esse inferno — a angústia acabou por se tornar um estímulo porque ao menos é um sentimento profundo, talvez o único que restou.

É comum as pessoas usarem o argumento de que bebem em excesso para bloquear a dor ou a angústia. Mas, com freqüência, esse bloqueio não passa de uma plataforma de lançamento para um desespero posterior. Elas assumem um papel deplorável porque desse modo podem sentir a angústia num nível mais profundo. Por que esse fascínio pelo desespero? Porque ainda não aprenderam a restabelecer a ligação com o poder do coração depois do curto-circuito provocado por um evento doloroso. Sentir uma angústia profunda é melhor do que não sentir nada.

Usando a inteligência do coração, você pode livrar-se do paradigma de vítima que impôs a si mesmo, e que suga e esgota a qualidade da sua vida. A escuridão do desamparo e da desesperança pode ser afugentada pela luz do coração, numa clara e piedosa compreensão. O que parecia tão inatingível é recuperável com o poder da compaixão. O ferro das grades começa a se derreter. Quando é finalmente restabelecido, o contato com o coração altera a sua percepção. Por meio de uma profunda disposição de render-se à esperança, você pode desapegar-se da angústia e deixar que o seu coração fale.

Algumas pessoas conseguem libertar-se da angústia bem mais depressa do que outras. Não importa quanto tempo demore, é sempre a religação com o poder do coração que nos faz superá-la. Quando o coração é reavivado, é como se o sol surgisse após uma semana de chuva. O coração abriga uma esperança que afasta as nuvens para longe. A esperança é uma freqüência superior do coração que, quando você começa a restabelecer a conexão com ele, está à sua espera para lhe revelar novas possibilidades e romper a espiral descendente de angústia e solidão. Torna-se uma simples questão de determinar em que momento você deseja que o sol volte a brilhar. Escutar a voz serena no seu coração transformará a esperança em realidade.

Da Recuperação à Descoberta

O primeiro passo na recuperação, seja da angústia ou de qualquer vício, consiste em se conscientizar de que o coração é a fonte de poder que o auxilia a *parar de maltratar a si mesmo*. Muitos programas de recuperação exigem que você admita que está impotente e que se submeta à autoridade de outrem. Deus gostaria que nós usássemos a "inteligência do coração" e nos descobríssemos. A recuperação representa apenas metade do processo de cura. Reconhecer que você é viciado, que está impotente, incapaz de se governar, é o primeiro passo. Mas não pare aí, continue crescendo. Com uma profunda disposição de se render, você pode desapegar-se, escutar a sua "voz serena" e permitir que a sua vida mude.

A autocomiseração pode ser substituída pela compaixão por si mesmo e pelos outros. É a compaixão, e não a autocomiseração, que mais contribui para o verdadeiro crescimento durante a recuperação. Enquanto alguns conseguem reconhecer que "há quem sofra mais do que eu", poucos são capazes de verdadeiramente "enumerar as dádivas recebidas". Cedo ou tarde, a maioria das pessoas se vê no "fundo do poço". O programa de Doze Passos diz ao recém-chegado para não se preocupar, pois ele só precisa mudar uma coisa — tudo! Sem um gerenciamento interno do coração, o esforço para mudar, na fase de recuperação, é extraordinariamente árduo. Com muita freqüência, a falta de equilíbrio interior conduz a uma simples troca de vícios, o que significa combater novos padrões viciados de comportamento.

Viver "em perpétua recuperação, sem jamais se recuperar" significa enfrentar o medo constante de que o padrão vicioso de comportamento reassuma o controle da sua vida. Você não estará completamente recuperado enquanto não superar o medo e perceber que a recuperação é possível e efetivamente ocorre. A verdadeira e duradoura recuperação é conquistada quando se desenvolve segurança e compreensão dentro do coração. O gerenciamento do coração permite que você vá além do medo, transformando um padrão vicioso de comportamento e, literalmente, eliminando-o do seu sistema. A segurança do coração o capacita a ultrapassar a "recuperação", ingressando numa nova dimensão de experiência de vida — a da *descoberta*.

Todos nós temos algum tipo de angústia para examinar. Angústia por não ser perfeito, por não possuir o que se deseja, por vergonha, por humilhação, pela perda de controle, pela morte de um amigo, de um parente e até mesmo de um animal de estimação. Nós perguntamos a nós mesmos: "O que eu fiz de errado?", "Por que isso aconteceu comigo?" É à sensação de estar apartados de nós mesmos e dos outros que a palavra "angústia" pode ser mais acuradamente aplicada. A verdadeira angústia advém de estarmos separados do nosso coração.

Quando eu era adolescente, por exemplo, meu melhor amigo era Shaquita, o meu cavalo. Todos os dias, eu cavalgava sozinha pelas matas e pela praia no Panamá, em cuja base militar meu pai estava lotado. Eu o amava acima de qualquer coisa no mundo. Quando meu pai foi transferido de volta para os Estados Unidos, eu soube que seria impraticável levar Shaquita comigo. Era como se eu tivesse perdido tudo. Havia um espaço vazio dentro de mim. Não podia imaginar como poderia vir a gostar tanto de alguém ou de alguma coisa como gostava de Shaquita. Só muitos anos depois percebi que o que me parecia tão maravilhoso na verdade era a abertura do meu coração. Essa experiência, dolorosa como foi, deu-me tamanha profundidade de sentimento que iniciou um novo capítulo em minha vida. Meu único desejo verdadeiro era sentir aquele amor novamente. Ao procurar amor, encontrei uma profunda capacidade de compreender.

Apaixonar-se é algo magnético. Nosso coração se abre e nós nos tornamos extremamente receptivos. Ficamos mais flexíveis e a vida adquire um novo brilho.

Há quem se apaixone por Deus e considere esse sentimento mais forte do que a paixão por uma pessoa. As mães se apaixonam pelos filhos de modo diferente, mas a sensação é igualmente intensa. Todos esses são aspectos do coração aberto, pronto para receber. As pessoas anseiam por um coração aberto, que lhes traga realização. Ao buscarmos o amor, estamos buscando mais do nosso próprio coração. Quando perdemos o objeto do nosso amor, a perda dessa parte do nosso coração pode ser insuportável. E quando tentamos voltar para o coração e amar de novo, a velha dor ressurge.

Como o coração às vezes dá a impressão de doer demais, desistimos de colocar nele a nossa energia, para não sentir o que ele sente. Mas o que dói mais é o sofrimento de fechar o coração. Você julga ser indispensável interromper o fluxo de amor por uma pessoa ou coisa que já não está ali. Não se deixe aprisionar num círculo de culpa e interrupção, culpa e interrupção. Assim você apenas prolongará o seu sofrimento. Descobri que existem muitas pessoas ao nosso redor para amarmos, incluindo a nós mesmos. Tente sentir compaixão por si mesmo. Seja gentil e generoso interiormente ao procurar compreensão. Essa atitude aliviará a dor e irá permitir que você volte a amar.

Você descobrirá que o verdadeiro amor ultrapassa em milhões de quilômetros a paixão por alguém ou alguma coisa. Quando fazemos o único esforço de sentir compaixão, em vez de acusarmos os outros e a nós mesmos, o coração torna a se abrir e permanece aberto. O que o convence da necessidade de haver um determinado objeto para que você possa experimentar aquele sentimento especial no seu coração é apenas uma estrutura mental (embora das mais fortes). A vida lhe trará esse sentimento de volta, mas você tem de estar aberto — ele poderá vir embrulhado para presente num pacote diferente do anterior. O seu espírito quer, acima de tudo, que você alcance a realização total e que sua segurança não dependa de nada nem de ninguém.

Quando você acredita que outra pessoa é responsável pela sua felicidade, então está presente uma faixa de freqüência mais baixa — a do apego. É o apego que o mantém preso à insegurança. Não é que você não ame. Você ama. Mas a confusão advém dessa mistura de amor e apego. Podemos distinguir quando nos encontramos nas faixas de freqüência inferior do coração pelo modo como elas nos arrastam para baixo. O coração mais profundo constrói a segurança interior que por fim transformará a dor.

Quer esteja num relacionamento — com um parceiro, um amigo, um filho — ou sozinho, você também se relaciona com cada pessoa que encontra e com o seu próprio coração, o seu espírito — você. Se for conscientemente para o coração com compaixão, lá encontrará respostas inteligentes para as questões ligadas a qualquer relacionamento. O papel de vítima reflete o senso coletivo de resignação da nossa sociedade. Não que o sofrimento e a perda não devam ser reconhecidos. Mas, se você valorizar a responsabilidade com você mesmo, você tratará as vítimas com compaixão e respeito, mas não com reverência. É muito comum os amigos sentirem pena e se identificarem emocionalmente com os problemas uns dos outros, julgando manter um diálogo entre corações. A comiseração consiste em duas pessoas chorando diante de um copo de cerveja... duas pobres pessoas, em vez de uma. Isso apenas aumenta as emoções que alimentam os pensamentos de vítima da cabeça. Então, tomam-se atitudes baseadas na indignação e o resultado é mais *stress*. Ofereça aos amigos com problemas uma compreensão compassiva e não comiseração, porque assim poderá ajudá-los a enxergar a situação sob uma nova perspectiva. Se chorar junto com eles, você lhes transferirá o seu poder e também se tornará uma vítima.

Os Coitados

Você pode expressar a sua verdade com o coração e parar de ser vítima das próprias emoções. Ampare a si mesmo, aprenda a se amar o bastante para não repetir mais os mesmos velhos filmes de vítima. A sua segurança interior — o poder do seu coração— não precisa depender de ninguém, nem do que os outros dizem, fazem ou deixam de fazer. Sentir-se incompreendido, explorado, não reconhecido — aquelas ocasiões na vida em que alguém ou algo o magoa, justificando a sua reação de sair do coração — tudo isso pode ser resumido com a expressão "os coitados". A ciência tem provado diariamente que assumir o papel de vítima afeta de fato a saúde. Em outras palavras: uma pessoa pode correr 8 quilômetros por dia e aparentemente gozar de boa saúde, mas, se estiver processando o "coitado" em relação a algum problema enquanto correr, estará liberando hormônios debilitadores que lhe enfraquecerão o sistema imunológico. É você que faz de você uma vítima. Processar mentalmente a atitude de "pobre coitado" pode arruinar todo o seu dia.

A maioria das pessoas acha que ficar na companhia de si mesmas representa a antítese da realização. Pode acontecer de você passar as férias num bosque e o simples fato de estar sozinho causar mais frustração do que o trabalho ou a casa de onde queria escapar. Assumir realmente o papel de vítima consiste em precisar de alguém para se sentir realizado, para preencher o "vazio na alma". Tentar preencher esse vazio é a causa principal da dependência e do vício. Os vícios nada resolvem, porque apenas mascaram temporariamente a dor, nunca satisfazem essa parte de nós mesmos e freqüentemente nos custam tudo: família, emprego, lar, auto-estima. A dor e o isolamento, por fim, tornam-se fortes demais para que os suportemos. Em geral, é preciso chegar ao fundo do poço para fazer o esforço de procurar ajuda para nos recuperarmos.

Como Assumir o Próprio Poder

Quando a pessoa começa a se recuperar, é comum ela ter uma sensação de melhora, como se flutuasse numa nuvem cor-de-rosa para ser resgatada de todo desespero e dor. Todavia, se ela não aprender a gerenciar o seu "Eu" com o coração, essa nova melhora não perdurará. A tendência é regredir para a violência contra si própria outra vez. O processo real de recuperação envolve quatro estágios. O primeiro consiste em a pessoa admitir que é viciada — o que exige profunda honestidade para consigo mesma. O segundo consiste em descobrir o que a levou a essa situação. Muita gente fica estagnada em círculos viciosos nesse estágio, identificando-se com as velhas mágoas de novo e de novo. É impossível construir auto-estima quando se assume constantemente o papel de vítima, justificado pelos antigos ressentimentos. É necessário ter disposição para romper com as perdas nessa fase e para assumir o próprio poder. No terceiro estágio, recupera-se o equilíbrio. Sem equilíbrio, não se pode avançar para o quarto estágio: o da descoberta do nível seguinte de realização e divertimento e seu compartilhamento com os outros.

Muitas vezes, o processo de recuperação lhe causa desespero, levando-o a questionar se o vício não seria preferível às agruras da vida. Se quiser, você pode permitir que a sua cabeça rode em seus próprios círculos viciosos acerca de tudo o que existe de errado no seu mundo, e a intensidade emocional agravará o desespero. Então, você pesa os prós e os contras de voltar a beber ou de usar alguém ou alguma coisa novamente. E se condena pelo simples fato de considerar a possibilidade, sentindo-se pior por "ainda não ter superado essa fase". E a idéia de não conseguir evitar o retrocesso causa-lhe ansiedade e o amedronta.

Essa é uma das ocasiões em que é necessário saber que existe uma diferença entre a cabeça e o coração e que é preciso usar os instrumentos de poder do coração. Aqui vão os passos que você deve seguir. Reconheça que seus pensamentos estão rodando inutilmente em círculos viciosos e CONGELE A

ESTRUTURA dos pensamentos de "carência" na sua vida. Ative a compaixão por si mesmo, vendo-se como alguém que está se empenhando muito para crescer na própria recuperação. Isso irá ajudá-lo a perceber que a vida de cada um de nós tem uma geometria em que também podemos usar mais o poder do coração. Use o CONGELAMENTO DE ESTRUTURA com as faixas da cabeça referentes aos detalhes do seu problema e vá para o computador do coração para identificar quais instrumentos seriam mais apropriados no seu caso. Então, sinceramente pratique a técnica que a sua intuição lhe sugerir. Faça um esforço.

É importante sentir gratidão por si mesmo e pela situação, lembrando que as coisas sempre poderiam ser piores. Reconheça que você está sofrendo os efeitos de velhos padrões de pensamento e sentimento que drenam a sua energia. Continue CONGELANDO A ESTRUTURA desses pensamentos à medida que surgirem. Esses passos são todos atos de amor por si mesmo. Ame-se, ame-se, ame-se, mas não saia correndo para verificar se a flor plantada ontem no seu coração já brotou. Logo a inteligência do seu coração irá permitir-lhe saber o que fazer em seguida. Converse com os amigos para obter uma perspectiva melhor. Não tenha medo. Seu coração lhe dirá se o que eles dizem é adequado para você.

Na quarta dimensão inferior, as pessoas se recuperam, regridem e se recuperam. Na quarta superior e na quinta, elas descobrem. Qualquer que seja a sua angústia ou o seu vício, o uso dos instrumentos do coração lhe dará forças para superar a fase do "estou tentando" para atingir a fase do "consegui". Quando praticamos a escuta e seguimos o coração, a qualidade do nosso amor aumenta e, pouco a pouco, nos liberta das expectativas e do apego. Use o instrumento com o lema: "apenas ame". Você se dá conta do quanto a compaixão faz bem quando a recebe de outrem. Então, dê compaixão. E não se esqueça de dá-la a si mesmo.

Comece a encarar qualquer problema como uma oportunidade não transformada para assumir o poder. Compreenda que existem basicamente duas opções. Uma o transforma em vítima e o envelhece; a outra lhe confere poder. Logo você estará ajudando os outros a dissipar o *stress* por meio do coração — com muita compaixão e compreensão. Ao amar o próximo, você o ajuda a superar as freqüências da sua cabeça e da cabeça dele. Ninguém tem de passar pelas mesmas coisas. Amar é facilitar o caminho do outro. Observe o poder oculto do coração que se expandirá na nossa estrutura social nos próximos anos, à medida que mais pessoas aproveitarem sua natureza transformadora e a oportunidade agora disponível.

Capítulo 13

O Poder da Entrega

Ao ser compassivo e se entregar ao próprio coração, você está na verdade se entregando ao poder que nele se oculta: Deus. E está se entregando ao amor, porque Deus é amor — a força aglutinante do universo que nos une a todos. A entrega não constitui apenas um conceito religioso, mas também um poderoso instrumento para ouvir a voz do espírito e seguir suas instruções. Ao entregar a cabeça ao coração, você permite que ele lhe dê uma perspectiva de inteligência mais ampla e elevada. Lembre-se da frase: "O verdadeiro mestre está dentro de você." Em palavras mais simples, o mestre está no bom senso do seu próprio coração.

Para encontrar o verdadeiro significado e o poder da entrega, pratique libertar-se e desapegar-se — apenas amando. Não se trata de desistência. Entregar-se consiste num processo de serenar e esvaziar a mente, em pedirmos a nós mesmos para mudar o foco e adotar uma percepção mais compreensiva — o que significa aquietar as faixas da cabeça por algum tempo e usar o computador do coração. Significa também desprender-se das limitadoras perspectivas de terceira dimensão e de quarta inferior, para permitir que a sua consciência de quarta dimensão superior seja ativada. Com essa prática, você aprenderá a enxergar a divindade no coração de todos os que, como você, estão aprendendo e crescendo.

Entregar-se significa desistir do apego ao modo como julgamos que as coisas deveriam funcionar — ao resultado de uma situação. Essa desistência nos liberta dos padrões de pensamento cristalizados, de estruturas mentais e de bloqueios que impossibilitam uma perspectiva mais abrangente. O crescimento jamais cessa, não importa quem você seja ou o seu grau de conscientização. Quando a mente eterniza uma verdade efêmera, dando-lhe a certeza de saber o que sabe, você não abre espaço para que uma verdade superior o alcance. Desfaça o bloqueio, dê ao seu coração a chance de respirar e ele poderá mostrar-lhe novas possibilidades de realização. As novas verdades lhe parecerão boas depois que você retirar do caminho as estruturas mentais.

As crianças *sabem* que *não* sabem, por isso são mais abertas e receptivas. Instintivamente, elas pedem a alguém mais velho e sábio que lhes explique o seu ponto de vista. "Eu não sei" é uma declaração que pode conferir grande poder, principalmente se você a levar para o coração com uma entrega sincera ao próximo passo a seguir, não importa qual seja. Ao adotarmos essa postura, nós nos abrimos para descobertas capazes de manter vivo esse espírito infantil.

A Entrega Entusiástica

Submeter-se significa ter a inteligência de pedir a Deus uma percepção compreensiva do todo, uma nova visão de uma situação. Não é complicado, desde que você não se preocupe demais com a questão nem se prenda a resultados. Então, o entusiasmo pela entrega surgirá prontamente. Entretanto, quanto maior a importância que você atribuir à questão, maior também a importância da entrega — no mínimo, para obtenção de uma perspectiva nova. Quando nos apegamos ao resultado, tendemos a encontrar dificuldade para abrir mão do controle. Desprenda-se e entregue-se com entusiasmo ao Deus que está em você e ao Deus que está nos outros. Ame a si mesmo e ao próximo com equilíbrio. Se perceber que está nadando contra a maré, entregue-se e flutue junto com a correnteza universal. Siga sempre as diretrizes do seu coração e ame. Então, na realidade você estará dizendo interiormente: "Eu gerenciarei as minhas energias do modo mais eficiente possível, usando a minha inteligência de Deus." Isso é amar a Deus. E Deus é Amor.

A entrega ajuda-o a gostar do que quer que aconteça na sua vida e a exercer o poder. Com base na minha experiência, posso afirmar que a vida é repleta de dádivas de aprendizado e crescimento. Algumas dádivas são maravilhosas, de modo que entregar-se significa apenas abrir-se sem medo para uma experiência que antes talvez lhe parecesse impraticável. Se a experiência for desagradável ou dolorosa, a verdadeira entrega lhe dará os olhos do coração para enxergar a dádiva do crescimento e abraçá-la. Com uma entrega amorosa, você pode abrandar e suavizar a sensação dissonante causada pelo inesperado.

A entrega constitui uma parte fundamental do seu processo de despertar e implica cuidar verdadeiramente de si mesmo e do todo. Minha amiga Wendy começou a florescer de modo inesperado quando perdeu o emprego de executiva e se tornou "apenas uma trabalhadora". Seu departamento numa empresa de confecção havia enfrentado batalhas financeiras. Contudo, como amava a empresa, os colegas e subordinados, ela arregaçou as mangas para ajudar pessoalmente a aumentar as vendas, colocando em prática todas as soluções que lhe ocorriam. Quando a empresa finalmente fechou o departamento, minha amiga se sentiu humilhada. O desejo de expandir "seu pequeno império" jamais se concretizaria. Todos os funcionários do departamento receberam a proposta de trabalhar com pintura em seda numa outra parte do prédio.

Porque gostava daquelas pessoas, Wendy também aceitou a proposta. A princípio, esperneou e gritou interiormente, zangada com a diretoria. Contudo, quando mergulhou fundo no coração, pôde ver que os diretores estavam fazendo o melhor possível em benefício do todo e que sua decisão tinha sido sábia. E percebeu que eles na verdade lhe haviam dado um tempo maior do que o que a maioria das empresas lhe teria concedido para tentar obter êxito num departamento agonizante. Quando mergulhou ainda mais fundo no coração, sentiu-se grata por ter um emprego e encontrou prazer na nova atividade. Ela se viu numa sala espaçosa e arejada, na companhia de mulheres que havia muito estimava. Todas riam e conversavam de uma mesa para outra, enquanto aplicavam à seda cores que cintilavam sob a luz do sol. Wendy se deu conta de que esse novo emprego realizava um sonho secreto, acalentado por muitos anos — o de trabalhar com as mãos num ambiente semelhante ao das reuniões beneficentes de mulheres para confecção de colchas e edredons, rodeada por amigas que a amavam. Longe da competitividade de seu cargo de executiva, ela se tornou mais segura, generosa e realizada.

Quando sabemos que o amor é mais importante que tudo e que nada mais *realmente* importa, nós entramos no estado de entrega. A entrega não diminui o nosso poder — ao invés disso, amplia-o. Entregar-se não significa desfazer-se do poder, mas sim unificá-lo. É a sinergia de todos os seus poderes, uma força revigorante — e não enfraquecedora — dentro de você. A entrega libera o carisma do espírito, uma energia invisível que produz efeitos visíveis. Você se concentra no momento e toma posse do seu maior trunfo para transformar o mundo: *a capacidade de mudar a sua perspectiva em relação a ele.*

A chave é o entusiasmo gerado no coração, que aciona todo o seu sistema e impede a lentidão, a resistência e pensamentos do tipo "Será que eu tenho de...?", ativados pela cabeça para sabotar a força da sua entrega. Se, ao tentar recriar a sua vida, você não se sentir animado com o que está criando, o que você escolheu não acontecerá. O entusiasmo propicia flexibilidade para que você se entregue genuinamente ao momento, desprenda-se e apenas ame — um verdadeiro, sincero momento de entrega em que apenas o amor importa. Peça ao seu coração para ajudá-lo a iniciar pela transformação interior — e não de algo fora de você. Então, coloque o seu coração nesse processo. É aí que as mudanças duradouras de qualquer natureza devem começar.

A solução dos problemas das pessoas do nosso mundo consiste na entrega — que exige simplesmente que amemos uns aos outros. As crianças são flexíveis — amam e se submetem com maior facilidade do que os adultos, que parecem eternamente presos ao desfecho dos problemas. Se a ambição de todos fosse amar (em vez de acumular dinheiro, conquistar determinados resultados e assim por diante), haveria em suas vidas a harmonia do âmago do coração. Você não pode *tomar de assalto* a realização. No coração, é a realização que encontra você.

Pense na sua vida — quantas vezes no dia ocorre uma situação que promove momentos de frustração e ansiedade? Submeter a sua cabeça ao coração nesses momentos o levaria ao equilíbrio e à realização. Quando você escuta o seu espírito, a paz surge logo em seguida. Então, siga o seu espírito. Construa a sua base no coração. O amor deve ser a sua reação mais íntima e espontânea a todas as pessoas que lhe cruzarem o caminho. Diga a si mesmo, internamente: "Eu apenas amo." Use essas palavras como uma chave para ligar o motor do seu coração e observe a vida brilhar com novo amor e compreensão. Entregue-se à sua nova consciência e deixe que o amor lhe revele o propósito da criação.

Capítulo 14

Criação de Deus

À medida que a mudança para a próxima dimensão de consciência se acelerar, todos poderemos encaixar um número maior de peças do quebra-cabeça. Respostas há muito esperadas acerca do processo de criação estão emergindo graças às pesquisas sobre DNA, além de descobertas revolucionárias no campo da física e de novas maneiras de entender a holografia. Durante anos, os físicos debateram se o universo teve início com um big-bang ou de um outro modo qualquer. A evidência científica indica que houve um big-bang, em que toda a matéria explodiu a partir de um único ponto de energia, mas ainda não foi cientificamente determinado se esse evento foi casual ou se constituiu um ato de inteligência consciente (Deus). Até 23 de abril de 1992, a ciência não se aventuraria a ir além de afirmar que o big-bang constituiu um evento fortuito e que a matéria se formou a partir do caos. Então, algo aconteceu.

Foi uma coincidência interessante. Eu me preparava para escrever este capítulo quando um amigo de Nova York nos enviou por fax um artigo a respeito de uma descoberta científica. Ao divulgarem novas informações sobre o telescópio de microondas mais poderosamente sensível que já se construiu, instalado no satélite NASA Cosmic Background Explorer (COBE), os astrônomos relataram ter visto o que jamais se vira antes, e essa visão foi considerada por muitos astrofísicos como "a descoberta do século". O astrofísico George Smoot, do Lawrence Berkeley Laboratory, anunciou que, juntamente com seus associados, havia deparado o que, segundo acreditavam, constituía a fronteira do universo. Quando contemplam as estrelas no céu, os cientistas na verdade as vêem exatamente como eram há muitos anos-luz. São necessários milhares e milhões de anos para a luz de uma estrela alcançar a Terra. Por meio do novo telescópio, foi possível avistar longínquas e crespas nuvens ou ondulações da matéria, vestígios reais de como o universo era há 15 bilhões de anos! Essas ondulações se espalhavam uniformemente pelo recém-nascido universo e é possível que seu agrupamento tenha formado as estrelas. Percebia-se a presença de uma ordem inteligente, o que conduziu à conclusão matemática de que houve uma intenção inteligente no início da criação. Essa revelação estava muito além de tudo o que os cientistas tinham observado anteriormente. De acordo com uma declaração de Stephen Hawking, da Universidade de Cambridge, que se iguala a Albert Einstein como um dos teóricos mais proeminentes do século, "é a descoberta do século, se não de todos os tempos". Como descoberta científica, ela promoveu uma aproximação entre a física e a religião, uma vez que todas as religiões acreditam que o céu e a terra foram criados pela inteligente intervenção divina, e não por eventos aleatórios.

O *Los Angeles Times* relatou: "Aconteceu uma coisa maravilhosa. Os físicos estão chegando à raiz da questão... e está ocorrendo a última coisa que poderiam esperar. Deus está se revelando." Alguns cristãos afirmam: "Essas descobertas importantes, que dão suporte à teoria do big-bang, podem confirmar que o universo é obra de uma majestosa mão que orienta, fornecendo uma base comum a dois velhos antagonistas — religião e ciência." De acordo com o físico Michael Turner, da Universidade de Chicago, "eles encontraram o Santo Graal da cosmologia". Owen Gingerich, astrônomo de Harvard, resume: "A espinha dorsal da ciência, a idéia de que tudo brotou daquela luz ofuscante, apresenta uma surpreendente semelhança com as palavras sucintas do Gênese 1:3, 'E Deus disse, faça-se a Luz'."

As teorias da evolução humana e da criação do universo podem ser completamente esclarecidas à medida que a sua inteligência superior evoluir.

Examinemos com mais atenção as visões mais populares acerca da criação e da evolução. Atualmente, as três teorias mais comumente discutidas são: 1) a estritamente criacionista; 2) a de Darwin; e 3) a do big-bang. A maioria das religiões acredita nas teorias criacionistas. A criacionista judeu-cristã baseia-se na interpretação bíblica de que o homem foi criado por Deus há cerca de 10 mil anos como um ato da Divina Providência. Os criacionistas judeu-cristãos crêem que Adão e Eva foram literalmente os primeiros seres humanos e que Deus criou o universo, as galáxias, as estrelas, os planetas e a Terra, incluindo todos os animais e plantas tais como são, como um ato da vontade divina. A teoria criacionista não aceita a da evolução. Aproximadamente metade do povo norte-americano aceita a teoria criacionista, ao menos no que diz respeito ao homem. Numa pesquisa Gallup de 1991, 47% dos entrevistados afirmaram que Deus criou o homem num evento único, há cerca de 10 mil anos, com um aspecto bem aproximado do atual.

Fiquei curiosa. Como tudo começou? Como eu comecei? Quem me criou e por quê? Podia entender o sentimento dos criacionistas de que todas as coisas vivas só podiam ser uma criação especial de Deus. Parece difícil imaginar que nós evoluímos da poeira de estrelas. Estudei essas teorias correntes, levando cada uma para o computador do meu coração a fim de obter uma compreensão maior. Sabia que tinha de haver uma forma de unir as teorias mais pessoais da criação com os fatos científicos.

Para Entender a Evolução

A teoria darwiniana da evolução baseia-se na evidência científica de que tudo na Terra evoluiu de um organismo unicelular, que se dividiu, multiplicou-se, adaptou-se ao meio ambiente e sofreu mutação ao longo das eras. Os organismos mais fortes continuaram a evoluir, enquanto os mais fracos se extinguiram. Alguns evoluíram para organismos aquáticos multicelulares, que, por sua vez, evoluíram para peixes, répteis, mamíferos quadrúpedes inferiores, macacos bípedes e, finalmente, seres humanos. Em primeiro lugar, a teoria darwiniana não diz como surgiu o organismo unicelular. A mesma pesquisa Gallup de 1991 indicou que 40% dos entrevistados acreditavam que os seres humanos de fato se desenvolveram ao longo de milhões de anos de evolução, mas que esse processo foi guiado por Deus.

A teoria do big-bang afirma que toda a energia (e, portanto, toda a criação) se iniciou a partir de uma singularidade. A maioria dos cientistas agora aceita que o universo começou com um big-bang, uma explosão de energia tremendamente poderosa a partir da qual todas as estrelas e tudo o mais foi criado, e então evoluiu ao longo de bilhões de anos. Quando os cientistas verificaram as equações de Einstein que demonstravam matematicamente a singularidade, a teoria do big-bang conquistou uma grande adesão. Durante anos, os astrônomos haviam pesquisado em busca de provas concretas que fundamentassem essa controvertida teoria. Com a recente descoberta de George Smoot, os vestígios do big-bang original foram observados pela primeira vez. "Em conseqüência", relatou *Los Angeles Times*, "os teóricos chegaram à notável conclusão de que, no princípio, toda a matéria do universo — bem como todo o espaço — estava contida numa bola infinitamente densa, menor do que o ponto final de uma frase." "Isso pode ser difícil de entender", comenta o astrofísico Rich Muller, do Lawrence Berkeley Laboratory, "mas os cosmólogos, como a rainha de *Alice no País do Espelho*, têm de acreditar em seis coisas impossíveis antes do café da manhã."

Assim como a teoria darwiniana não explica como surgiu o primeiro organismo microscópico, a teoria do big-bang também não indica de que modo o ponto original de energia surgiu. Na pesquisa Gallup de 1991, apenas 9% julgavam que a origem do homem foi um evento casual, sem a intervenção de Deus. Um total de 87% acreditava que Deus participou da criação de um modo ou de outro. Muitos aceitam uma teoria que combina a participação de Deus com as descobertas científicas de Darwin e com o big-bang.

Muito bem, mas de que maneira podemos verificar por nós mesmos quais teorias estão certas, se é que alguma delas está? Usando o computador do coração, você pode examinar qualquer idéia. À medida que as idéias (ou freqüências) entrarem na sua consciência, o computador do coração poderá intuitivamente decifrar-lhe sua verdade, propiciando uma compreensão da evolução. É muito comum a cabeça interferir com objeções: "Oh, não, você não! Não lhe é possível provar essa teoria e você não deve aceitar o que não pode ser demonstrado para a mente e para os sentidos."

Acho divertido analisar as teorias. Cada desafio na vida constitui uma oportunidade para evoluir. Você pode enfrentar esse desafio levando-o para o computador do coração, para obter instruções e compreensão, e permitindo que a sua intuição, dirigida pelo coração, tenha precedência sobre a mente mundana — a cabeça. Deixe a sua inteligência superior governar a mente inferior; deixe-a governar-lhe a vida e todos os seus acontecimentos. É esclarecedor iluminar a mente inferior e obter conhecimento direto. A Bíblia diz: "Pois como um homem pensa em seu coração, assim ele é" (Provérbios 23:7). Se pensa com a mente no coração, você está permanentemente com Deus. A inteligência do coração tem o poder de ordenar e estender eficientemente o seu padrão de vida, em universal conformidade com o Criador.

Nosso mundo está ingressando rapidamente num novo modelo dimensional de consciência, que nos está reconduzindo à semelhança com o Criador primordial. Naturalmente, haverá algumas críticas e discordâncias, enquanto as nossas perspectivas se ajustam. Essa nova consciência não é a perspectiva histórica, tradicional e humana de Deus, que é limitada pelas estruturas mentais das consciências de segunda e terceira dimensão — tudo o que as pessoas conseguiam apreender na época. As consciências de dimensões superiores conhecem Deus como uma presença ou um ser onisciente, dotado de infinito conhecimento, compreensão e visão. O ser e a inteligência de Deus residem em todas as correntes do universo.

Essa é a era do seu despertar, o tempo em que o seu coração e a sua cabeça podem integrar-se harmoniosamente numa compreensão mais ampla. É um despertar para o fato de que você é responsável por si mesmo. O reino do paraíso está dentro de você. A evolução é o ininterrupto e esclarecedor processo de amar e compreender genuinamente tudo o que existe.

Auto-ajuda

Durante o século XX, especialmente a partir de 1960, milhares de diferentes métodos de auto-ajuda apareceram e foram experimentados por milhões de pessoas. Se dão ou não bons resultados é uma questão que depende da qualidade das técnicas e da sinceridade do exercício. "Auto-ajuda" significa conhecer a si mesmo levando-o, ao final, a uma compreensão de todo o seu "eu". Tenho experimentado diversas técnicas de auto-ajuda nos últimos quinze anos. Sinto como se atingisse a essência de cada uma delas, e todas me guiam de volta para o coração. Foi só quando comecei a praticar a viver com o coração que minha vida começou a mudar e a evoluir de modo substancial.

A diferença entre o modo como eu era há quinze anos e o modo como sou agora é comparavél à que existe entre a noite e o dia. Até o meu corpo físico mudou. Jamais pensei que eu pudesse perder peso nas coxas — em formato de pêra, em razão da minha compleição física. Hoje estou muito mais esguia e minha estrutura facial parece diferente. Eu costumava ser passiva e lenta nos meus movimentos. Atualmente, sou muito ativa e ligeira. Emocionalmente, eu era suscetível, pouco comunicativa e bastante insegura. Muitas vezes representei o papel de "pobre de mim, ninguém me entende". Eu realmente não gostava tanto das pessoas. Agora sou segura, sinto prazer em me expressar e viver em contínuo reconhecimento do quanto a vida é maravilhosa. Em grande medida, equilibrei a minha personalidade e compreendi a mim mesma. Tenho muitas amizades maravilhosas e realmente amo as pessoas, todas elas.

Para mim, auto-ajuda significa que nós podemos realmente ajudar a nós mesmos ao nos tornarmos responsáveis pelas escolhas de nossa cabeça e de nosso coração. Quando procedemos assim, em pouco tempo a evolução se estende muito além do que a nossa mente sozinha é capaz de imaginar. No meu próprio desenvolvimento, conquistei um nível de integração cabeça/coração que me permite sondar os mistérios do universo com a inteligência do coração.

O enigma da criação sempre me intrigou profundamente. Quando ponderei em meu coração, percebi sob uma perspectiva de quarta dimensão superior que a criação e a evolução são realmente uma coisa só — duas peças do quebra-cabeça que só parecem separadas para a mente das dimensões inferiores. Quando assimilei com o computador do meu coração os dados relativos a esses dois aspectos da vida, vi que a criação e a evolução, juntas, formam um todo. Os próximos capítulos falam sobre o que eu descobri.

Capítulo 15

Percepção Holográfica

Com a mesma percepção interior com que vejo os campos de energia humana e as auras, também observo padrões divinos que funcionam como modelos para as imagens holográficas dos cristais do coração. Esses modelos parecem ser influenciados por campos de energia cósmica. Parece que existe algum tipo de fator aglutinante que interliga e funde freqüências diferentes para que funcionem como um todo coeso. Percebi que, ao fazer escolhas, as pessoas ativam diferentes freqüências que se juntam e formam os "trechos de filmes" holográficos de sua vida.

Quando vi esses trechos de filmes holográficos pela primeira vez — aparentemente de eventos passados, presentes e futuros —, passei a indagar se o futuro seria algo congelado e inteiramente predeterminado ou se poderia ser mudado. Se o futuro fosse um holograma para o qual cada detalhe é filmado previamente, então nós estaríamos apenas representando o drama do nosso destino, agindo inconscientemente conforme um roteiro já pronto. Se isso fosse verdade, implicaria a não existência de livre-arbítrio ou de escolha.

Precognição

Estudei muitos relatórios documentados de pessoas que tiveram vislumbres precognitivos de seu futuro. Em decorrência dessas antevisões, elas muitas vezes puderam evitar catástrofes. Li o relato de uma senhora que estava prestes a embarcar num avião. Todavia, ao olhar ao redor, os passageiros daquele vôo pareceram-lhe cinzentos e fantasmagóricos. Ela teve um mau pressentimento e preferiu não embarcar. O avião sofreu um acidente ao levantar vôo e todos a bordo morreram. Um grande amigo meu contou-me uma história sobre a noite em que ele e quatro companheiros do seu grêmio estudantil resolveram ir a um bar local. Quando entraram no carro, porém, meu amigo subitamente sentiu em seu coração que não deveria acompanhá-los. Assim, desistiu do programa sem saber realmente por quê. Naquela noite, o bedel o despertou para comunicar que seus companheiros haviam sofrido um grave acidente de carro. Três deles morreram e o quarto ficou gravemente ferido.

A Bíblia está repleta de exemplos de pessoas que tiveram visões ou premonições, seguiram-nas e mudaram o futuro. Noé salvou sua família e os animais obedecendo à advertência de construir uma arca. José foi avisado num sonho para fugir para o Egito com Maria e Jesus, porque Herodes iria matar a criança. Eu me perguntei por que a precognição não era mais tão comum nos tempos modernos, e percebi que, quando destituída de equilíbrio, ela resulta em crenças supersticiosas. O desenvolvimento da lógica da cabeça tende a desprezar os lampejos precognitivos, considerados mera superstição, jogando o bebê no ralo junto com a água do banho. Quando equilibrada com a compreensão do coração, a capacidade precognitiva proporciona uma verdadeira sabedoria.

Recentemente, li relatos de gêmeos idênticos, que, embora separados no nascimento, acabaram tendo vidas singularmente parecidas. Quando finalmente se encontraram, descobriram que haviam se casado com pessoas com o mesmo nome, seguiam carreiras semelhantes, possuíam a mesma raça de cachorro, e até usavam roupas do mesmo estilo e cores. Existem muitas histórias verídicas de gêmeos idênticos nas quais um deles intuitivamente sabe o que está acontecendo ou irá acontecer com o outro. Sempre que podem, mandam avisos e, assim, conseguem evitar eventos desagradáveis.

Exemplos como esses pareceriam indicar que existe uma planta detalhada do DNA do nosso futuro. O dr. David Loye, psicólogo clínico e ex-membro do corpo docente das faculdades de medicina de Princeton e da Universidade da Califórnia, em Los Angeles, dedicou-se, nas últimas duas décadas, a investigar a precognição. De suas pesquisas, concluiu que "a realidade *é* um gigantesco holograma, no qual passado, presente e futuro estão de fato fixados, pelo menos até certo ponto".

No seu livro *The Holographic Universe* (*), Michael Talbot teoriza que "o futuro de qualquer universo holográfico é predeterminado e, quando alguém tem um vislumbre de precognição do futuro, essa pessoa está sintonizando o futuro apenas daquele holograma em particular". De acordo com Talbot, existem muitos quadros holográficos "flutuando nas águas fora do tempo e do espaço da ordem implicada (a ordem duplicada), acotovelando-se e nadando ao redor uns dos outros, como fazem tantas amebas".

(*) Michael Talbot, *The Holographic Universe*, HarperCollins, 1991.

Um dos dogmas básicos da física quântica é que nós não estamos meramente descobrindo a realidade, mas sim participando de sua criação. O dr. Loye afirma:

"Quando agimos com base numa premonição e aparentemente alteramos o futuro, o que estamos fazendo de fato é saltar de um holograma para outro." Ele chama esses saltos de "saltos *intra*-holográficos" ou "holo-saltos" e os considera responsáveis pela nossa verdadeira capacidade tanto de *insight* quanto de liberdade.

De acordo com a minha experiência em coração holográfico, o futuro tem uma natureza plástica e pode ser alterado. Eu o vejo como um composto de "possibilidades cristalizáveis". Como tudo está realmente interligado, é possível sintonizar e escolher um padrão de freqüência holográfica diferente e transformar o futuro. Para tanto, basta seguir as diretrizes do coração e não o velho programa da cabeça.

A sua perspectiva em qualquer momento desempenha um papel significativo na determinação da qualidade do seu futuro. É como se fôssemos artistas, esculpindo o nosso destino à medida que vivemos. A maioria de nós participa da criação sem consciência dos padrões e freqüências da nossa planta holográfica. Mas, quando nos conscientizamos do coração, ativamos novas possibilidades cristalizáveis que nos colocam na planta mais elevada possível, o plano de Deus para nós. Como a Bíblia reza: "As coisas que o olho não viu, e o ouvido não ouviu, e não subiram ao coração do homem são as que Deus preparou para os que o amam" (1 Coríntios 2:9).

No coração holográfico, posso ver gravações dos *microchips* da Antigüidade, do Todo, e do universo que se estende para além. As freqüências do passado e do presente se unem para formar uma configuração de ímãs que atraem para o nosso presente um padrão holográfico específico de futuro. Algumas das mais fortes possibilidades cristalizáveis da nossa planta holográfica podem ser vistas em grandes eventos da vida, tais como casamento, acidentes, morte e experiências que nos trazem ensinamentos. Muitas pessoas estão tendo fortes vislumbres da percepção da quarta dimensão superior e da quinta. Por meio de sua visão interior, elas vivenciam a união de todas as forças da natureza numa unicidade bem-aventurada; ou vêem a pura luz prístina no âmago do coração. Desejar sinceramente compreender o seu objetivo aqui e cumprir melhor a missão que lhe foi confiada por Deus coloca você no aprendizado de Deus.

A natureza sempre busca o equilíbrio, de modo que os padrões de futuro que atraímos constitui o esforço do nosso sistema para promover o equilíbrio. As calamidades podem nos dar lições profundas que resultam em maior compreensão. Algumas pessoas amam e respeitam a natureza, cuja harmonia lhes ensina a manter o equilíbrio. Quando aprendemos a harmonizar a nossa vida, contribuímos para o equilíbrio dos padrões holográficos da Mãe Natureza, da qual a humanidade é parte. Desse modo, talvez a Mãe Natureza não mais precise recorrer a tempestades e calamidades para nos ensinar a nos importarmos uns com os outros. Ao menos, podemos saber que ela nos ama o bastante para fazer questão de que aprendamos de uma forma ou de outra. Cada um de nós ainda tem escolha. Se não se concentrar no seu coração e aprender com o infortúnio, você poderá atrair freqüências semelhantes para si mesmo (possivelmente outro infortúnio). Quando emprega em sua vida a inteligência do coração, você rearranja as freqüências do seu futuro e freqüentemente consegue evitar desastres.

Com base na minha experiência, um holo-salto de quinta dimensão é possível quando você vê o seu trecho de filme e então usa a inteligência para remover ou remodelar parte do seu caráter. Você pode entrar de verdade no coração holográfico e encenar de novo aquele trecho da peça. Em outras palavras, você proporciona a si mesmo um novo começo quando volta ao passado e faz uma escolha diferente. É como retirar do computador um determinado *chip*, ou um programa velho, por meio da alteração da freqüência básica. Você retorna para o seu mundo cotidiano, mas com uma bagagem mais leve e com uma perspectiva nova. Os holo-saltos podem ser considerados uma forma de viajar no tempo.

Uma das minhas experiências holográficas começou certa noite, quando eu praticava Encerrar-se no Coração. Vi claramente um trecho de filme que mais parecia um desenho animado. Assim que entrei no "desenho", tudo assumiu uma natureza onírica. A coisa seguinte de que me lembro é de acordar. Sem pensar muito a esse respeito, levantei-me e caminhei até a outra sala, onde deparei com pessoas e seres de energia que eu não reconheci. Também avistei uma cúpula transparente em torno do aposento. As mesas e cadeiras ainda estavam ali, mas tinham uma aparência etérea. Concentrei a atenção num dos entes e ele começou a girar lentamente. Em cada giro, a perspectiva e o ângulo mudavam, revelando um caráter diferente. Eu me senti ligada a essa pessoa por meio do coração e percebi estar diante de um ser multidimensional. Outro ente, que era ao mesmo tempo gracioso e desajeitado, veio na minha direção e sentou-se ao meu lado. Ao sentar-se, ele se dobrou. Isso me fez pensar que *Alice no País das Maravilhas*, de Lewis Carroll, talvez não fosse tão inverossímil, no final das contas.

Eu não tinha certeza se os objetos costumeiros daquela sala eram reais, por isso apanhei uma xícara e a coloquei sobre a mesa. Era sólida e percebi que me encontrava em duas realidades simultâneas. Então, ouvi um uivo que parecia vir das árvores lá fora e decidi investigar. Embora eu more num rancho no meio de um bosque, fiquei surpresa ao deparar com um lobo perto da minha porta. Não tive medo quando ele se aproximou e parou. Vi que um lado da cúpula se interpunha entre mim e o lobo, que não podia atravessá-la. A intuição do meu coração disse em meu pensamento: "Os filmes holográficos aparecem do lado de dentro. Uma cúpula holográfica surge do lado de fora, ao seu redor, no seu meio ambiente de 3-D."

Mais tarde, questionei: desenhos animados e pessoas no mesmo filme? Então, lembrei-me de *Roger Rabbit*, em que os atores contracenavam com personagens de desenho animado. Talvez os artistas criativos, como Walt Disney, que produziu desenhos animados bastante populares, e Lewis Carroll na verdade tivessem sintonizado imagens holográficas!

Cada momento é um portal para a viagem no tempo. Estando neste exato instante e em nenhum outro, o tempo como o conhecemos pára. Você CONGELA A ESTRUTURA, pára, e então pode fazer qualquer outra escolha — como permanecer no mesmo padrão holográfico ou adotar um outro diferente. Quando ocasionalmente, ao compreender os princípios mais universais do holo-salto, eu perscrutava o futuro e via as diversas possibilidades cristalizáveis, percebia que nós realmente participamos de sua criação.

Estar no Momento

Os eventos futuros freqüentemente lançam uma sombra nos nossos pensamentos presentes e nas nossas reminiscências do passado. Pode acontecer de você ter o palpite de que um velho amigo está para lhe telefonar. Seus pensamentos, então, vagueiam pelas lembranças dos tempos em que se viam com freqüência. O telefone toca... e é aquele amigo. Encontrei o melhor modo de me preparar para eventos futuros ou de estabilizar qualquer instante indesejável do passado. O segredo é estar inteiramente no meu momento presente — *agora*. Estar no agora consiste numa postura mental que não se estagna no passado nem no futuro. Viver o momento é viver no espírito — com leveza e exuberância —, e o espírito é a essência da vida.

Em termos práticos, suponhamos que, numa terça-feira, você esteja comendo um hambúrguer e pensando no filé que comerá num jantar, na sexta-feira. É provável que você não desfrute todo o sabor do hambúrguer. Estar no momento significa apreciar e amar ao máximo a sua experiência presente. Isso amplia o portal para o potencial do *Agora*. Como Doc Childre declara em seu livro *Self Empowerment*,

> "A Era do Agora é a era da iluminação individual (faça você mesmo) — *Agora*! Enquanto não for implementada, o *stress* reinará indefinidamente... Eu experimentei as estruturas tanto da nova era quanto da antiga, mas concluí que era mais eficaz viver no 'agora'. Por 'agora' refiro-me a: *este momento*." (*)

(*) *Self Empowerment*: disponível em *Planetary Publications*.

Então, como aplicar a holografia, em termos práticos, ao seu mundo real neste momento? Quando surgirem os velhos padrões de medo, esse será o momento de você buscar a inteligência do seu coração para obter uma perspectiva mais ampla. Os seus próximos pensamentos, sentimentos e atitudes determinarão o modo como irá se desenrolar a hora seguinte — e até mesmo o resto do seu dia. Suas pequenas escolhas realmente contam.

Eu me lembro vividamente de um incidente ocorrido há alguns anos. Encontrei uma amiga entretida numa animada conversa com o meu namorado. Ambos pareciam estar apreciando a companhia um do outro e um velho padrão de insegurança brotou dentro de mim. Meu estômago se contraiu. "Talvez ele goste mais dela do que de mim", pensei. O ciúme e o medo começaram a turvar-me a percepção. Minha cabeça ativou automaticamente pensamentos como: "Ela é mais bonita do que eu", "É mais comunicativa", "Ele pode começar a passar menos tempo comigo", "Talvez até me deixar". Interrompi esse fluxo exatamente aí. Graças à minha experiência, eu sabia com precisão até onde essa linha de pensamentos me conduziria — direto para o abismo! Direto para o ponto em que me desligaria do meu coração para me proteger da rejeição. Na última vez em que eu procedera assim, meu namorado, sentindo a minha frieza, afastou-se de mim. Inevitavelmente sobreviriam uma discussão e um dia miserável. Ao escolher conscientemente CONGELAR A ESTRUTURA, voltar para o coração e sinceramente amar os dois, minha perspectiva mudou por completo. Pude ver que eles estavam aproveitando inocentemente a conversa. Não havia nada de mais. Percebi que ambos me amavam. Ao deter os pensamentos de medo, saltei para outra "cúpula holográfica" e mudei de fato o meu futuro. O restante do meu dia foi magnífico!

Os hologramas são, na verdade, como uma sala de espelhos. O que determina a sua realidade é a perspectiva — qualquer que seja ela — que você quiser adotar, o ângulo — não importa qual — sob o qual você deseja fitar-se no espelho. Deter os pensamentos da cabeça para adquirir uma perspectiva mais ampla do momento *é* optar pela criação. Somente por intermédio do coração é que se pode ver o filme holográfico com objetividade. Quando o seu coração o instruir a saltar para outra cúpula holográfica, salte e submeta-se ao novo filme. Participe dele e o aproveite inteiramente. Isso ativará o seu programa seguinte dirigido pelo coração, e o seguinte, e você se moverá na estrutura mais elevado do fluxo universal.

Os saltos intra-holográficos, no eixo vertical ou no horizontal do acumulador de energia vital, podem ser comparados a um jogo de xadrez interdimensional que disputamos com nós mesmos. O eixo vertical move-se para dentro, no sentido de uma compreensão mais elevada de nós mesmos e da vida. O horizontal implica amar as pessoas e conhecê-las em níveis mais profundos de entendimento. Às vezes o coração aconselha-nos a irradiar o nosso amor para fora e estabelecer uma ligação maior com a vida. A evolução consiste em equilibrar esses dois eixos para ativar as freqüências holográficas superiores e ingressar em dimensões mais elevadas.

O filme holográfico da vida cotidiana pode parecer absolutamente concreto e real — do momento em que você acorda até a hora de dormir. Afinal, dia após dia você mora na mesma casa, na mesma cidade, com o mesmo sol brilhando através da janela e as mesmas árvores do lado de fora. Mente/cérebro/corpo se habituam a esse cenário, de modo que a realidade adquire um caráter bastante sólido e tridimensional. Certa noite, prestes a dormir, experimentei as três dimensões — terceira, quarta e quinta — como realidades distintas. Cada uma era tão real como o mundo em 3-D em que vivemos. Eu vi o movimento através das dimensões como sendo o eixo vertical. Depois, vi o eixo horizontal representado pelas escolhas da cabeça e do coração que fazemos na vida. Você já se perguntou se, durante o sonho, a sua consciência passa para uma outra realidade dimensional? Ou se, neste exato instante, você está em algum outro lugar dormindo e esta vida é o sonho? Seria possível a coexistência de mundos — ou realidades — paralelos?

Podemos considerar os diferentes trechos de filmes holográficos como mundos paralelos. É comum os nossos trechos de filmes pessoais nos fazerem atuar na mesma freqüência básica, embora com uma "mobília" diferente. É como representar em vários filmes cujo enredo é essencialmente o mesmo, mas variando o elenco, os cenários e os desfechos potenciais. Quantas vezes as pessoas dizem consigo mesmas: "Eu já me *cansei* de passar por isso." Muita gente se casa, divorcia-se e torna a se casar, descobrindo que o antigo roteiro se reproduz no novo casamento. Nos sonhos, costumamos atuar nos mesmos padrões de freqüência que experimentamos ao longo do dia, mas com personagens e cenários diferentes.

No seu romance de maior sucesso, *One*, Richard Bach combinou experiência pessoal e ficção para mostrar como é, a seu ver, entrar e sair de realidades paralelas. Em que pese o caráter mais abstrato do que escrevo aqui, espero que as minhas palavras e experiência possam ao menos conscientizá-lo da natureza intemporal e imbricada do coração holográfico, bem como do seu potencial.

Deus criou o sol, a água, as estrelas, o meio ambiente natural, as pessoas, o universo. Todas essas são criações holográficas universais, transformadas em realidade pela nossa percepção coração/mente/cérebro. Quando nos tornamos holograficamente conscientes, podemos ingressar nessa percepção exatamente do modo como hoje podemos entrar numa imagem holográfica de terceira dimensão. *Gratidão e amor no momento são a chave*. Tenha gratidão e amor pelo sol, pela água, por qualquer coisa que esteja contemplando. A gratidão magnetiza suas imagens e padrões holográficos para você, e sua essência lhe permite dançar e participar da criação. Desse modo, todo o holograma universal se expande, evolui e cresce. Essa unicidade constitui o estágio seguinte da evolução humana. É na criação conjunta que a evolução e a criação são compreendidas como uma só.

Cada um de nós é responsável pelo próprio espectro de perspectivas na criação holográfica, porque realmente temos escolha. "Será que as pessoas que morrem de inanição na África têm escolha?", você pode perguntar. Elas não dispõem da escolha imediata de comer, já que não têm alimentos, mas podem escolher entre ficar no coração ou não. Ficando no coração, têm a possibilidade de atrair a sensibilidade do coração daqueles que possuem alimentos e condições para reparti-los. A raiva e o ressentimento não arranjarão alimentos mais depressa e apenas provocarão uma miséria ainda maior. Seja compassivo e compreensivo em relação aos que enfrentam privações. É certo que cada ser humano tem a sua própria estrutura holográfica, com suas respectivas possibilidades de cristalização, o que não significa que devamos ignorar o sofrimento deles. No coração, nós sinceramente desejaríamos ajudá-los.

No filme que você está vivendo *hoje*, a perspectiva da sua escolha é a da cabeça ou a do coração? De acordo com sua escolha, você escreverá diferentes seqüências para o seu dia e os resultados serão diferentes — ativando diferentes trechos de filmes holográficos. A inteligência superior usa o "senso comum das ruas" nas suas escolhas, entendendo-se como senso comum das ruas o bom senso do coração, capaz de integrar e harmonizar a percepção da quarta dimensão superior ao mundo em 3-D do "aqui e agora". A complexidade desse senso comum é traduzida em entendimento simples, constituindo uma abordagem prática, equilibrada, eficaz — e que "faz sentido" — de uma determinada situação de vida. O senso comum das ruas é a via para a percepção clara do que *é*.

A Parte e o Todo

"Para ver o Mundo num Grão de Areia
E uma Flor do Campo no Firmamento
Contenha o Infinito nu'a mancheia
e a Eternidade num breve Momento."
— William Blake

O princípio holográfico básico é que cada parte contém o todo. No holograma, cada fragmento do quadro holográfico reproduz a imagem inteira. Na agora famosa experiência conhecida como "O Efeito Folha Fantasma", a eletrografia de uma folha mutilada mostrava a imagem de uma folha inteira e intacta. A parte cortada era visível na foto, muito embora tivesse sido destruída. Em outra experiência científica, o dr. Ion Dumitrescu, na Romênia, recortou um orifício circular no centro da folha, antes da eletrografia. A imagem fotográfica revelou que, no espaço correspondente ao orifício cortado, havia uma pequena folha com um orifício no centro. Dentro do orifício, na pequena folha via-se outra folha menor com um orifício no centro.

Como é possível fotografar algo que não está fisicamente ali? A parte cortada havia deixado informações acerca do todo eletricamente registradas num campo não-físico! Mas essas informações também continham uma folha onde se via outra folha, na qual aparecia outra folha, como o efeito de um jogo de espelhos, confirmando a natureza holográfica do campo energético organizador (acumulador etérico ou corpo etérico) que envolve todos os organismos vivos. Esse acumulador etérico é, na verdade, um padrão de energia holográfica. O universo inteiro pode ser considerado um grande e dinamicamente cambiante padrão de energia.

Cada diminuta célula do corpo contém uma cópia idêntica da estrutura geral do DNA. Como afirma o médico Richard Gerber, autor de *Medicina Vibracional*:

> "O fato de que cada célula do corpo humano contém as informações necessárias para a criação de uma duplicata do corpo todo reflete o princípio holográfico de acordo com o qual cada pedaço contém as informações relativas ao todo." (*)

Do mesmo modo que a folha fantasma, a planta geral do seu DNA se espelha holograficamente em cada célula do seu corpo. Quando segura uma pequenina bolota, você sabe que ela contém a planta inteira de um imenso carvalho. Também sabe que, quando se unem, o espermatozóide e o óvulo contêm a planta inteira de um ser humano adulto. Imagine cada célula do seu corpo também contendo a planta de freqüência do universo inteiro. Só por intermédio do coração você pode ter acesso a essa percepção dimensionalmente superior das estruturas universais de freqüência. O campo bioenergético do corpo físico é um padrão holográfico de energia com informações codificadas do Todo e contém a planta do DNA do feto junto com instruções para reparo das células em caso de danos ao organismo em formação. A questão médica que surge é: "Será possível entrar e estabelecer comunicação com o padrão da planta holográfica do DNA com o propósito de cuidar da saúde e curar doenças?"

Um estudo realizado por um cientista da Academia Russa de Ciências, repetido posteriormente em colaboração com o Institute HeartMath, descreve um fenômeno conhecido como Efeito DNA Fantasma. O fantasma do DNA foi observado durante experiências que mediam os padrões vibratórios do DNA numa solução usando um sofisticado espectrômetro a *laser* por correlação fotônica. Depois de submeterem a molécula de DNA a uma radiação constante de *laser* e removerem todo o DNA físico da câmara de dispersão, os cientistas encontraram evidências de que o DNA havia deixado uma impressão no que

(*) Dr. Richard Gerber, *Medicina Vibracional* (Tradução de Paulo Cesar de Oliveira — Ed. Cultrix Ltda., 1997).

eles chamam de vácuo (o vácuo pode ser definido como uma amplitude de vastas energias das quais toda a matéria é criada. Alguns chamam o vácuo de ponto zero de energia). A impressão deixada pelo DNA permanecia por longos períodos e, em diversos casos, por até um mês. Essa prova sugeria que no vácuo estava impresso o padrão ou "informações" do DNA, e que essa impressão relacionava-se com a energia eletromagnética (o raio *laser*) e a transformava, indicando, dessa forma, que os padrões de informação (padrões holográficos) de fato relacionavam-se com a matéria física guiando-a. A descoberta do DNA Fantasma foi fundamental para a compreensão do elo de comunicação entre as estruturas holográficas, as batidas constantes do coração e o DNA, e para o desenvolvimento de uma compreensão mais profunda dos mecanismos subjacentes a muitos fenômenos de cura. (*)

Ciência do Futuro

Desde 1991, o Institute HeartMath vem investigando a relação entre a eletricidade cardíaca e o DNA. Também tem pesquisado e mapeado os elos do campo magnético, sônico e elétrico entre o coração, o cérebro, os processos mental e emocional, as funções imunológicas e hormonais.

Num projeto inicial de pesquisa, o Instituto usou análise de espectro de ECG (elotrocardiograma) para estudar pessoas experientes em irradiar amor conscientemente. E fizeram descobertas significativas. Como um pesquisador observou: "Quando o amor estava sendo irradiado para alguém, a análise de espectro do ECG revelava uma média entre os picos de freqüência de 1.618, o *Meio-Termo Ideal*. A média do Meio-Termo Ideal, 1.618, é a mais eficaz conhecida para a transferência de energia entre escalas. Quando sua fase é travada nessa média, a energia desce em cadeia pelas oitavas sem perder *momentum* nem memória de si mesma. O desenho fractal do coração utiliza-se desse princípio para enviar energia — que desce em cadeia pelas séries harmônicas — para o DNA. A geometria dessas ondas parece exatamente com o DNA visto do topo. A questão principal aqui é que 1.618 também é a média da estrutura do DNA e é a única a permitir que *informações* ou geometrias completas desçam em cadeia pelas séries harmônicas sem perda de poder ou de forma. Amar é o que proporciona a constância e a média necessárias para enviar energia para cima ou para baixo das séries harmônicas a partir das dimensões organizacionais superiores até o DNA. Portanto, por meio do amor e da solidariedade, seria possível reprogramar e aumentar o poder do DNA, com a inteligên-

---

(*) Poponin V. *The DNA Phantom Effect: Direct Measurement of a New Field in the Vacuum Substructure*, Gariaev P.P., Grigor'ev K., Vasil'ev A. *et al.* Investigation of the fluctuation dynamics of DNA solutions by laser correlation spectroscopy. Boletim do Lebedev Physics Institute. 1992; 11-12; 23-30.

cia de trabalhar pelo todo sob a perspectiva das dimensões superiores de energia elétrica."

Em outro estudo, os pesquisadores do Instituto descobriram que, com a irradiação consciente de amor e zelo pelo DNA humano, seria possível mudar a conformação (enrolamento e desenrolamento) do DNA (que estava dentro do frasco que o participante da experiência segurava enquanto emitia amor e zelo). Ainda mais importante, a mudança no enrolamento e desenrolamento ocorria na direção pretendida pelo emissor. Esses resultados foram mensurados por espectroscopia ultravioleta. (*)

As implicações desses estudos são profundas. Pela emissão de freqüências cardíacas coerentes de amor consciente e zelo, é possível entrar no DNA, reprogramá-lo e conferir-lhe poder para melhorar a saúde dos sistemas imunológico e celular. O amor universal abrange, protege, alimenta e entra em contato com o DNA para desenvolver a sua estrutura. Essa comunicação se move em cadeia pelas freqüências harmônicas da espiral do meio-termo ideal. É somente por meio de um amor e zelo sinceros, resultantes de estarmos no âmago do coração, que podemos ingressar no projeto de Deus e nos tornarmos co-autores no nível holográfico do DNA. O coração é a válvula de segurança que nos protege. É muito diferente da engenharia genética tal como a conhecemos hoje, que está apenas mexendo desajeitadamente com os componentes do gene no nível físico.

De Volta ao Lar

Dentro do DNA encontra-se o meio-termo ideal da volta às suas origens, à sua fonte primária ou causa; aí está o caminho de freqüência para o "Lar". Esse pórtico exclusivo do DNA está contido no poder oculto do coração. À medida que o seu processo de despertar se desenvolve, os códigos de DNA são revelados para a sua consciência, proporcionando a compreensão do poder e do potencial do "Amor" original. Ame os santos e sábios deste mundo, que entendem que cada célula do seu sistema encerra a criação do universo inteiro. Eles expressaram seu conhecimento numa linguagem acessível à época em que viveram. Agora, com a nova linguagem científica, a mente de terceira dimensão pode compreender a revelação dos mistérios da vida. Santo Tomás de Aquino disse: "Uma vez que Deus é a causa universal de todo o Ser, onde

---

(*) Rein G. e McCraty R., *Modulation of DNA by Coherent Heart Frequencies*. Proceedings of the Third Annual Conference of the International Society for the Study of Subtle Energy and Energy Medicine. 1993. Monterey, CA. Rein G. e McCraty R. *Heart Intelligence: The Correlation between ECG Coherence, DNA and the Immune System*. Proceedings of the International Forum on New Science. 1993. M.A. Rein G. e McCraty R. *Structural changes in water and DNA associated with new physiologically measurable states*. Journal of Scientific Exploration. 1994; 8(3):438-439.

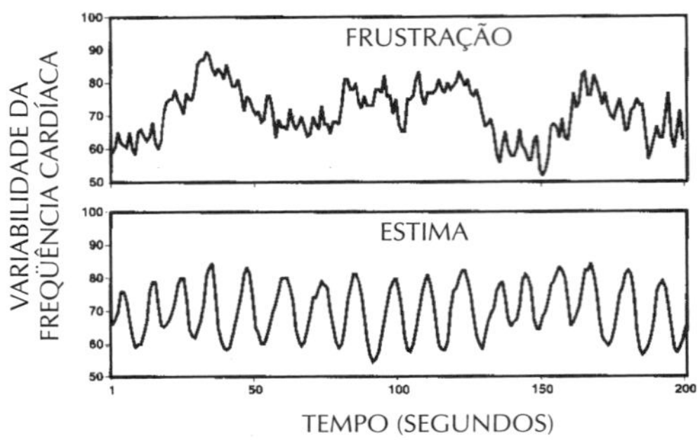

quer que o Ser se encontre, ali deve estar a Presença Divina." Esse é o princípio básico da biologia hologramática — uma biologia que permitiria que Deus, o nosso Criador, provesse parte de Sua infinita consciência de forma material.

A consciência de Deus usou, numa síntese primorosa, dois métodos de criação — um por deliberação e o outro por delegação. Para sermos co-autores da ordem universal, era imprescindível a delegação — o livre-arbítrio. Jesus se referia a esse processo de co-autoria quando disse: "Vocês são todos deuses." E "Em verdade, em verdade vos digo: Aquele que acreditar em mim, a obra que eu realizar ele também realizará; e obras maiores do que essa ele realizará; porque eu irei para junto de meu Pai". O DNA humano é uma primária e intencionalmente auto-replicativa partícula/essência de Deus, criada num meio ambiente favorável ao tipo de desenvolvimento desejado pelo Criador — o plano de Deus. Então, a *esperança* era que a criação do DNA escolhesse, por livre e espontânea vontade, desenvolver a freqüência de amor — a freqüência de seu Criador. Podemos vislumbrar o plano do Criador no desejo dos pais de que seus filhos tenham vidas plenas de amor e realização. Quando um filho não demonstra amor ou magoa os outros, os pais o disciplinam — não para feri-lo, mas para ajudá-lo a ser mais amoroso.

De que modo é possível a humanidade ativar o plano de Deus no DNA? Imagine o que aconteceria se cada pessoa no mundo decidisse amar o máximo que pudesse por apenas dez minutos — todos ao mesmo tempo. Já se fizeram alguns esforços para sincronizar multidões em oração ou meditação no mesmo horário. Os movimentos *Harmonic Convergence* (Convergência Harmônica — 1986) e *Hands Across America* (Mãos Dadas em toda a América, 25/05/86) foram dois exemplos. E se nós pedíssemos às pessoas que apenas tentassem concentrar-se no coração e amar por dez minutos? Essa simples concentração de milhões de pessoas no amor conseguiria estabelecer uma nova freqüência holográfica — gerando um aumento de *quantum*. Seria como ligar uma bateria que, uma vez carregada, conferiria poder ao todo.

INTEGRAÇÃO CABEÇA-CORAÇÃO

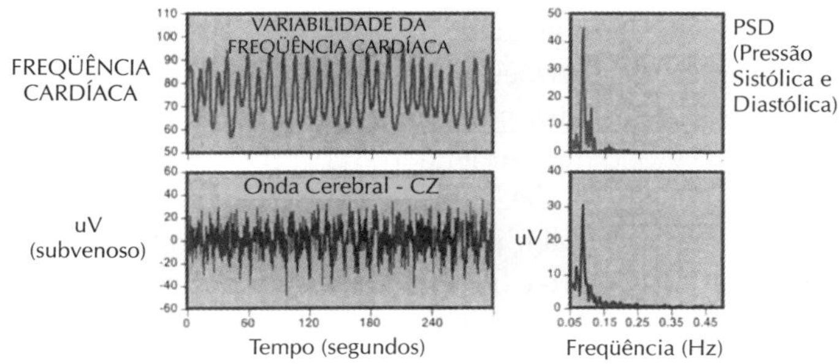

O Propósito Divino impresso no padrão de DNA consiste em proporcionar a todos os seres humanos uma consciência hologramática capaz de compreender o universo de forma tão harmônica quanto de Cristo. Contudo, você não deve meramente harmonizar-se com os ritmos e freqüências do todo, mas também participar deles livremente, pela sua própria vontade. Qual não seria a felicidade do Criador se todos, no mesmo momento, optassem por amar! Essa escolha simultânea sinalizaria um novo programa de informações holográficas, dando início à realização do Propósito Divino. A humanidade em breve despertará para a percepção de que a expansão evolutiva apresenta uma progressão geométrica — a média correspondente ao Meio-Termo Ideal — característica das radiações harmônicas de amor, a qual estende a intenção do Criador.

Em estudos posteriores, os pesquisadores do Instituto descobriram que os estados de sentimentos positivos associados com o amor, tais como compaixão, solidariedade ou gratidão (qualidades do espírito exaltados pela Bíblia e por muitas religiões) também criam o mesmo padrão ondulado ordenado e coerente da curva nos ritmos elétricos do coração. Todos eles geram as mesmas radiações harmônicas. *Em outras palavras, quando uma pessoa se concentra profundamente em amar alguém ou alguma coisa, as correntes elétricas do seu coração se tornam coerentes.* Essa coerência pode ser vista com clareza ainda maior na mensuração da variabilidade da freqüência cardíaca (VFC), com base no ECG. A VFC mede a ordem ou a desordem do sistema nervoso autônomo. A ondulação coerente na VFC é gerada por estados de sentimentos positivos, tais como amor ou gratidão, e indicam maior equilíbrio e eficiência no funcionamento do sistema nervoso. Por outro lado, *stress*, frustração, raiva ou ansiedade criam na VFC uma ondulação desordenada ou incoerente, caracterizada por padrões irregulares, abruptos. Os padrões desordenados na VFC têm sido associados a muitas doenças.

É amplamente sabido pelos médicos e pesquisadores que a corrente elétrica do coração é a força dominante no sistema humano. Em cada batimento cardíaco, o padrão do ritmo elétrico do nosso coração é transmitido para cada célula do nosso corpo. Os ritmos do nosso coração afetam não só a nossa saúde e bem-estar, mas também a capacidade do nosso cérebro de processar informações, incluindo tomada de decisões, resolução de problemas e criatividade.

Os pesquisadores do Instituto conseguiram demonstrar que, quando o coração está operando do modo mais ordenado e coerente, ocorre um travamento da freqüência da ondulação na VFC com outros osciladores biológicos, incluindo as ondas cerebrais. Ao irradiar padrões coerentes de energia, o coração faz as correntes elétricas do cérebro e de seus centros subordinados (a cabeça) travarem a fase com a dos padrões cardíacos, promovendo maior eficiência. Isso é chamado de estado de integração. Quando as pessoas aprendem a manter a coerência dos seus ritmos cardíacos, as ondas cerebrais são levadas a uma *integração* com o coração em 0,1 Hz, facilitando a função cortical, a intuição e a tomada de decisões. (*)

A palavra "Coerência", nesse contexto, é usada para definir duas ou mais formas de onda que são "travadas em fase" juntas (a fase de cada uma travada com a da outra), de modo que sua energia é construtiva. O termo coerente também se aplica a uma única ondulação que apresente uma distribuição ordenada da sua energia. Trocar os dispêndios de energia mental e emocional incoerente e aleatória por energia coerente é algo muito importante. É como a diferença entre luz incandescente (que é aleatória e incoerente) e a energia brilhante do raio *laser* (que é concentrada e coerente). O princípio básico é que a consciência coerente pode ser muito mais ampla do que a consciência comum do estado de vigília.

O Meio-Termo Ideal é uma ponte perfeita para tornar coerentes ondas de amplitudes diferentes, além de harmonizá-las por meio do equilíbrio. Em outras palavras, atua como uma ponte que organiza as nossas freqüências para trabalharem juntas sem atrito. A estrutura do nosso DNA é projetada *de modo que a opção por funcionar com amor e coerência é a única que nos proporciona realização*. Emoções estressantes, por outro lado, constituem um mecanismo biológico interno de alimentação de retorno (*biofeedback*), sinalizando que as nossas freqüências cardíacas estão em conflito dentro do nosso sistema, criando incoerência. O propósito do *stress* não é ferir-nos, mas nos informar que está na hora de voltar para o coração e começar a amar.

O que a pesquisa do Institute of HeartMath está apontando é que as correntes elétricas coerentes do coração contêm uma inteligência codificada, e que existe uma relação direta entre o gráfico da freqüência das correntes elétricas cardíacas e estados mentais e emocionais positivos. As razões geométricas, como as observadas no ritmo, amplitude e modulação da freqüência das

---

(*) McCraty R., Tiller W. A. e Atkinson M., *Head-Heart Entrainment: A Preliminary Survey in Integrating the Science and Art of Energy Medicine*. 1995. Boulder, Colorado: ISSSEEM.

correntes elétricas cardíacas, também parecem harmoniosamente ligadas ao sistema celular físico, ao sistema imunológico e à estrutura do DNA. O coração atua como um transformador da inteligência, permitindo uma comunicação nos dois sentidos entre dimensões diferentes. Na verdade, o coração é a porta para a inteligência extremamente organizada que programa o DNA. A Tecnologia da Intuição é a parte do sistema HeartMath que o conduz através de qualquer programa holográfico, para que você possa ter acesso à freqüência do Meio-Termo Ideal em qualquer momento do dia. Com a prática, a Tecnologia da Intuição o levará da percepção de terceira dimensão para a inteligência do coração de quarta e quinta dimensões. A técnica de CONGELAMENTO DE ESTRUTURA é um dos principais instrumentos para aperfeiçoar o desempenho humano e ampliar a inteligência do coração.

Quando o coração pulsa (ou bate) de um modo descontraído, mas concentrado, de ressonância resultante do "travamento de fase", a inteligência do coração é essencialmente capaz de fazer o *download* (*) de uma faixa mais larga de freqüência de instruções harmônicas. O amor coerente (concentrado) permite o *download* — das ondas mais longas das dimensões superiores para as mais curtas do DNA, da energia etérica para a matéria — de um conteúdo maior de instruções harmônicas do coração. A figura que ilustra esse processo é a espiral do Meio-Termo Ideal. O caminho do Meio-Termo Ideal também possibilita que o processo funcione no sentido inverso — da matéria para a energia, da onda curta para a longa. A comunicação ocorre nos dois sentidos simultaneamente. A figura da espiral do Meio-Termo Ideal geométrico na verdade lembra a imagem fractal do próprio coração. (**)

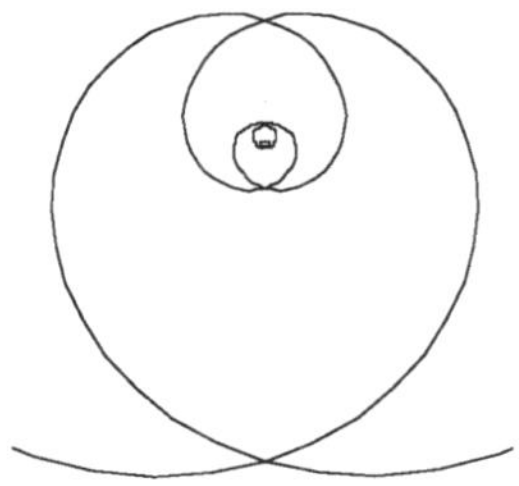

* *Download* — termo utilizado na informática, que significa "baixar" ou "descarregar" dados ou programas transmitidos de um ponto a outro de uma rede de computação. (N.T.)

** Os objetos fractais são objetos compostos de subunidades que reproduzem a imagem da unidade maior. Essas subunidades, por sua vez, são compostas de subunidades ainda menores que também reproduzem a imagem em escala menor e assim por diante. (Como a imagem fractal que se repete na eletrofotografia da Folha Fantasma.) Em termos matemáticos, os fractais mantêm a mesma razão, a despeito da mudança de escala. A espiral do Meio-Termo Ideal é o padrão geométrico do coração, que é a sua cópia fractal em densidade. (A ilustração e a explicação do Meio-Termo Ideal foram fornecidas por Dan Winter.)

O princípio da interferência de energia entre ondas de vários tipos (sonoras, de luz, de água, etc.) consiste em que a ordem (ou interferência construtiva) reproduz a si mesma, enquanto a desordem (ou interferência destrutiva) destrói a si mesma. Em palavras mais simples, isso significa que você pode aumentar a amplitude de uma onda harmonizando-se com a freqüência dela, ou interromper uma onda introduzindo uma freqüência dissonante. A perspectiva do coração faz as ondas convergirem. Os pontos de convergência ressonante são aqueles em que as linhas de energia e intenção se cruzam. Os resultados das pesquisas mostram que as ondas emocionais coerentes, como amor, regeneram a si mesmas e, com a prática, podemos aprender a utilizá-las e ter acesso a elas com facilidade.

Por meio do amor e da harmonia com o seu "espírito", você entra em ressonância com o campo do espírito universal, Deus. Através dos seus olhos humanos conscientes, você será capaz de ver e compreender como o próprio universo age. Essa perspectiva funciona nos dois sentidos. A inteligência universal também pode ver através da alma humana, para enxergar as profundezas do mundo da matéria. Você pode conscientemente participar da cadeia de comunicação nos dois sentidos do Meio-Termo Ideal entre as dimensões superiores e o DNA. Você vê o interior dos padrões da estrutura cósmica, no macrocosmo e no microcosmo, usando a inteligência do coração, decodificando o seu DNA, tornando-se capaz de ver o que *é* e o que virá a ser.

Na criação holográfica, não são as profecias que lhe oferecem esse tipo de visão do futuro. Nem essa visão surge de alguma área latente, ainda não descoberta, da mente humana. A visão permite que você perscrute o futuro, para sentir-lhe a esperança e o poder, porque você próprio é o instrumento da criação desse futuro. Você é parte do holograma que é! (*)

(*) Desde que comecei a escrever este livro, Doc desenvolveu novos instrumentos da Tecnologia da Intuição, que eu gostaria de mencionar. Trata-se de técnicas poderosas que ajudam as pessoas a eliminar velhos programas emocionais no nível celular e ter acesso à estrutura superior do seu DNA. A técnica "CUT-THRU®" (Incisão) é projetada para nos libertar de reações e padrões emocionais negativos recorrentes, que se tornaram automáticos por meio da repetição. Ela propicia a nossa libertação de circuitos mentais e emocionais "congelados", para que a luz percorra o seu sistema com maior facilidade. Essa técnica ajudou-me a expandir o meu campo profundo de percepção intuitiva interrompendo o desgaste emocional causado por preocupações sutis e por sentimentos ansiosamente murmurados que vinham da memória celular. Isso me proporcionou uma sensação de perfeição no nível celular. Uma pesquisa com pessoas que praticavam essa técnica revelou que, em apenas trinta dias, os participantes conseguiram promover mudanças favoráveis em suas condições psicológicas e físicas. Além disso, sentiram aumentos significativos de afetividade e vigor e diminuição significativa de culpa, fadiga, ansiedade e agressividade. Eles também apresentaram alterações celulares, com uma redução média de 23% do hormônio de *stress* hidrocortisona, além de um aumento médio de 100% do hormônio de vitalidade DHEA. Duas outras técnicas novas da Tecnologia da Intuição são o "Point Zero" (Ponto Zero) e "Heart Hologramming" (Holograma do Coração). A do Point Zero ensina a entrar nas freqüências holográficas do coração. A do Heart Hologramming ensina a dar um

O Aumento da Luz

Com o ingresso de uma energia de dimensão mais elevada no planeta, será possível uma visão mais ampla. Haverá grandes descobertas científicas e tecnológicas nos próximos vinte anos. Esse período de grande ênfase tecnológica será de grande utilidade para o mundo inteiro. E servirá ao propósito da inteligência criativa de maneiras com as quais ainda nem sonhamos. A ciência não mais negará o espírito interior, mas ajudará na implementação material dos padrões e projetos implícitos do espírito. Impulsionada pela motivação divina, a tecnologia avançará de tal modo que fará o século XX parecer a idade das trevas.

É possível ver essa inteligência em todas as formas de vida. Também podemos vê-la na nossa própria espécie — no espermatozóide, no óvulo, nos cromossomos —, nosso padrão holográfico de DNA. No Instituto, por meio das nossas pesquisas para desvendar os princípios da medicina holográfica, nós nos engajamos num estudo-piloto com pacientes com AIDS. Os associados do Instituto enviaram amor concentrado — energia coerente do coração —, enquanto os pacientes com AIDS punham em prática as técnicas do sistema HeartMath, harmonizando-se com as próprias freqüências do coração. Foram realizados testes do sistema imunológico, tais como contagem de células-T, para verificar se houve melhora na saúde da célula. Testes psicológicos foram feitos para averiguar se houve redução dos níveis de *stress* e melhora em termos de bem-estar. Os resultados foram significativos. Os participantes mostraram níveis crescentes de paz, bem-estar e redução da sintomatologia. (*)

À medida que mais estudos-piloto elucidarem a "medicina holográfica", as possibilidades se tornarão ilimitadas. A comunidade médica compreenderá e aceitará que o que acontece num pequeno fragmento do padrão de energia holográfica afeta simultaneamente a estrutura inteira. Existe uma profunda ligação entre todas as partes do universo holográfico.

Não sou formada em física nem em matemática, mas entendo intuitivamente todas essas abstrações físicas e geométricas. Uma solução para mitigar ou curar a AIDS, o câncer e outras doenças seria encontrada em suas características holográficas. Cada fragmento do universo não só "contém", mas também "contribui" holograficamente para a informação do todo. Entrar numa única célula transforma holograficamente todas as células. De que outro mo-

salto intra-holográfico para a planta do seu DNA superior. As técnicas Point Zero e Heart Hologramming são ensinadas nos seminários Heart of Wellness e Quantum Empowerment, promovidos pelo HeartMath.

(*) Rozman, D., Whitaker R., Beckman T. *et al.* A pilot intervention program which reduces psychological symptomatology in individuals with human immunodeficiency virus (Um programa-piloto de intervenção que reduz a sintomatologia psicológica dos portadores do vírus da deficiência imunológica). *Complementary Therapies in Medicine.* 1996;4:226-232.

do Cristo curaria os cegos, os surdos e os portadores de deficiências congênitas? Cristo os curou com a consciência de quarta dimensão superior e foi um milagre para a maioria das pessoas. Do mesmo modo, seus discípulos curavam por meio do acesso a essas freqüências.

Com o ingresso das energias de quinta dimensão no acumulador de energia planetária, as pessoas conseguirão ter uma visão maior do quadro todo, e aprenderão a eliminar por completo as freqüências conflitantes dos seus sistemas — físico, emocional, mental, espiritual. A cura holística na verdade é isso — curar a si mesmo.

A medicina holográfica trará a *saúde holográfica* à existência. As pessoas dotadas de consciência holográfica serão capazes de, com a permissão do doente, entrar em seus trechos de filmes holográficos subconscientes e inconscientes e mudar os padrões de freqüência causadores da enfermidade. O paciente assumiria a responsabilidade de manter a nova perspectiva que lhe seria proporcionada. Cristo sempre dizia àqueles a quem curava: "Segue o teu caminho e não peques mais", o que significava permanecer na nova perspectiva adquirida. Ao aprender a seguir o seu coração, você manterá essa nova perspectiva.

As descobertas holográficas irão nos conduzir a uma compreensão inteiramente nova do que é a realidade. Michael Talbot resumiu assim:

> "O mundo objetivo não existe, pelo menos não da forma como nos acostumamos a acreditar. O que "está lá fora" é um vasto oceano de ondas e freqüências e a realidade parece concreta para nós apenas porque o nosso cérebro consegue converter esse borrão holográfico em paus e pedras e outros objetos familiares que compõem o nosso mundo."

À medida que a consciência das pessoas transitar da percepção de terceira dimensão para a de quarta superior, a humanidade despertará para o que realmente *é*.

Durante os próximos vinte anos, por meio da prática simples de viver no coração, aqueles que têm compreensão suficiente do que é a freqüência "amor" serão capazes de manter as freqüências de dimensões superiores para os outros, enquanto o véu da criação é erguido. Isso capacitará um número maior de pessoas a fazer a escolha consciente e clara de amar ou não.

O poder oculto do coração não seria tão magnificente e poderoso se não fosse tão simples. Quer seja um trabalhador sem nenhuma escolaridade, um aluno de segundo grau ou um bacharel, o véu da criação se erguerá para você se a sua escolha for o amor. As pessoas que não optarem por amar conscientemente se encontrarão numa outra realidade holográfica, onde poderão aprender a amar — não neste planeta. Aproximadamente por volta do ano 2011, a raça humana terá alcançado o devido momento dessa transição. A Mãe Terra e todas as pessoas que partilham conscientemente seu campo holográfico estarão preparadas para esse nascimento na quarta dimensão superior. Não se sabe ao certo se o nascimento da humanidade nessa nova consciência acontecerá antes ou depois do momento previsto.

Essa transição será tão grande quanto as primeiras uniões celulares, há cerca de 3,5 bilhões de anos. É um salto significativo na expansão da ordem universal. O desenvolvimento do planeta, de Deus para a primeira partícula de DNA/ente de Deus, que evoluiu da ameba para o ser humano ao longo de bilhões de anos, constituiu um processo de incorporação de holo-saltos na ordem biológica, não diferente da encarnação da alma e do desenvolvimento do feto a partir de um único espermatozóide e de um óvulo. A complementação desse ciclo em particular da evolução humana será percebida quando a humanidade avançar para a percepção holográfica consciente de Deus. Não se limite a aceitar a minha palavra. Pratique conscientemente o amor e viva cada momento no coração, e deixe a verdade brotar de dentro de você.

Referências Bibliográficas

1. Rein G., McCraty R.M., e Atkinson M. - Effects of positive and negative emotions on salivary IgA. *Journal of Advancement in Medicine*. 1995;8(2):87-105.

2. Pribram K.H. *Brain and Perception: Holonomy and Structure in Figural Processing*. Hillsdale, NJ: Lawrence Erlbaum Associates, Publishers, 1991.

3. McCraty R., Tiller W.A., e Atkinson M. Head-Heart Entrainment: A preliminary survey. *Integrating the Science and Art of Energy Medicine*. 1995. Boulder, Colorado: ISSSEEM.

4. Gariaev P.P., Grigor'ev K., Vasil'ev A. *et al.* Investigation of the fluctuation dynamics of DNA solutions by laser correlation spectroscopy. *Bulletin of the Lebedev Physics Institute*. 1992;11-12:23-30.

5. Rein G. e McCraty R.M. Structural changes in water and DNA associated with new physiologically measurable states. *Journal of Scientific Exploration*. 1994;8(3):438-439.

6. Rein G. e McCraty R.M. Modulation of DNA by coherent heart frequencies. *Proceedings of the Third Annual Conference of the International Society for the Study of Subtle Energy and Energy Medicine*. 1993. Monterey, CA.

7. Rozman, D., Whitaker R., Beckman T. *et al.* A pilot intervention program which reduces psychological symptomatology in individuals with human immunodeficiency virus. *Complementary Therapies in Medicine*. 1996;4:226-232.

Capítulo 16

Estruturas de DNA

Os padrões e programas elétricos dos cristais holográficos do coração são impressos no DNA. Quando ativados, os novos programas do coração são comunicados diretamente ao DNA. Assim como os cristais do coração, a estrutura do DNA tem como acumulador básico a freqüência nuclear de "amor". O corpo humano é um composto de freqüências complexas e encadeadas que constituem os padrões biológicos impressos no DNA, que é o responsável pela criação. Pela primeira vez na História, à medida que avançamos para a percepção de dimensões superiores, toda a família humana emergirá num ciclo de criação completamente novo. Com o despertar das suas freqüências de vibração, você compreenderá o seu circuito humano como ele é. Use a sua inteligência superior como guia. Essa maneira de administrar a energia resulta em tomadas de decisão mais uniformemente eficazes, o que, além de gratificante, mantém você na sua estrutura mais elevada.

No cotidiano, escolhas ineficientes não constituem erro — desde que não representem prejuízo para a evolução —, pois apenas tornam a sua jornada mais longa do que o necessário para alcançar o seu destino e concretizar a estrutura do seu DNA. E a jornada se prolongará ainda mais se você acrescentar autocrítica, excesso de zelo ou culpa. Todos nós já agimos assim em algum momento, não é nada tão grave — simplesmente não é eficiente nem muito divertido.

O melhor meio de entender a sua estrutura consiste em imaginar o mapa de uma cidade. Você tem de percorrê-la, sabendo que é constituída por ruas de mão única, curvas à esquerda e à direita, ocasionais congestionamentos e desvios no trânsito. Cada vez que você virar à esquerda, haverá desperdício de energia, porque esse não é o melhor caminho para se chegar ao destino desejado. Então, quando virar à esquerda, você receberá como resposta uma carga de *stress* no seu mundo emocional — sob a forma de tensão, ansiedade, repressão e culpa. Existe um propósito nisso que não o de castigá-lo — trata-se de um sinal para ajudá-lo a mudar a rota e voltar para a trilha correta no fluxo universal. Os congestionamentos de trânsito são os momentos de hesitação ao longo do caminho. Você entra num engarrafamento quando não pratica o que sabe que deveria saber. Os desvios simbolizam breves excursões fora do itinerário original — formas geométricas de vida que lhe proporcionam expansão em áreas geralmente inesperadas, cujo objetivo é ajudá-lo a aprender e a crescer.

Quando você "vira à esquerda" na vida, o computador do seu coração tenta ajudá-lo a voltar para a trilha. E procura orientá-lo a fazer uma curva à direita, e outra, e outra ainda, a fim de contornar o quarteirão e retornar à avenida principal. As manobras à direita podem ocorrer em qualquer situação — das mais triviais às mais importantes. Um exemplo de curva à esquerda numa situação comum é o seguinte episódio, ocorrido comigo. Eu queria apanhar uma receita emprestada com uma amiga para uma festa que eu planejava oferecer no final da semana. Embora minha intuição me advertisse de que deveria telefonar-lhe primeiro, fui direto à sua casa e cheguei num momento em que ela recebia alguns convidados. Minha amiga ficou obviamente sem graça e me pediu para ligar mais tarde. Todavia, meu constrangimento era tão grande que só tive coragem de ligar-lhe dois dias depois. Não a encontrei em casa e, a partir daí, passamos a trocar mensagens na secretária eletrônica. Ansiosa, entreguei-me a uma busca frenética, pois precisava de uma outra receita para o prato principal. Por fim, ela respondeu a uma das minhas ligações exatamente no momento em que eu saía para fazer compras para a festa. O jantar revelou-se um sucesso, mas que desperdício de tempo e energia só porque não dei ouvidos ao bom senso da minha intuição, que me aconselhara a telefonar antes de qualquer outra coisa. As curvas à esquerda encompridam o caminho e acarretam mais trabalho para você. Viramos à direita quando escutamos e seguimos o computador do coração — e vivemos pelo espírito.

As escolhas triviais e cotidianas são realmente importantes no desenvolvimento da sua estrutura. Se você não tiver certeza de que caminho deve seguir ao tomar decisões, fique no coração e ame — irradie a energia do coração até obter as diretrizes do computador do seu coração. Cada vez mais, você fará escolhas que ativarão as suas freqüências superiores. Assim, criará o céu na terra para você por meio do "zelo". É uma questão de investir o tempo na consulta à sua inteligência superior. Com a prática, o tempo necessário será menor e a orientação virá sob a forma de uma intuição imediata e espontânea.

O modo mais eficiente de entender os princípios universais é compreender a si mesmo na vida diária. As peças do quebra-cabeça, os eventos cotidianos, são as formas geométricas da sua vida que lhe permitem experimentar e expandir a sua consciência. As curvas à direita e a sua estrutura superior — se você a seguir — irão conduzi-lo à sua missão na vida e vão ativar-lhe a paixão para realizar todo o seu potencial, além de construírem uma auto-estima real e duradoura. Nos próximos dez anos, aqueles que envidarem esforços contínuos para gerir suas energias com o coração usufruirão de crescente alegria e realização na vida. Em contrapartida, quem continuar operando principalmente com as freqüências da cabeça sentirá um crescente *stress* — a retroalimentação dos processadores da cabeça.

Na próxima década, haverá uma aceleração da polarização das nossas escolhas, tanto para voltar para o coração, para dar o grande salto, como para continuar aprisionados no *stress* que criamos. As freqüências que estão chegando, embora de amor, são neutras. Nós é que decidiremos que efeitos essa energia exercerá no nosso íntimo, quando escolhemos operar com a cabeça ou com o coração. Você amplia o ativo ou o passivo do seu sistema energético de acordo com a sua serenidade ou o seu *stress*. Observando o seu nível geral de serenidade, você pode determinar a qualidade real da sua vida. Trata-se de pura matemática.

O amor é a energia da expansão, a corrente vital da criação. Os pensamentos que você cria geram os padrões que modelam o seu meio ambiente. Com a aceleração planetária das energias, os pensamentos estressantes originarão padrões tais que as pessoas ou entrarão em colapso em algum nível (o apocalipse interior) ou despertarão e perceberão que têm de se voltar para o coração. A entrada no nosso planeta das energias da luz e do amor constitui um esforço universal para ajudar a humanidade. Essas energias formam a equação matemática da eternidade — união com os mundos celestiais, com o seu próprio Cristo interior e com as pessoas. Você faz um esforço e, passo a passo, recebe nove vezes mais em energia. Historicamente, nem sempre foi assim. Em geral, o melhor que se podia fazer era caminhar três passos para a frente e dois para trás. Mas, com o ingresso do novo coeficiente de inteligência no sistema planetário, você receberá mais luz e amor do que o que investiu — numa proporção de nove para um. É como se uma taxa extremamente alta de juros remunerasse o seu saldo bancário — na sua conta de administração de energia. Esse é o poder da equação de energia de dimensão superior que está acelerando o planeta.

Se a luz torna a visão possível, o amor torna possível a intuição. Quando pratico amar com uma sinceridade maior, vejo e sinto cada vez mais luz no meu campo energético humano. Consigo enxergar a expansão do meu sistema energético e sentir as mudanças em seus padrões. O campo energético humano absorve a luz e a irradia por meio de um sistema de centros de energia que espiralam pela coluna vertebral até o cérebro. Eu consigo ver o centro sexual básico, o plexo solar, o centro coronário e outros. Esses centros apresentam graus variados de amperagem e poder. Juntos, compõem a verdadeira substância física da instalação elétrica do meu sistema. A lâmpada que me permite enxergar e experimentar essa instalação elétrica é formada pelos cristais holográficos do meu coração.

Essa realização estimulou ainda uma outra iluminação — uma série de lâmpadas que se acendem na minha cabeça, gerando pensamentos inteligentes, cores, padrões e códigos. Concentrando-me nesses padrões e códigos, comecei a ler a minha planta de DNA e constatei que a prática de viver no coração me havia alçado à minha planta superior. Vi na estrutura do DNA do meu corpo humano um padrão holográfico de todo o universo em miniatura. Estava mergulhando cada vez mais fundo nos mistérios da criação e da evolução. Eu era parte do processo mesmo enquanto o observava.

Percebi que o big-bang resultou do amor — freqüência nuclear do coração — e que, na verdade, constituía a própria e pura essência do Amor — que não pôde conter a si mesmo e foi obrigado a se expandir. Então, adquiriu calor e luz e explodiu como um orgasmo. O amor criou o macho e a fêmea para explorar suas possibilidades, para expandi-los e criar mais amor.

Como Jesus disse:

> "Vós sois a luz do mundo. Não se pode esconder uma cidade edificada sobre um monte. Nem podem os homens acender uma vela e colocá-la debaixo do alqueire, mas sim no candelabro, e ilumina todos os que estão na casa." (S. Mateus, 5:14)

O poder do coração ilumina. Mesmo que esqueça os cristais do coração (a sua lâmpada), você enxergará na escuridão. Assim sendo, é fundamental não esquecer o coração. O meio mais rápido para você iluminar o planeta inteiro consiste em ligar o seu próprio sistema no coração, amar as pessoas e usar o amor como a corrente condutora da luz. Desse modo, estabelece-se um gigantesco circuito elétrico de luz que, através de você, chega aos outros e se irradia por intermédio deles também. Todos somos dotados de livre-arbítrio e capacidade de escolha — e optamos por receber a luz ou não. Ainda assim, a decisão cabe a você. É a sua perspectiva.

Capítulo 17

Uma Volta aos Valores Familiares

Criação significa a evolução da árvore genealógica. Deixe-me usar o bom senso para explicar essa afirmação: sabemos que, juntos, o macho e a fêmea geram a criança — e a árvore genealógica decorre desse processo. A Bíblia contém páginas e páginas que registram quem descendeu de quem. A questão da ancestralidade é importante para todas as culturas indígenas e, nos anos 1990, a genealogia se popularizou entre as inúmeras pessoas que pesquisam sua ascendência em busca de identidade e raízes. Meu próprio pai diligentemente traçou o meu lado materno na nossa árvore genealógica até os anos 1500.

Descobrir nossa herança divina no DNA proporciona uma compreensão mais profunda do verdadeiro propósito da família. Na Bíblia, Jesus disse: "O primeiro e grande mandamento" (freqüências das Leis Universais) "é: 'Amarás o Senhor teu Deus' (ame o seu Criador) 'de todo o teu coração, e com toda a tua alma e com todo o teu pensamento.' "E o segundo, semelhante a este, é: 'Amarás o teu próximo como a ti mesmo.' "Destes dois mandamentos dependem toda a lei e os profetas" (S. Mateus, 22:37-40). A inteligência superior está profundamente codificada nesses tão citados versículos da Bíblia.

Amar o próximo não significa amar apenas os vizinhos de porta ou de bairro. O planeta Terra não é senão um grande bosque — a evolução de uma árvore genealógica a partir do DNA original. Somos todos vizinhos e fazemos parte da família da Mãe Terra. Você precisa amar o próximo nem que seja apenas para compreender todo o seu "Eu".

A prática da técnica de poder do coração, que consiste em "amar as pessoas", permitiu-me expandir imensamente a minha consciência. É a técnica que uso para fazer escolhas. Quando preciso entender melhor alguma coisa — seja uma situação complexa da minha vida, uma percepção direta de outra pessoa ou de um aspecto qualquer do universo —, começo por amar as pessoas. Compreendi o verdadeiro significado das palavras de Jesus: "Um novo mandamento vos dou: que vos ameis uns aos outros; como eu vos amei, que também vós uns aos outros vos ameis." Amar as pessoas é o que nos confere o poder de acionar os *chips* dos cristais do coração que contêm as informações que desejamos.

Para começar, uso a cabeça para formular claramente a questão. Em seguida, dedico-me a uma concentração profunda da mente e de todas as minhas energias no coração e então amo as pessoas. Com isso, ativo o amor — a freqüência sincera do núcleo do coração. A conexão com o centro do seu coração e com o coração dos outros produz um imenso circuito elétrico — e cria o código de acesso aos mistérios do universo. As respostas, entretanto, não brotam necessariamente do modo esperado, surgindo conforme o desdobramento do seu passo seguinte, a próxima freqüência da sua planta que é necessária para você entender o outro passo, e assim por diante.

Dê livre acesso ao amor no seu coração e na sua mente. Lá, o entendimento mais profundo entre o Criador e a criação é projetado e destinado a ocorrer. O objetivo fundamental — o cerne do motivo — de qualquer das religiões eficazes ou dos sistemas de auto-ajuda consiste em facilitar o contato das pessoas com o professor, com a igreja, com o mestre e com o Criador dentro do seu próprio sistema. Você constrói o seu alicerce — ou quadro de força — para suportar uma corrente maior, empregando o computador do coração para traduzir todos os dados enviados pela mente, pela intuição ou pelos sentidos.

Quando você ama inteiramente, sem reservas, você sente e age em conformidade com o amor — a corrente rítmica universal. No estado desperto, ou seja, com a percepção de quarta dimensão superior e de quinta, você percebe não só o mundo físico, mas também o espiritual — o mundo da esperança e da potencialidade no projeto cósmico de Deus.

Como Descobrir a Freqüência da Família

Quando praticava amar as pessoas em quaisquer circunstâncias, ou ao menos fazia um esforço nesse sentido, eu entrava em contato com a essência da "Freqüência da Família". Essa freqüência corresponde a amor e zelo mais profundos e pessoais por todas as pessoas, plantas ou animais do planeta. A Freqüência da Família, que abrange toda a Terra como se fosse uma única família — uma família global ou planetária —, vem das dimensões superiores como uma *compreensão* verdadeiramente nova: a percepção de que a realidade de cada um se liga à do outro no coração, numa experiência de identificação com a própria Mãe Terra. A faixa de freqüência da família se expande quando as pessoas se harmonizam no coração, comunicando-se, trabalhando e vivendo com o espírito de um por todos e *todos por um*. Essa é uma forte freqüência de energia que o ajuda a perceber, compreender, sentir e experimentar a segurança *infinita* da união.

Uma família, que é composta por seres holograficamente conscientes do amor e da luz, está enviando para a Terra uma poderosa freqüência de família — que zela por você. O renascimento do interesse pelos valores familiares é o resultado dessa injeção de zelo. Os sentimentos sinceros de família provêm do coração, trazendo a esperança de uma segurança real e de serenidade neste mundo estressante. A compaixão de seres que, embora vivendo na Terra, são conhecedores da natureza eterna *pode* levar a paz ao mundo.

A consciência eterna conhece as intenções divinas do Criador. Por viverem num corpo humano e praticarem a permanência no coração, esses seres dotados de consciência holográfica podem mostrar à família humana como entrar em contato com o plano universal. Como Cristo disse de si mesmo e de seus discípulos: "Eles não são deste mundo, como eu não sou deste mundo" (S. João 17:16). Cristo os ensinara a estar no mundo, e, ainda assim, seguir o espírito, em vez de se encerrar nas perspectivas de freqüência de segunda e de terceira dimensões.

A humanidade vem recuperando o reconhecimento pela "família" e continuará a fazê-lo. Nos grupos de apoio familiar, as pessoas zelam umas pelas outras e as aceitam como são. A família cresce e enfrenta a vida unida, pois seus membros são inseparáveis no coração, atuando como um amortecedor das distorções exteriores. Uma família composta por pessoas seguras gera um poder magnético capaz de grandes realizações. Quando vivem nessa freqüência de família, elas estimulam as freqüências do coração de outras pessoas, possibilitando que elas despertem e experimentem a segurança e o amor necessários para compreender *tudo o que existe*.

Os verdadeiros valores familiares não exigem um retorno às antigas estruturas familiares. Existem milhares de famílias tradicionais, nucleares, que o são apenas no nome. A verdadeira família consiste num profundo sentimento interior, no reconhecimento de uma necessidade interior de apoio e segurança.

Seu conceito deve abranger o grupo ampliado — pessoas que se atraíram mutuamente em virtude da afinidade do coração e do apoio recíproco.

Na chegada do próximo milênio (ou seja, nos próximos dez ou vinte anos), haverá um importante despertar para a freqüência da família — o que trará uma enorme esperança para o mundo. Dentro do coração e do espírito de cada um será despertada uma motivação para zelar e amar idêntica à que os pais sentem em relação aos filhos. Quando as pessoas se apaixonarem com "amor", o novo mundo terá tido início — um mundo novo de percepção, de entendimento, onde os recursos só serão limitados pela nossa capacidade de valorizá-los.

A Família Interior

Todos os aspectos de você mesmo podem ser encontrados no coração, inclusive a "família interior" — a "mãe", o "pai" e o "filho" interiores. O seu eu superior consiste numa família composta por esses três aspectos. O equilíbrio entre as freqüências masculina, feminina e infantil é a pedra angular da tomada do próprio poder. É possível aprendermos a combinar dentro de nós esses três aspectos — o nutrir, a capacidade de estimular a si mesmo e a espontaneidade infantil. É importante distinguir entre "infantil" e imaturo. A verdadeira criança interior — e não a criança rabugenta e malcriada — constitui o seu espírito *infantil*.

Certo dia, resolvi perguntar à minha família interior de que modo eu deveria lidar com John, um dos engenheiros do Instituto, cuja personalidade agressiva costumava intimidar os outros. Quando pedi ao meu "pai" interior que me indicasse uma perspectiva, senti uma forte freqüência masculina dentro do coração. Minha intuição me mostrou que esse colega de trabalho era realmente produtivo e dotado de um caráter tão dinâmico que não media esforços para vencer quaisquer obstáculos. Reconheci que John tinha todas essas qualidades. Então, pedi uma perspectiva à minha "mãe" interior e percebi que uma freqüência mais suave entrava no meu coração. Dessa vez, minha intuição revelou que esse homem tinha um lado muito sensível, com o qual não sabia lidar. A mãe dentro de mim sugeriu que eu tivesse mais afeto, compaixão e compreensão por ele e que me dirigisse a esse lado sensível —, assim, eu o ajudaria a adquirir maior segurança e equilíbrio internos. Eu realmente apreciei esse diálogo com a minha família interior. As freqüências proporcionavam uma sensação maravilhosa e a sabedoria dava sentido a tudo. Quando sintonizei meu filho interior e lhe pedi uma perspectiva infantil, consegui enxergar a criança naquele homem, que se deliciava em mergulhar de cabeça nos projetos novos. Também pude ver que, quando ele aprendesse a harmonizar sensibilidade e amor agressivo pela ação, sua criança interior ficaria mais feliz e ganharia liberdade para se expressar. John deixaria de intimidar as pessoas. Intuí que, se eu também fosse um pouco mais espontânea e infantil com ele, nossa comunicação melhoraria. Todos juntos, esses três aspectos de mim mesma me forneceram um quadro amplo e bem mais completo da situação. A melhor parte da história é a seguinte: quando tornamos a conversar, eu me lembrei de seguir as orientações da minha família interior e nós mantivemos o mais profundo de todos os nossos diálogos. Com a ajuda da minha família interior, eu estava assumindo o meu "eu" por inteiro.

Atualmente, muitos adultos se dedicam a práticas de auto-ajuda para restabelecer a conexão com a criança interior e resolver velhos problemas com a mãe ou com o pai. É possível acelerar esse processo se nos conscientizarmos de que dispomos do recurso da família interior. Podemos experimentar a essência mais positiva e criativa do pai, da mãe e do filho dentro de nós.

A partir de uma compreensão do coração, você se apercebe de que a sua família interior é una, enquanto a exterior é o mundo — uma grande família num grande bosque — e o universo é uma grande-cidade. Descubra o seu Criador aprendendo a ver qualquer pessoa do planeta como parte de uma grande família — talvez ela seja sua prima em 5.559 grau. As pessoas estabelecem divisões com a mente, mas, sob uma abrangente perspectiva global — a compreensão do coração — somos todos um só.

Valores Familiares

Muitos acreditam que o nosso mundo de hoje está em desequilíbrio em razão do declínio dos valores familiares. São muitos os problemas relativos a homens/mulheres/família que absorvem a atenção da nossa sociedade. A maioria de nós acredita que seus filhos não estão aprendendo os *valores fundamentais* da vida — valores julgados essenciais, envolvendo o senso de responsabilidade pessoal e social. Contudo, se quisermos que nossos filhos sejam mais eficientes e maduros em relação a suas energias, precisamos alcançar um novo nível de eficiência dentro de nós mesmos. Só podemos dar o que temos.

Para a maior parte das pessoas, a honestidade, a integridade e o respeito pelo próximo são valores familiares básicos que os pais devem e tentam incutir. Entretanto, os pais se dizem frustrados com a falta de tempo para supervisionar os filhos e isso lhes causa um grande sentimento de culpa.

Os estudos mostram que, mais do que nunca, os pais estão atribuindo a si mesmos notas baixas na criação dos filhos e, em decorrência disso, os consideram indisciplinados e carentes de princípios morais. Minha irmã Sallie trabalhou numa escola e descobriu que a cada ano havia um número maior de problemas disciplinares, de brigas e de crianças desajustadas. De acordo com a minha experiência de mãe que trabalha e educa o filho sozinha, a solução é dar a Christian uma atenção de qualidade superior durante os poucos minutos diários que passamos juntos, evitando o desperdício de tempo. Assim conseguimos o melhor contato de corações até nos mais breves momentos. Einstein mostrou-nos que o tempo é uma ilusão. Quando você melhora a qualidade do *input*, a qualidade do *output* também melhora. Numa pesquisa realizada pelo *Los Angeles Times* com os habitantes de Orange County, apurou-se que, no quesito ensino de princípios morais aos filhos, 53% dos pais se atribuíram a nota C e 25%, a nota D ou F. Isso significa que um quarto desses americanos de classe média/classe média alta se julga prestes a fracassar, ou estão efetivamente fracassando, na transmissão dos "princípios básicos" aos filhos. Que valores as crianças estão aprendendo e com quem? Com a televisão? Cinema? Na rua?

Que valores básicos nós, como sociedade, estamos negligenciando mais? Uma série de levantamentos efetuados pela Massachusetts Mutual Life Insurance Company (uma companhia de seguros) revelou que, para 70% ou mais dos norte-americanos, os valores familiares mais importantes são: 1) ser responsável pelas próprias ações; 2) respeitar o próximo e seu modo de ser; e 3) dar apoio emocional aos membros de sua família. Em resumo, para os americanos os valores familiares básicos representam responsabilidade, respeito e amor.

Muito se tem escrito acerca das diferenças de estrutura entre a família atual e a do passado. Nos anos 1950, o núcleo da família compunha-se da mãe, do pai e dos filhos. Hoje, há mais pais e mães sozinhos, famílias nas quais os pais não são casados ou são do mesmo sexo e lares com filhos de casamentos diferentes. Algumas crianças convivem com duas ou três madrastas ou padrastos antes de atingirem a idade adulta. As estatísticas revelam que, nos Estados Unidos, mais de 1 milhão de crianças por ano são afetadas pelo divórcio, das quais 50% crescem em famílias em que os pais mantêm relações hostis e 60% se sentem rejeitadas por pelo menos um dos pais. De acordo com uma pesquisa compilada por Zinsmeister, mais de 80% dos adolescentes internados em hospitais psiquiátricos originam-se de famílias desfeitas. Aproximadamente três em cada quatro casos de suicídio de adolescentes ocorrem em lares onde um dos pais está ausente. Nos Estados Unidos, 33% das crianças jamais tornam a ver um dos pais depois do divórcio.

Não é de se surpreender que as crianças de hoje se envolvam cada vez mais em crimes violentos, abuso de drogas e assaltos. As estatísticas sobre delinqüência juvenil e uso de drogas mostram índices assustadoramente ascendentes. Os estudos demonstram que as crianças têm uma grande dificuldade em dizer não às drogas quando lhes faltam laços familiares. Muitas das que se viciaram em drogas afirmam que não se sentem amadas, embora seja verdade que muitos pais não sabem como demonstrar que as amam, aceitam e admiram. A proximidade em relação aos pais equipa melhor os filhos para resistir a comportamentos que levem à autodestruição.

Para as crianças, é muito difícil "apenas dizer não" às drogas, em virtude da frustração, da solidão, da desesperança e do medo. Um estudo realizado pelo California's Marin County Community Mental Health Center revelou que, na maioria dos divórcios, os filhos sentem culpa, privação de amor, falta de auto-estima e de confiança e se julgam responsáveis pelo divórcio, principalmente quando o processo de separação é conturbado. Dentre os filhos que perdem contato com um dos pais após o divórcio, observa-se um número pronunciado de casos de distúrbios emocionais. Os pais ficam tão obcecados pelo ódio recíproco durante o rompimento que freqüentemente dizem aos filhos que o pai/a mãe não presta, estimulando-os a partilhar esse ódio.

Qual é a causa principal do divórcio? O divórcio acontece quando um dos cônjuges (ou ambos) não *se sente amado ou respeitado* pelo outro. Quando isso acontece, o casal procura pretextos para brigar e discutir. E, se os dois não brigarem, calarão seus sentimentos, criando uma barreira entre ambos. Em pouco tempo, deixa de haver qualquer seiva ou ligação entre ambos e eles começam a se sentir apáticos. Não é de se espantar que os filhos de pais divorciados sofram tanto, já que vêm de um ambiente em que não se cultivavam valores fundamentais — o amor e o respeito. Se a sociedade não mudar, será que existirá alguma esperança para as crianças dos anos 1990? Quando se tornarem adultas, elas não terão uma dificuldade muito maior para cultivar o senso de comunidade e os valores fundamentais?

Quer você tenha crescido no nicho de uma estrutura familiar nuclear tradicional ou numa das novas estruturas dos anos 1990, a chave para a união e para os laços familiares consiste no valor fundamental do coração — o amor. Ame seus filhos, respeite-os e os ensine a respeitar os outros. Hoje sou uma mãe divorciada e enfrento o desafio de criar o meu filho de 10 anos sem a presença do pai. Eu sempre busco orientação nos valores básicos do meu coração. Minha amizade com o pai de Christian é maior hoje do que quando estávamos casados. Ele mora perto de nós e vê o filho uma vez por semana, como se fosse extensão da família. E é o coração que torna o nosso divórcio harmonioso.

Existe uma grande preocupação na sociedade em relação ao número crescente de gangues de adolescentes, não só nas cidades grandes, mas também nos bairros residenciais, nas cidades pequenas, nas bases militares — em toda parte. Quando eu estava no segundo grau, o que havia eram turmas de jovens com interesses diferentes, mas não o que eu chamo de gangue. As gangues não oferecem às crianças uma estrutura que substitui a familiar? Elas operam conforme seus próprios valores e "códigos de honra". Em muitos casos, seus integrantes são responsáveis, respeitam e amam uns aos outros — fornecendo, assim, aos adolescentes uma experiência de laço familiar, mesmo que suas atividades sejam violentas e destrutivas. Um resultado positivo dos recentes distúrbios em Los Angeles é que segmentos de duas das gangues mais infames, os Bloods (Sanguinários) e os Cripps (Aleijados), decidiram unir-se e suspender os assassinatos entre si. De algum modo, eles reconheceram a "família" uns nos outros. O comportamento das gangues pode ser transformado, desde que aprendam a expandir o sentimento de família por meio do amor e da solidariedade por todos.

Se fossem ensinadas a serem responsáveis por si mesmas, as crianças desenvolveriam a capacidade de servir e de se tornar responsável pelos outros, pelo meio ambiente, pela sociedade, pelo mundo. O coração é a nossa única esperança de reconstruir valores comuns a todos em nosso mundo desgastado. Quando as pessoas sentirem a afinidade do coração pela compreensão e pela solidariedade, os "valores familiares" reais serão reintegrados à nossa sociedade. Quando você passar a ver a Terra como uma família global, você pavimentará o caminho para o equilíbrio e a realização. E passará a ser responsável por si próprio aprendendo a gerenciar o seu sistema como se fosse uma empresa e obtendo lucros — e ensinando seus filhos, pelo exemplo, a fazer o mesmo.

Veja em todas as pessoas um membro da sua família. A família o acolhe e cuida de você, proporciona-lhe bem-estar — e o ama sem se importar com os seus defeitos. Mesmo que não concorde com todas as suas escolhas — não é necessário concordar — a família ama, apóia e cuida de você para ajudá-lo a fazer escolhas melhores. Solidariedade com todas as pessoas, em níveis cada vez mais profundos e sinceros, é o meio mais rápido para que as famílias, empresas, escolas, governos, o mundo — e você — cresçam. Esse grau de solidariedade familiar só pode brotar de uma conexão mais profunda com o coração — e com cada pessoa — dentro de você mesmo.

Capítulo 18

Ouvir Profundamente o Coração

Depois de entender as perspectivas mais amplas das plantas holográficas do DNA relativas à criação e à freqüência da família, percebi o número imenso de escolhas que cada um de nós efetivamente faz. Um tanto abalada com a fantástica complexidade de tudo isso, indaguei ao computador do meu coração:

— Você poderia simplesmente me mostrar o próximo nível de crescimento na minha vida pessoal?

A resposta veio de pronto:

— Sara, nas suas atividades cotidianas, você pode atingir um nível mais profundo se você ouvir com o coração — tanto a si mesma quanto aos outros. Desse modo, será mais fácil integrar essa nova e ampla compreensão na sua vida diária.

Quando se importa de verdade com o que está sendo dito, você ouve com mais atenção e não esquece mais. *Lembrar-se* de ouvir profundamente com o coração durante a execução das tarefas rotineiras significa zelo real em ação. Como conhecer as diretrizes do coração sem ouvi-las? Eu vi que a honestidade para consigo mesmo e para com os outros cria planos mais profundos de escuta. Não me surpreendeu o fato de meu coração me levar de volta ao básico. Ouvir profundamente com o coração constitui um importante instrumento para amar de modo mais sincero. Todos querem *sentir-se compreendidos* no coração.

É fundamental ter alguém que nos entenda. Se não tivermos, experimentaremos uma sensação de solitude. As pessoas costumam voltar-se para as preces, na esperança de que Deus as entenda. A sensação de ser compreendido no nível do coração constitui uma freqüência da biologia hologramática que nos liga com o coração do Criador. Todos ansiamos por essa ligação, porque faz parte da nossa planta completa de DNA. Quando nos sentimos compreendidos, compreendemos mais. É como uma chave de ignição que aciona o nosso padrão de DNA relativo à realização.

No Capítulo 8, expliquei que ouvir profundamente com o coração significa manter as energias concentradas no coração enquanto ouvimos, o que nos sintoniza com o coração do interlocutor, promovendo uma compreensão mais sensível e voltada para a essência das freqüências e palavras que ele emite. Nós realmente o ajudamos a *sentir que nos importamos* no nível do coração.

A comunicação é sempre uma troca de freqüências. Quando você ouve o próprio coração mais profundamente, a intuição dele atrai a energia da *Fonte* para o seu sistema. Então, cabe à sua cabeça traduzir essa energia em palavras para lhe proporcionar maior conhecimento. Quanto mais profundamente ouvimos, mais profundo é o conhecimento adquirido. A matemática será decomposta numa seqüência geométrica para proporcionar um entendimento mais completo. Existe uma matemática que abrange todos os cantos da sala inteira — do nível microcósmico, que isola um grão de poeira, ao macrocósmico, que abarca o todo. Ouvir profundamente com o coração nos proporciona as duas perspectivas.

Observemos o mecanismo uma vez mais, porque é importante: o coração libera a intuição, a "sabedoria". Esse é o seu objetivo. A intuição do seu coração se expressa por meio de pensamentos, imagens ou sentimentos. A cabeça decompõe as informações em dígitos para compreendê-las melhor, cumprindo assim sua função mais criativa — *a de nos ajudar a decifrar as intuições com uma explicação, uma mudança de atitude ou uma perspectiva diferente.*

Simplesmente peça ao coração para ajudá-lo a ouvir num nível mais profundo. Pare de ouvir os pensamentos da sua cabeça, livre-se deles e, calmamente, sintonize o próprio coração. Encontre uma freqüência de paz dentro do seu sistema, espere de dez a vinte segundos ou mais, e então procure ouvir a serena voz — ou sentimento — do seu coração. Submeta-se ao bom senso ou inteligência do coração. Você estará ativando o programa seguinte do seu DNA — o da compreensão cabeça/coração.

Se, ao longo do dia — quando ocorrem os turbilhões emocionais —, você cuidar de ouvir profundamente com o coração, suas chances de não ser engolfado por um tornado de pensamentos serão maiores. Você pode saber intelectualmente que tudo é freqüência/energia, mas quando o envolvimento emocional é forte, essa noção geralmente foge pela janela. Já me aconteceu de estar em amplas freqüências de compreensão e, de repente, mergulhar nas ondas da insegurança. Eis aqui um exemplo clássico: certa vez, uma amiga, a quem eu admirava muito, deu-me um *feedback* a respeito da minha capacidade de me comunicar e eu me encolhi por dentro, pensando que ela não gostava de mim. "Pelo menos, tentei me comunicar", repliquei, achando que sua crítica fora demasiado severa. Contudo, ela me ouvia profundamente, com o coração, de modo que me senti ouvida. Mais tarde, entretanto, eu me debati numa desesperada busca mental do "porquê" e de "onde": "Onde eu poderia melhorar? Por que eu não era como fulano e sicrano? Por que era tão tímida e pouco comunicativa?" A comunicação honesta não raro nos coloca numa posição vulnerável, o que nos pode causar a sensação de que estamos transferindo nosso poder a outrem. Eu superei essa insegurança praticando um jogo chamado "Sem Envolvimento" — ou seja, você o pratica sem se envolver com eventuais pensamentos e sentimentos de insegurança, mas submetendo-os ao coração e obtendo uma perspectiva mais verdadeira.

Depois que coloquei um dispositivo de controle nesse tipo de envolvimento durante a comunicação, descobri que ouvir profundamente com o coração as críticas pessoais pode constituir um desafio divertido. O jogo "Sem Envolvimento" ajuda-nos a equilibrar as emoções, impedindo-as de nos consumir. Em conseqüência, pude ouvir a verdade sem me encolher ou magoar. Dessa maneira, fiquei livre para sentir a sinceridade do meu interlocutor e saber que tudo estava bem. Eu já não tinha de perscrutar todos os dígitos mentais para tentar entender a minha reação. Podia ir direto para o coração, permanecer no fluxo universal e alcançar rapidamente uma perspectiva de bom senso. Descobri que economizava tempo ao ficar no coração e esperar que a compreensão viesse até mim.

Ainda havia momentos em que eu optava por deixar o meu coração ouvir pacientemente todas as preocupações da cabeça. Com compaixão, eu ouvia a hesitação, as dúvidas ou o medo. Quando o coração ouvia em profundidade, o resultado imediato era compreensão e soluções satisfatórias. Mas, se a minha cabeça quisesse apenas fazer estardalhaço *e eu a deixasse* reclamar ou emperrar em justificativas, nenhuma solução aparecia. Em vez disso, eu só me sentia frustrada, zangada e estressada. Quando consentia que a cabeça assumisse as rédeas, em vez de me fixar no fundo do coração, as velhas inseguranças retornavam. Comecei a ver que eu só me sentia insegura quando me *envolvia* com as hesitações ou medos da cabeça e parava de me ouvir profundamente com o coração.

Ouvir profundamente com o coração mantém em expansão uma matemática nova, que se refina com a prática. Não deixe os seus pensamentos serem maculados por associações do passado ou pelas distorções das freqüências da cabeça. Se nem assim a cabeça e o coração chegassem a uma solução consensual, então meu coração deixava que a cabeça se expressasse um pouco mais. Depois, eu procurava conservar a cabeça serena e a mente aberta para escutar a resposta do coração. Sempre que a cabeça ouvia com sinceridade, a inteligência do coração proporcionava compreensão e apresentava soluções para o problema.

Outro jogo que considero útil consiste em perceber que o meu "verdadeiro mestre" está dentro de mim. Quando ignoramos o mestre verdadeiro, criamos *stress*. As estruturas mentais, a obstinação e a reciclagem de velhos problemas nos levam de volta para a estaca zero e acabamos dizendo: "Se eu ao menos tivesse escutado o meu coração." É preciso prática para estabelecer um contato permanente com o coração, por isso seja paciente consigo mesmo. Não se recrimine quando esquecer. Apenas volte a escutar profundamente com o coração, zelando por si mesmo daí em diante. Dessa forma, você voltará a se concentrar no seu coração. Todos passamos por momentos em que nos desapontamos com a nossa própria atuação. Ninguém é perfeito. Regressar para o coração é a providência mais acertada que você pode tomar a qualquer instante. Quando o seu filme holográfico ficar fora de foco ou o som ficar distorcido, o retorno ao coração o ajustará para que você possa rodá-lo de maneira mais divertida.

Como Ouvir o Outro com Maior Sinceridade

A maioria de nós se lembra vividamente de conversas em que não nos sentimos ouvidos de verdade. Talvez nossas palavras tivessem sido ouvidas, mas não seu significado real nem os nossos sentimentos. Lembre-se desses momentos quando alguém falar com você e ouça do modo como você gostaria que o ouvissem. Isso significa *zelar* para que os seus pensamentos não disparem a mil por hora, o que o impediria de escutar a essência do outro. Ouvir é uma verdadeira arte e merece contínuo aperfeiçoamento.

Sempre que falam comigo, meu desejo de escutar integralmente é genuíno. Entretanto, quando o tema desperta em mim emoções fortes, é difícil abster-me de fazer avaliações enquanto ouço. Se eu as fizer, porém, a conseqüência mais comum é perder uma freqüência importante ou até mesmo interpretar mal o que me foi dito. Revelações mais profundas costumam surgir quando estou ouvindo uma pessoa. O problema é que, se eu tentar me concentrar nessa revelação, deixo de ouvir toda a frase seguinte ou até mais e sou obrigada a pedir ao interlocutor para repetir — e a minha maravilhosa revelação se desvanece. Descobri que, concentrando-me inteiramente na essência do outro, em suas palavras e significados, as revelações retornam no momento certo.

Avaliar ou formar opinião enquanto alguém lhe conta a sua história é uma forma mental de interrupção. Não é necessário concordar com ele, mas, se o escutar até o fim, antes de expressar os próprios pensamentos, você de fato terá mais a lhe oferecer. *Quando se sentem ouvidas no nível da essência, as pessoas se conectam com o próprio coração*. Freqüentemente, elas têm essas revelações porque você as estava amando e ouvindo profundamente. É uma alegria ver seus rostos se iluminarem quando encontram uma solução para seus problemas.

Quando ouvimos, há três elementos aos quais devemos prestar atenção:

1. Nível da palavra — o que realmente é dito.
2. Nível do sentimento — sentimentos ou freqüência que estão por trás das palavras.
3. Nível da essência — o verdadeiro significado.

Ao ouvir o coração da pessoa, você pode sintonizar a freqüência, o significado e as palavras, tudo ao mesmo tempo. É possível que a sua intuição lhe ofereça uma solução sensata, que contenha tanto a compreensão quanto a gentileza.

Muitos me dizem que, quando falam comigo, fazem várias descobertas. Isso se deve ao fato de eu ouvir com sinceridade em todos os três níveis e com a atenção totalmente concentrada, não porque eu seja incrivelmente inteligente ou capaz de distribuir pérolas de conhecimento e reflexão. Eu consigo ouvir o que me revelam nas entrelinhas, o que faz o meu interlocutor sentir que foi *realmente* compreendido, além de liberar a sabedoria de seu coração. Eu aprendi que ouvir profundamente com o coração é um sistema profundo de comunicação e um enorme ativo em casa, no trabalho e em qualquer lugar.

Capítulo 19

A Capacidade de Perdoar

A capacidade de perdoar é um dos sentimentos fundamentais para a transformação pessoal. Você presta a si mesmo um *enorme* favor quando verdadeiramente se desprende e perdoa. Se estabelecer *primeiro* um contato profundo com o seu coração e depois perdoar sinceramente a si próprio ou a qualquer pessoa, seu esforço irá valer-lhe um extraordinário retorno em termos de paz. Lembre-se de que *qualquer um* pode sair da pista principal e virar à esquerda. Na verdade, o perdão é um benefício maior para você do que para o outro. Freqüentemente, aqueles que você não perdoou nem têm conhecimento do fato. Mas o seu sistema sabe. Então, faça esse esforço por você, em vez de desperdiçar energia num processo mental e emocional contínuo, *muitas vezes subliminar*.

Pode ser difícil perdoar quando somos traídos ou profundamente magoados. Quando acreditamos termos justificativas para não perdoar, o ressentimento permanece em nós e pode corroer-nos por dentro pelo resto da vida. Perdoar com a cabeça simplesmente não adianta! A mágoa se oculta furtivamente no subconsciente e emerge uma vez por mês, uma vez por dia, uma vez por noite, e, para muita gente, todos os dias e todas as noites. Mesmo que ressurja apenas uma vez por ano, ainda assim nos atormenta subconscientemente e drena o nosso espírito. Se você disser: "Bem, eu o perdoei, mas não quero vê-lo na minha frente", ou "Eu o perdôo, mas nunca mais me apareça nem me dirija a palavra", então conscientize-se de que você não perdoou. Se o seu estômago se contrai ou se você ainda faz associações negativas ao ouvir o nome da pessoa é porque não a perdoou de verdade.

O verdadeiro perdão apaga todas as associações negativas do seu coração holográfico. Quando você não perdoa e o ressentimento se inflama, a sua raiva se transforma em ódio. Vamos supor que você more em Los Angeles e tenha de enfrentar um trânsito pesado todos os dias. Constantemente rodeado de um mar de carros e com a raiva aumentando a cada dia, você logo estará odiando. Odiando dirigir até o trabalho, odiando os outros motoristas, odiando qualquer um que encontre pelo caminho. Quando a raiva se acumula, o ódio pode tornar-se uma freqüência proeminente no seu holograma, lançando uma sombra escura sobre a sua vida inteira. Quando você se aferra a ele, o ódio cria no seu holograma um orifício diminuto, como um furo de alfinete, que acabará crescendo e se transformando num rombo difícil de remendar. O ódio é a inversão total do amor — o ódio destrói.

Às vezes, sentimos raiva ou ódio e sabemos que se trata apenas de uma reação momentânea. Contudo, se a raiva, a sensação de ter sido traído e o ódio se prolongarem e constantemente se repetirem em sua mente, sua freqüência se incrustará no seu holograma. E, então, ressurgirá como um problema não resolvido e muito arraigado. Não é possível perdoar por completo e apagar esses padrões profundamente impressos sem enxergarmos e entendermos todas as perspectivas do acumulador de energia. Mas não as entenderemos a menos que façamos um esforço sincero para perdoar. Trata-se de um impasse. É por isso que o perdão total de padrões enraizados exige tempo. Cristo compreendeu como é importante nos libertarmos, desapegar-nos e verdadeiramente perdoarmos. Algumas de Suas últimas palavras foram: "Perdoai-os, pai; eles não sabem o que fazem" (S. Lucas 23:34).

O seu coração continuará levando para a percepção consciente os velhos sentimentos e recordações do que não foi perdoado para que você perdoe, desapegue-se e se liberte. O esforço sincero para perdoar o ajudará a lembrar que o evento não perdoado e processado mental e emocionalmente o desenergiza, do mesmo modo que a bateria de um carro se descarrega quando esquecemos a porta aberta. O ressentimento constitui um vazamento constante que pode lhe causar velhice precoce. Não importando o que lhe fizeram ou deixaram de fazer, não se aprisione em termos mentais ou emocionais. A vida prossegue. O perdão genuíno do coração irá libertá-lo e libertará o coração da pessoa que você odiava, quer ela tenha consciência disso ou não.

Conheço duas irmãs, agora na faixa dos 90 anos, que ainda vivem amarguradas porque, meio século atrás, uma delas não dividiu com a outra alguns bens de herança. Pode haver tanto ódio e hostilidade entre membros de uma família que alguns deixam de se falar por anos a fio. As estatísticas mostram que a maioria dos assassinatos e assaltos ocorre dentro da família. A capacidade de perdoar constitui um valor familiar fundamental para a harmonia entre seus integrantes. Para praticar o perdão, assuma a responsabilidade de resolver os seus distúrbios mentais/emocionais e de criar primeiro a harmonia *interior*. Como Doc diz, "Ao se conscientizar de que, na maioria dos casos, *você é o prin-*

cipal beneficiário do seu perdão, será maior a sua motivação para *perdoar* no nível do *coração*. Então, todos sairão ganhando".

Quando exercitamos o perdão, a sabedoria do coração pode afirmar: "Eu o perdôo, porque ele realmente não tinha consciência dos seus atos", ou "Provavelmente ele fez o melhor que pôde", ou "Eu também já cometi muitos erros na vida e sem dúvida espero ter sido perdoado. Eu não gostaria que as pessoas nutrissem ressentimento por mim e me odiassem". O seu perdão ajuda a apagar quaisquer padrões holográficos negativos que podem significar prejuízo também para você. Como todos nos interligamos no coração, a capacidade de perdoar possibilita recriar um fluxo harmonioso entre você e cada pessoa deste mundo.

O perdão sincero não é maculado pela expectativa de que os outros se desculpem ou mudem. Não se preocupe em saber se eles um dia o compreenderão ou não. Ame-os e liberte-os. A vida oferece a verdade como retribuição, mas a seu modo e no devido tempo — exatamente como faz com você e comigo. Durante muitos anos, nutri ressentimento por alguém que me havia rejeitado. Tentei realmente perdoá-lo, mas a maneira como eu fora rejeitada me parecia imperdoável. Eu o considerava um patife — pois ele dispensava às pessoas um tratamento que eu não dispensaria a um cachorro. Tentei perdoá-lo, mas achei que não conseguiria me livrar da mágoa, a menos que ele compreendesse o que havia feito e se desculpasse sinceramente. Mas ele não entendeu e tampouco se desculpou, nem eu logrei afugentar aquela dor profunda. Era como se eu tivesse uma ferida inflamada que jamais cicatrizava.

Por fim, depois de muitos anos tentando perdoar, percebi que ele honestamente agira da melhor maneira que podia. Nada havia a perdoar — ele apenas era assim. E, à sua maneira, tentara ajudar-me. Quando me conscientizei desse fato, senti-me estúpida e tive de perdoar a mim mesma por me ter deixado cegar por uma forte freqüência isolada. A compaixão por mim mesma — alguém que estava aprendendo e crescendo, exatamente como ele — libertou-me. Ao perdoar inteiramente a situação toda, percebi que iniciava uma nova vida. Vi que nunca mais construiria esse tipo de prisão para mim mesma.

A maioria de nós ainda alimenta ressentimentos secretamente. A solução mais rápida para esse problema consiste em envidar esforços sinceros para eliminar do sistema as freqüências negativas, substituindo-as por essa genuína freqüência do coração — o perdão. Repita esse procedimento até se sentir livre. Você saberá que o perdão foi completo quando obtiver uma percepção nova, não contaminada por associações negativas. Ocasionalmente, podem surgir velhos sentimentos murmurados, mas os seus pensamentos lhe darão um lembrete: "Não, eu já o perdoei." Apenas prossiga desapegando-se e se libertando. O seu coração ficará em paz e você experimentará uma sensação de leveza e limpidez depois que o programa for totalmente apagado do seu holograma. Não pare de ativar o poderoso instrumento do perdão até sentir essa liberdade.

No coração, as pessoas compreendem a importância do perdão. E querem perdoar, mas ficam frustradas quando a dor não desaparece. Não se dê por vencido se antigas mágoas reaparecerem, provocando desejo de vingança e empurrando-o de volta aos círculos viciosos de pensamentos negativos. Encare essa situação como uma tentativa do seu sistema de apagar o velho programa. Apenas diga a si próprio: "Isso aumenta a minha coluna do passivo." Seja absolutamente sincero consigo mesmo. Não desista. CONGELE A ESTRUTURA, volte a consultar a inteligência do coração, escute a sua sabedoria interior e, novamente, sinta o perdão. Cada vez que agir assim, você aumentará os seus ativos. Mas, se realimentar antigas hostilidades, raiva, culpa ou dor, você apenas continuará ampliando o passivo.

A liberdade pessoal consiste em saber usar a inteligência do coração para fortalecer o poder interior. Com esse poder, exercemos o nosso direito de escolha. Só o que justifica a mágoa é o seu livre e espontâneo consentimento. O apego à dor inflige um sofrimento maior do que aquele que a causa inicial impôs.

Construa o seu poder de perdoar. O que nos aprisiona e nos priva da verdadeira liberdade não é quem nos magoa ou o que nos acontece, mas sim a nossa reação. Depois de perdoar completamente, você estabelecerá uma conexão límpida do coração consigo mesmo e com os outros.

Quando desenvolvemos o nosso poder interior e o do coração por meio do perdão, fica mais fácil enfrentar qualquer situação complexa. Uma amiga minha tinha um chefe que costumava ser muito sarcástico. Os empregados nunca sabiam quando sua produtividade seria posta em dúvida e muitos deles, desgostosos, pediram as contas. Minha amiga se ressentia com a atmosfera opressiva e se perguntava por quanto tempo mais conseguiria suportá-la. Então, levou o problema para o coração e descobriu que o chefe era um homem atormentado pela insegurança. Assim, perdoou-o e isso lhe conferiu poder interior. A partir daí, deixou que seus comentários sarcásticos lhe entrassem por um ouvido e saíssem pelo outro, percebendo que *ninguém podia cercear sua liberdade interior*. Como conseqüência, ela foi capaz de falar por si e pelos colegas, que ficavam confusos demais para se defenderem. Ela ajudou o chefe a ver que os empregados eram realmente dedicados e que a empresa dele estava em boas mãos, afinal de contas.

A maioria de nós atribui a culpa de suas aflições às armadilhas externas da vida — e principalmente às outras pessoas. Essa atitude rouba a liberdade real e drena totalmente o poder. É perdoando e nos libertando dessas armadilhas internas que conquistamos liberdade e poder duradouros.

Capítulo 20

O Magnetismo da Gratidão

Depois que, sinceramente, perdoei cada pessoa e experiência que haviam deixado em mim um resíduo prolongado, comecei a usufruir de uma estimulante sensação de liberdade. Livre de todos aqueles "trastes" velhos que bloqueavam o caminho, a vida passou a ser adorável. Eu me sentia grata simplesmente por estar *viva*. Em vez de se desgastar com o meu contínuo esforço para me recuperar de críticas e conflitos, meu cotidiano se transformou num divertido jogo de descobertas. Descobri o tremendo poder magnético da gratidão e vi a lei do ímã em funcionamento: quanto mais me sentia grata, mais o ímã atraía para a minha vida pessoas maravilhosas e experiências gratificantes, pelas quais me sentia grata.

A palavra "gratidão" significa agradecimento e reconhecimento, além de expressar admiração e aprovação. Também implica um aumento ou reconhecimento do próprio valor. Ao agradecer à vida, você se torna mais valioso — tanto para si mesmo como para os outros. A gratidão é o que eu chamo de "instrumento de grande poder" para o crescimento pessoal e a evolução universal — e muda as suas freqüências da cabeça para o coração com rapidez, proporcionando-lhe um pronto ajuste de atitude e elevando a sua missão na vida. Quando comecei a examinar o poder da gratidão, percebi que minhas amizades mais profundas eram aquelas pelas quais eu agradecia, que eu valorizava o bastante para zelar por elas. Também me lembrei dos relacionamentos fracassados — *cujo valor não aumentou* porque não lhes fui reconhecida! O poder da gratidão me parecia óbvio, mas eu não ignorava que era comum essa verdade simples se desvanecer em conseqüência de julgamentos e insegurança. A gratidão recíproca constitui um verdadeiro valor familiar, capaz de eliminar muito do *stress* do planeta e de fortalecer os laços universais que nos unem a todos.

Quando valorizamos os desafios do dia-a-dia, começamos a perceber que seu propósito é o nosso crescimento. Descobri que o meu esforço sincero para ser grata me ajudava a adquirir maior equilíbrio interior — um poder maior de gerenciar a minha energia nos momentos e dias mais complicados. A gratidão proporcionava-me um contato instantâneo com o coração.

Certo dia, senti o peso de criar um filho sozinha. Eram muitos os encargos que me pesavam sobre os ombros: sustentar Christian e a mim mesma, arcar com grandes responsabilidades no trabalho, acompanhar os estudos de meu filho, investir no meu próprio crescimento — e conciliar tudo isso! Estava num daqueles dias espinhosos. Daria tudo para ter para onde fugir. O aluguel vencera e a professora de Christian me mandara um bilhete advertindo que ele não fizera a lição de casa três vezes na semana anterior. Eu me sentia um fracasso. Então, resolvi praticar a técnica de Encerrar-se no Coração por cinco minutos. Senti gratidão pela professora que ajudava meu filho a crescer e pelo fato de que, a despeito das dificuldades enfrentadas naquele mês, tínhamos um teto protegendo-nos a cabeça e comida na mesa. A gratidão me proporcionou a certeza de que, de alguma forma, tudo se resolveria. Pouco depois de eu abrir os olhos, um colega chegou com a notícia de que acabáramos de receber a comissão de uma venda importante que eu efetuara — com esse dinheiro eu pagaria o aluguel. Uma hora depois, a professora de Christian me ligou para comentar sua satisfação com o progresso dele na escola. Era como se eu tivesse virado um caleidoscópio — tudo o que parecera sombrio e cinzento agora cintilava com uma miríade de cores. Com humildade, agradeci por ser sempre amparada. Às vezes, precisamos de uma lição de humildade que nos ajude a sentir gratidão. Agradeci pelo dom da gratidão e o resto do dia transcorreu como se tudo se encaixasse magicamente.

Quando usamos os instrumentos do poder do coração, abrimos a porta para novas percepções. A gratidão é uma energia poderosamente magnética que nos permite visualizar mais depressa o quadro mais amplo. Quando agradecemos, vemos e compreendemos mais. No nível energético, a gratidão lhe proporciona descobertas intuitivas e o faz perceber a divindade dentro de você — e o atrai para o fluxo universal. Quando é sinceramente grato por tudo o que a vida lhe deu, você atrai a realização de um número maior de desejos verdadeiros do seu coração. Em termos matemáticos, se as pessoas dedicassem metade do tempo que passam reclamando do que lhes falta ao agradecimento *pelo que possuem*, sua vida sem dúvida melhoraria significativamente.

Tudo o que sai de nós volta para nós. Estamos criando o nosso próprio mundo. Ser grato é como olhar através de uma lente grande-angular que nos permite ver a floresta inteira, e não apenas o nosso galho de árvore. Na nossa cultura, a maioria das pessoas recorda os eventos negativos antes dos positivos. Concentrar-se no negativo é mais fácil para a cabeça, enquanto a concentração no positivo é mais fácil para o coração. Quando um evento negativo lhe envia um sinal de dor, a cabeça tenta descobrir um meio de eliminá-la. Se não obtiver uma resposta imediata, passe para o modo de análise, classificação e processamento, num esforço para encontrá-la. Uma solução poderosa para o evento doloroso é a gratidão, que constitui uma freqüência de abertura. Você recebe uma nova intuição quando afirma com sinceridade: "Eu encontrarei o lado bom dessa situação, a despeito de tudo. E acionarei esse programa do computador do meu coração — a gratidão."

Ser reconhecido aos aspectos positivos de um evento negativo envia para o coração um sinal que atrai uma compreensão equilibrada. Por que não recordar os positivos? Eles são o combustível da tomada do próprio poder. Na verdade, não importa por que você agradece — contanto que seja sincero. A ativação dessa freqüência em particular do coração é o que conta. Ser grato por ter comida, emprego, saúde, um lugar onde dormir que não as calçadas da rua, e por todos os aspectos positivos da sua vida aos quais você presta pouca ou nenhuma atenção. Adote uma *postura de gratidão* e você atrairá mais experiências gratificantes. Como Doc aconselha em seu livro *The How to Book of Teen Self Discovery*:

> "Agradeça por tudo — mesmo o que lhe parecer tolo. Procure ao seu redor alguma coisa por que agradecer. Olhe para a lâmpada e agradeça a Thomas Edison. Olhe para o tapete e fique feliz por não ser cimento. Olhe para a cadeira e se regozije por não ter de se sentar no chão o tempo todo. Agradeça a si mesmo por tentar ser grato. *Tudo* merece o nosso reconhecimento."

Quando você agradece no momento da crise, o magnetismo acelera o retorno desse investimento — o que lhe propicia uma percepção mais confiável do evento ou situação desagradável. E, se for para o coração, você vai se dar conta de que as coisas poderiam ser e efetivamente são piores para muita gente. É tudo uma questão de perspectiva. Comece agradecendo pelo fato de que, não importa o problema, existe sempre uma perspectiva mais ampla que ainda não foi descoberta. Não receie o desconforto temporário. Quando você procura algo por que agradecer, a sua percepção muda, de modo que uma nova compreensão e novas soluções podem chegar à sua consciência.

Tenha compaixão e reconhecimento por si mesmo por agradecer, até a solução surgir.

Meu amigo Bruce me contou recentemente o quanto a prática da gratidão foi importante na sua vida. Vários anos antes, ele constatara que, a despeito de ter um bom emprego, uma casa confortável, uma esposa maravilhosa e um bebê, ainda sofria um bocado de *stress* e não alimentava qualquer esperança de melhorar. Uma conversa com Doc o convenceu a experimentar a gratidão. Ele principiou por agradecer pelo café da manhã — pela comida, pela sala, pelas pessoas —, em vez de se sentir como se fosse obrigado a trabalhar durante o desjejum. Que transformação! Essa atitude acionou uma força que o ajudou a prestar atenção a outros aspectos de sua vida aos quais já se havia habituado. Toda a cúpula holográfica do coração holográfico — a realidade dele — começou a mudar na vida real. Bruce praticou agradecer pela essência da vida em cada pessoa que encontrava e se admirou ao constatar que tudo adquiria uma nova perspectiva — e que ele se sentia muito melhor.

As recompensas da gratidão aumentam incrivelmente à medida que praticamos com níveis mais profundos de sinceridade. Se praticar a gratidão pelas pequenas coisas da vida, você resolverá com maior facilidade os grandes problemas que eventualmente surgirem. A gratidão é simplesmente um sentimento magnífico do coração, que funciona como uma bússola para recebermos mais benefícios. É a rota mais rápida para alcançarmos o equilíbrio e a realização.

Capítulo 21

Zelo ou Excesso de Zelo?

Os trabalhos elaborados por David McClelland, psicólogo de Harvard, provaram que o zelo amplia a capacidade do nosso sistema imunológico, uma vez que aumenta a produção do anticorpo salivar IgA, que protege contra gripes e resfriados. (*) Um estudo clínico desenvolvido junto a enfermeiros a respeito de tratamento de doentes revelou que o zelo é o que confere à enfermagem seu significado real, propiciando a esses profissionais da saúde um abrangente senso de conexão com todos os aspectos da vida. Minha irmã mais velha, Sue, era enfermeira e tinha esse tipo de zelo. Por meio dele, é possível experimentarmos uma união espiritual verdadeira. O zelo — uma das mais regeneradoras, produtivas e poderosas freqüências da saúde e do bem-estar — é o óleo que lubrifica todo o sistema mental, emocional e físico. Permitir que o seu sistema funcione sem zelo é o mesmo que deixar o seu carro funcionar sem óleo — o que resulta em atrito e colapso.

Zelo é outra daquelas palavras de quatro letras que, como amor, abrigam uma poderosa faixa de freqüência. Sem ele, a vida fricciona metal com metal. O zelo verdadeiro regenera tanto o emissor quanto o receptor, porque consiste numa energia que nutre e cura. Como Doc costuma ensinar: "Eis aqui uma receita de amor muito fácil de fazer: coloque um punhado de zelo numa tigela; mexa e bata até começar a engrossar; agora, é só servir."

(*) O laboratório do Institute HeartMath repetiu a experiência de McClelland e publicou um relatório que confirma seus resultados. Rein G., McCraty R.M. e Atkinson M. Effects of positive and negative emotions on salivary IgA (Efeitos das emoções positivas e negativas no salivar IgA). *Journal of Advancement in Medicine*. 1995;8(2):87-105.

O zelo fornece segurança e apoio a todos os envolvidos. É a substância aglutinadora que salva um relacionamento depois que o romantismo inicial ou a sensação de novidade desaparece. E é o ingrediente que mantém vivas as amizades verdadeiras, a despeito da separação, da distância ou do tempo. Quando zelamos por alguém, nós lhe damos liberdade de ação e o ajudamos a superar desgostos e aborrecimentos. Em termos bem simples, o zelo sustenta o amor. Quando Christian tinha apenas alguns meses, minha mãe me disse: "Ame-o, não importa o que aconteça, porque ele é um filho seu, uma responsabilidade sua, e ninguém jamais irá amá-lo tanto quanto você." Esse foi um dos conselhos mais importantes que recebi dela. O zelo genuíno é a freqüência de família que está faltando no cerne dos envolvimentos e interações interpessoais no mundo inteiro. É comum os valores fundamentais do ser permanecerem adormecidos dentro do coração, mas a prática de amar e zelar em níveis mais profundos e sinceros tem o poder de despertá-los.

O fluxo de zelo pelo seu sistema religa-o gradualmente ao seu espírito e vitalidade. Antes de agir, zele por si próprio o bastante para voltar para o coração em busca de paz, esclarecimento e orientação. O zelo verdadeiro por você mesmo tem de vir em primeiro lugar. Pare um instante e se pergunte: "Como me sinto quando zelam por mim? Como me sinto quando zelo por alguém?"

Com a maioria das pessoas já aconteceu de alguém que zelava sinceramente por elas — mãe ou pai, professor, cônjuge — deixar repentinamente de fazê-lo. É como se puxassem o tapete de sob os seus pés. Uma das experiências mais traumatizantes da minha vida foi justamente essa. O contraste entre a sensação confortável de ser nutrida, quando zelavam por mim, e a de secura e vazio, quando perdi esse zelo, constituiu um choque para o meu sistema inteiro. Eu havia aberto meu coração para uma pessoa e seu zelo me proporcionava segurança. Contudo, quando não pude mais contar com o zelo dela, foi como se eu despencasse de uma ponte muito alta e me estatelasse no cimento. Não me restou nada a fazer além de colar meus pedaços e tentar zelar por mim mesma.

Quem já passou por isso sabe exatamente como é. A vida parece dar-nos essas lições para que a nossa força não dependa completamente do outro, para que a encontremos dentro do nosso coração, e não fora de nós. Então, passamos a considerar o zelo do outro como uma grande dádiva e seu eventual desaparecimento não nos destrói. O desenvolvimento do seu próprio zelo em níveis mais profundos promove uma segurança interior que permite ao seu coração permanecer aberto, não importa o que lhe façam.

Minha amiga Debbie, ao ministrar seminários, costuma contar uma história sobre sua primeira descoberta acerca do poder do zelo. Quando ela era criança, seu irmão viajou com a mulher para a América Latina, em virtude de um trabalho acadêmico. No regresso para casa, em Nebraska, o casal trouxe a empregada e o filho de 6 anos, Diego, que não falava inglês e jamais havia saído do pobre vilarejo em que nascera. Como tivesse, nessa época, acabado de ganhar uma bicicleta nova, Debbie resolveu pintar a velha e dá-la de presente para o menino. Passou um sábado inteiro consertando o pára-lama, pintando e colocando a cesta nova, comprada com o dinheiro de sua mesada. Debbie revelou que jamais se sentira tão bem em seu coração por saber que estava zelando de verdade por um garotinho que ainda nem conhecia. Os pais dela prenderam a bicicleta na traseira do carro da família e lá se foram estrada afora rumo à casa do irmão de Debbie, percorrendo uma distância de quase 650 quilômetros. A expressão prazerosa de Diego e o brilho de gratidão em seu olhar deram à minha amiga uma sensação profunda de retribuição do seu zelo, ensinando-lhe o poder do verdadeiro zelo de uma forma que nenhuma palavra das aulas de religião jamais fizera.

Quando ouvi essa história pela primeira vez, indaguei-me se algo assim tão simples, mas tão forte, lograria mudar um destino. Seria possível que, naquele instante "Kodak" em que Debbie e Diego se uniram no coração, um quadro holográfico de esperança se imprimisse em seus corações? No mundo de Debbie, esse singelo sentimento de zelo foi tão sincero que jamais a abandonou.

Zelo Verdadeiro *versus* Excesso de Zelo

Sob a perspectiva do coração, a simples e genuína emissão de amor para alguém é zelo consciente em ação. Suponha, por exemplo, que uma grande amiga sua esteja enfrentando algumas dificuldades. Como você realmente tem zelo por ela, amá-la seria a providência inteligente do coração. Contudo, é comum, quando enviamos amor para uma pessoa, surgirem todos os tipos de pensamentos sobre a situação dela! Se você concentrar a energia no coração, a intuição o ajudará a lidar com esses padrões de pensamento, permitindo que o seu Cristo interior o ensine a compreender sob uma perspectiva mais ampla. Em conseqüência, os seus pensamentos seguintes o levarão a descobrir intuitivamente o melhor modo de ajudar a amiga nesse momento difícil. Entretanto, se as energias resvalarem para as freqüências mais baixas do coração — como tristeza e ansiedade —, não tardará para que a cabeça inicie sua cantilena de preocupação e *stress*. Na maioria das vezes, o sentimento inicial é o de zelo. Porém, na nossa sociedade orientada para a cabeça, é fácil transformá-lo em excesso de zelo.

Se o zelo constitui a essência da solidariedade e da ajuda, seu excesso é provavelmente o maior sorvedouro de energia e fonte de *stress* para professores, enfermeiros, terapeutas, para os que militam pela paz e pelo meio ambiente — enfim, para todos os que querem fazer o melhor pelos outros e pelo mundo. O excesso de zelo é o que desgasta todos aqueles que agem em benefício de alguém na nossa sociedade. Talvez seja esse o motivo de os psiquiatras apresentarem os índices mais elevados de suicídio no país.

Os pais costumam considerar-se negligentes quando não têm excesso de zelo e preocupação em relação aos filhos — o que é um equívoco terrível. A preocupação jamais conduz a soluções equilibradas para os problemas. E a maioria de nós foge das pessoas que exageram no zelo e se preocupam demais conosco. Na verdade, o excesso de zelo bloqueia o fluxo de zelo genuíno entre o emissor e o receptor.

Por outro lado, há aqueles que se afastaram tanto do coração que se tornaram apáticos e *não zelam em absoluto*. Em alguns momentos da minha vida, zelar me parecia tão correto, tão importante, que a ansiedade por conseguir resultados me estressava — como resultado, eu preferia simplesmente não zelar, o que só piorava a situação. Cortei a ligação com o coração e as conseqüências foram ainda mais estressantes do que o excesso de zelo. Tanto o excesso quanto a ausência de zelo produzem *stress* e podem levar à exaustão.

Muita gente não consegue trabalhar, dormir ou comer em decorrência da preocupação com problemas alheios. Se o seu zelo estiver causando *stress*, saiba que se trata de excesso de zelo. Use o computador do coração para perceber quando o seu interesse pelo bem-estar de alguém passou da coluna do ativo para a do passivo. Identifique e entenda o instante em que as suas energias decaíram para o excesso de zelo e constatará que elas perderam a utilidade não só para você como para qualquer pessoa. CONGELE A ESTRUTURA e volte para o coração, em busca de reorientação. Agradeça-se por ao menos ter zelado e sinta compaixão por si mesmo. O excesso de zelo não é mais que uma inversão humana tridimensional do zelo. Não fique confuso. Todos temos de lutar contra o excesso de zelo em algum momento, porque vivemos num estressante mundo de terceira dimensão. É fácil nos sentirmos como se caminhássemos na corda bamba num circo em chamas.

Se o zelo é o combustível do seu sistema, o excesso de zelo é um vazamento. Não importa se o que o perturba é uma trivialidade ou uma questão séria — como, por exemplo, a situação mundial —, já que a solução é a mesma nos dois casos. Volte para o coração e recomece. Nada de bom produziremos se nos limitarmos a cruzar os braços e ceder à ansiedade gerada pelos problemas alheios — ou pelos relatos acerca do *stress* global que vemos nos noticiários da televisão. E, o que é mais grave, faremos mal a nós mesmos. O excesso de zelo nos esgota em termos físicos, emocionais, mentais e espirituais.

A excessiva preocupação com o meio ambiente muitas vezes sugava as minhas energias e ampliava a coluna do passivo na minha contabilidade pessoal de energia. Eu me angustiava pensando no plástico e nas fraldas dos bebês, porque não eram biodegradáveis — e também no lixo nuclear. Inquietava-me a extinção de animais selvagens. Christian, que nutria uma estima especial por todos os animais e, principalmente, pelos pássaros, recitou para mim os nomes das espécies que estavam desaparecendo rapidamente da face do planeta. Algumas pessoas dedicam a vida inteira a essa causa. Eu me importava, mas precisava compreender qual era o propósito da minha preocupação. Meu coração brindou-me com a seguinte descoberta: é possível que, se não zelarmos *uns pelos outros*, acabemos por provocar um dano tão irreparável ao coração holográfico da humanidade que criaríamos a *extinção da nossa própria espécie*. Percebi que eu ajudava mais o planeta enviando amor sincero e concentrado às pessoas e ao meio ambiente do que questionando se seria eficiente ou não reciclar as minhas latas e garrafas. O fato de eu ter optado por não me afligir com isso não significa que enterrei meu coração na areia e passei a ignorar o assunto. Em vez disso, comecei a usar o computador do coração para tomar decisões equilibradas. Eu encarava os problemas com a mesma seriedade de antes, apenas não lhes permitia subtrair o meu poder. Escolhi fazer o que o meu coração afirmava ser o melhor para o todo. O zelo dirigido pelo coração expande a nossa consciência e nos fornece respostas equilibradas, que se revelam as mais benéficas para a coletividade.

O excesso de zelo pode ser o resultado de um motivo correto — zelo real — levado a extremos ineficientes. Também pode surgir das razões erradas, como o medo de que alguém consiga um emprego, um salário, ou um carro melhor do que o nosso. A ambição, a competitividade e a expectativa constituem bons exemplos do excesso de zelo gerado pela cabeça. O *stress* governa o planeta e o excesso de zelo é o disfarce de um dos seus generais. É do zelo verdadeiro e equilibrado que o nosso planeta está faminto.

O aspecto fundamental nessa discussão é que o excesso de zelo, não importa sob que disfarce, simplesmente não é eficiente em termos de energia. Quando você o detectar em seus pensamentos e sentimentos, lembre-se de CONGELAR A ESTRUTURA e voltar para o coração em busca de reorientação. Corrija-se. Seguindo a inteligência do coração, você naturalmente transmuta a energia do excesso de zelo na do zelo verdadeiro. Nem mesmo os animais chegarão à extinção, se nós zelarmos por eles. Não se magoe com o excesso, mas tampouco deixe de zelar.

Zelo Global

O mundo inteiro está crescendo e passando por grandes mudanças neste momento. Como acontece com um adolescente que enfrenta essa difícil fase de transição, o planeta precisa muito de zelo. A Terra foi criada como um planeta de amor e zelo. Esse é um fato evidente para qualquer um que observe a beleza da natureza. O nosso é um planeta de família. Se analisarmos sob a perspectiva de uma mãe zelosa, concluiremos que a Mãe Terra gostaria de ajudar seus filhos a crescer sofrendo o mínimo possível de arranhões. Contudo, existe um equilíbrio muito delicado no papel de mãe ou de pai. Ao zelar pelo seu filho, em que medida você o protege e quanto lhe permite experimentar e cometer os próprios erros? Quando o bebê começa a andar, você não o impede de cair e o deixa levantar-se sem ajuda. Seu filho jamais aprenderia a andar se você não lhe desse a liberdade de praticar sozinho. Se ele esfolar o joelho, você o consola, coloca um curativo e consente que tente de novo. As mães não evitam a experiência dos cortes e machucados por saberem que é por seu intermédio que a criança aprenderá, adquirirá segurança e independência. Querem que ela cresça e se torne um adulto responsável por si mesmo.

Como eu disse antes, a família humana como um todo está evoluindo para um novo holograma. Nessa transição, ao longo dos próximos dez ou vinte anos, todos teremos a chance de *optar pelo amor e pelo zelo* — as duas senhas para ingresso na nova realidade holográfica. Os que não estiverem prontos vão se encontrar numa outra realidade, num outro planeta familiar tridimensional, onde poderão continuar a crescer e a aprender a zelar pela própria paz. A Mãe Terra preferiria não perder uma alma sequer das que fazem parte do seu corpo. Mas, como qualquer mãe verdadeiramente zelosa, ela prefere aceitar a permanência dos filhos num lugar onde possam aprender tudo de que precisam a resvalar para o excesso de zelo, angustiando-se por eles deixarem de integrar sua família imediata. É possível, se um número suficiente de pessoas optar pelo zelo, que nós criemos uma rede de amor e de luz tão finamente tecida que nenhuma alma tenha de ficar para trás. O poder magnético de um acumulador de energia desse porte seria capaz de despertar o coração e a mente de todas as pessoas para a compreensão de que o amor e o zelo constituem a única escolha sensata.

Capítulo 22

Morte: Uma Nova Fronteira

Quando se fala de mudança global, é natural que o zelo excessivo pela evolução dos eventos nos cause ansiedade. Em inúmeras circunstâncias da vida, o coração nos aconselha a tomar essa ou aquela providência ou a efetuar determinadas mudanças, e nós temos poder para tanto. Contudo, existem situações em que nós temos pouco ou nenhum poder de mudar, tais como demissão coletiva, morte de alguém próximo, furacões ou terremotos. Entretanto, se não nos é dado impedir que ocorram, é possível escolhermos a maneira de enfrentá-las — com o coração ou com a cabeça. Vamos conversar sobre a morte — um acontecimento sobre o qual sentimos não ter qualquer controle.

Nossa cultura é oprimida pela idéia da morte. E a morte, não importa sob que forma, geralmente é a principal notícia das reportagens jornalísticas — guerras, incêndios, fome, AIDS, acidentes de trânsito, desastres naturais, falecimento de pessoas famosas, e a lista não tem fim. Muitas pessoas lêem religiosamente, todos os dias, a coluna de obituário dos jornais. Por outro lado, a nossa própria morte é um tema que a maioria de nós procura evitar com todo o zelo. Ninguém gosta muito de tocar no assunto e, se o fizer, será em rápidos sussurros. A nossa sociedade exige que se empreguem todos os recursos médicos possíveis para nos manter vivos, mesmo à custa de grandes somas, de sofrimento e de muita energia. Em outras palavras, faça qualquer coisa, menos morrer, porque morte significa fim. Essa perspectiva social nos leva a refletir pouco acerca da morte, já que o nosso desejo é ignorar uma questão tão desagradável.

Condicionados pelo materialismo exacerbado do nosso tempo, tendemos a nos ver apenas como corpo físico. A despeito da crença religiosa na vida após a morte, a idéia de que somos apenas matéria física nos mantém há milhares de anos presos à dor, à tristeza, ao sofrimento e à morte. "Do pó vieste, ao pó retornarás...", como costumam dizer na maioria dos funerais. Em seu livro *Life After Life* (*), o psiquiatra Raymond Moody descreve sua meticulosa investigação sobre a vida após experiências de morte e conclui que somos mais do que simples corpos físicos e que de fato continuamos depois da morte. A dra. Elizabeth Kübler-Ross conduziu uma pesquisa semelhante e confirmou as descobertas de Moody.

Oito milhões de norte-americanos — ou seja, um adulto em cada vinte — fizeram relatos sobre a vida após experiências de morte em que viram a si mesmos deixando o próprio corpo. Muitos observaram o próprio corpo imóvel na mesa de cirurgia e testemunharam a luta de médicos e enfermeiras para trazê-los de volta à vida. Outros revelaram que viajaram em grande velocidade através de uma luz brilhante. Todos estavam clinicamente mortos, o coração já havia parado de bater, mas, ainda assim, retornaram à vida. Do ponto de vista clínico, eles deveriam ter sofrido lesão cerebral, já que o coração parado não podia enviar sangue para o cérebro; porém o fato é que não houve lesão. Esses sobreviventes conseguiram descrever com detalhes precisos as ações e os diálogos das pessoas que rodeavam seu corpo "morto". Os cientistas, perdidos na busca de uma explicação lógica, tentam justificar essas experiências como alucinações provocadas pela falta de oxigênio no cérebro. Mas como puderam esses "mortos" ouvir e ver tudo o que se passava com seu corpo e com as pessoas ao redor e depois descrever todos os pormenores da cena? Certamente não através dos olhos e ouvidos físicos!

As estatísticas nem sequer incluem os milhares de casos documentados de crianças clinicamente mortas que também relataram experiências semelhantes. Melvin Morse e Paul Perry, em seu recente livro *Closer to the Light: Learning from the Near Death Experiences of Children* (**) — que figurou durante meses na lista de mais vendidos do *New York Times* —, descrevem uma cuidadosa pesquisa feita com crianças que morreram e voltaram à vida. O dr. Kenneth Ring, presidente da International Association for Near-Death Studies (Associação Internacional para Estudos sobre Quase-Morte), acredita que "essas experiências, bem como a morte em si, na verdade não são mais que uma mudança da consciência de uma pessoa para um nível superior do holograma da realidade".

Todas essas evidências fornecem uma base cada vez mais sólida para a conclusão de que a alma permanece viva depois da morte do corpo. Mesmo uma compreensão parcial desse vislumbre acerca do "outro lado" já serve para mitigar o medo de morrer, que é resultado da ignorância e da incerteza tridimensionais em relação à sobrevivência da consciência após a morte do corpo.

---

* Raymond Moody, Jr., *Life After Life* (Bantam, 1988).

** Melvin Morse e Paul Perry, *Closer to the Light* (GK Hall, 1991).

A mídia moderna trouxe à luz muitas pistas fantásticas sobre o campo da experiência após a morte. Até mesmo assistir a um filme serve de ilustração sobre o nosso ingresso num outro mundo. Quando entramos no cinema, vemos uma projeção com sons e luzes que nos dá a impressão de corpos em movimento — que não são reais, mas apenas imagens. Intelectualmente, sabemos que as freqüências de som e luz estão criando uma ilusão, que a luz está atravessando o filme e se projetando numa tela. Contudo, enquanto permanecemos absortos no filme, tudo parece real. Morrer é como entrar num outro filme, um novo filme holográfico.

Pense no seu corpo como uma concha que abriga o seu espírito. Uma amiga minha costumava ter paguros como bichinhos de estimação. Agradava-lhe observar quando o paguro saía da concha, ainda vivo e bem, e perambulava por entre as outras conchas coloridas do terrário, em busca de uma casa nova. Ela me contou sobre uma experiência que a acompanhou pelo resto da vida. Quando minha amiga tinha 4 anos, seu avô faleceu — esse foi o primeiro contato dela com a morte. Na noite depois do funeral, já deitada, ela refletia sobre a morte — questionando se seria mesmo o fim de tudo, como seu irmão lhe dissera —, quando de súbito viu um negrume total e absoluto, muito mais escuro do que qualquer tom de negro que já havia visto. Era como se essa visão confirmasse a tese de que a morte "seria o fim"; contudo... "havia também uma espécie de luz invisível". O susto apavorou-a tanto que ela resolveu esquecer o incidente e apenas gozar a vida. Mas jamais esqueceu.

Quando eu tinha 5 anos, atravessei o país com a minha família, em virtude da transferência de papai para outra base militar. Durante a viagem, adoeci. Tive desidratação, minha temperatura subiu incrivelmente e, por isso, levaram-me para um hospital. Para mim, era como se eu estivesse numa espécie de sonho, vendo todos se agitarem ao meu redor, nervosos e preocupados, até se acalmarem de repente e se mostrarem felizes de novo. Então, meu corpo entrou numa região mais livre. Agora, ao me lembrar disso, percebo que nessa região as almas podiam misturar-se e fundir-se de tal modo que a consciência se tornava uma só, embora se preservasse o senso de identidade individual. Fui tomada por um intenso êxtase de amor. Embora continuasse sendo eu mesma, tive a sensação de integrar um círculo formado pelos meus familiares. Tudo parecia muito mais brilhante e suave, como se sorrisse. Foi uma experiência e tanto. Em seguida, recordo que flutuei por um riacho de luz e vi toda a minha família ao longo da margem. Era como um piquenique, ou uma festa de aniversário, o que me levou a concluir que estava tudo bem. Mais tarde, quando acordei num leito de hospital, meus pais me contaram que os médicos e enfermeiras pensaram que iriam perder-me.

São numerosos os casos de pessoas que experimentam a forte sensação de que seus entes queridos mortos se comunicam com elas, consolando-as, e, às vezes, aparecendo em seu corpo etérico ou espiritual. Uma de nossas associadas, numa palestra no HeartMath destinada a um grupo de professores de escolas públicas, afirmou que há pessoas que conversam, em seu coração, com parentes falecidos. Então, uma professora ergueu o braço e disse que costumava conversar com a mãe em seu coração e o fato lhe parecia bastante natural. A palestrante se surpreendeu quando cerca de metade dos professores presentes revelou que havia se comunicado com parentes mortos, mas temia contar aos outros.

Passei a aceitar a morte desde a infância, o que não significa que não me sentiria ansiosa e curiosa se soubesse que iria morrer na semana seguinte. Afinal de contas, não é verdade que morrer significa separar-nos das nossas emoções e pensamentos tais como os conhecemos e das nossas partes vitais? Hoje considero a morte uma separação ou desconexão bastante semelhante à que ocorre no sono — que podemos encarar como um ensaio para a morte. Durante o sono, é comum irmos parar em outras regiões. Quando criança, ao imergir no sono, sentia-me muito bem viajando a locais desconhecidos e adquirindo uma compreensão nova das dimensões que eu explorava. Às vezes, quando observo Christian dormindo, posso ver sua expressão mudar de engraçada para séria, com a testa vincada, e depois para alegre, sorridente. Nesses momentos, é óbvio que, por trás dos olhos fechados, ele está em algum outro lugar.

Jamais me senti totalmente responsável pelo que fazia nos sonhos, mas, fosse o que fosse, certamente eu poderia influenciar o meu mundo no estado de vigília. Não costumo lembrar-me dos sonhos. É como se a minha consciência onírica fosse apagada antes de retornar à vigília tridimensional. Você talvez me pergunte: "E quanto aos pesadelos?" Como muita gente, eu tive pesadelos nos quais tentava fugir de algo ou de alguém, mas não conseguia, ou então me envolvia numa luta que parecia não ter fim. No meu modo de ver, os pesadelos constituem um processo de desaceleramento das freqüências, as quais assumem determinadas formas identificáveis para que possamos compreender e resolver uma questão.

Houve períodos em que meus pesadelos se repetiam durante dias. Eu entendia que o propósito deles era livrar-me dos resíduos de velhos programas — o que eu chamo de "entulho colateral". Refiro-me a padrões com os quais já não me identificava no dia-a-dia e que, embora não fossem mais necessários para o meu crescimento, haviam permanecido lá, como uma espécie de resíduo. Os pesadelos podem parecer tão reais e concretos que eu lhes dispenso o mesmo tratamento dado a um pensamento negativo consciente. Ou seja, CONGELO A ESTRUTURA da experiência e me liberto do resíduo negativo em vez de lhe acrescentar mais energia negativa. Encarando o pesadelo como um padrão que estamos examinando ou deixando para trás, para nos libertarmos, é possível entender esse padrão e, conscientemente, eliminá-lo. Muitos acham que é preciso analisar os sonhos e pesadelos para adquirir compreensão. De fato, os pesadelos às vezes são intrigantes, mas sua análise tende a ativar excessivamente as freqüências da cabeça, aumentando o desconforto. Por intermédio do coração, você consegue a compreensão desejada, liberta-se do padrão e segue em frente. Os pesadelos podem fazer parte da sua planta holográfica pré-natal, ou de uma planta holográfica da consciência coletiva do planeta. Não raro, são a tradução das vibrações em imagens próprias dos estados inferiores de consciência.

É comum as pessoas considerarem os pesadelos e a morte como algo terrível ou errado, ou ainda como um sinal de fracasso. Embora saibam que morrerão um dia, elas ainda olham a morte como uma ação que jamais gostariam de praticar, e essa aversão é uma constante em sua vida. Sob a perspectiva do computador do coração, a morte apenas sinaliza que é tempo de seguir adiante. Não é o fim. Trata-se simplesmente de se desfazer da concha, de encerrar um capítulo do seu livro. Reconhecidamente, também significa o fim do sofrimento, do medo e das frustrações da vida. No momento certo e com a atitude certa, a morte pode ser uma experiência estimulante. A morte em si não representa realmente um problema, mas tão-somente um grande mistério para as pessoas.

O medo do desconhecido leva-nos a procurar uma realidade física sólida a que nos possamos agarrar para nos sentirmos seguros. A cabeça não pode livrar dos piores pesadelos ou temores com relação à morte. Os pensamentos sobre o ato de morrer e o medo podem processar-se por meio da cabeça — assumindo, nesse caso, uma proporção tal que se transformam num peso extremamente estressante que carregamos pela vida afora. Muitos se afligem: "Será que eu vou sofrer? Será que terei uma doença longa e penosa? Será que morrer dói?" A morte é inevitável — mas a inteligência do coração a compreende e, por esse motivo, só no coração encontramos a sensação de segurança em relação a ela. O momento, as condições e o modo da morte são determinados pela planta holográfica do DNA. Quando nos apercebemos disso, podemos optar pela total consciência quando o instante da morte chegar, tornando-o uma alegre transição para uma nova vida.

O Luto

Se o seu parceiro ou alguém muito próximo morrer, você evidentemente sofrerá com a perda. Submeta essa dor à inteligência do seu coração — e compreenderá que não é necessário entristecer-se por quem se foi. É possível que a morte tenha sido a melhor solução para essa pessoa. Se for esse o caso, comprova-se que a verdadeira razão da tristeza é o fato de ela ter partido, deixando você ou a família. É melhor aceitar que seu ente querido jamais voltará e que você não tem a menor idéia sobre seu paradeiro. Sob uma perspectiva honesta, concluímos que o que lamentamos é a própria perda.

Entretanto, é importante não negar o sofrimento e o luto. A repressão desses sentimentos de fragilidade não lhe trará a libertação de que você precisa. Mas também não carregue a dor com você por um ano ou dois. Como eu já disse antes, o apego a quem se foi não lhe faria nenhum bem e ainda o sobrecarregaria com um peso estressante. Deixe os mortos partirem. Conscientize-se de que, por ilógico que possa parecer, eles não foram vítimas das condições externas — na verdade, é como se, consciente ou inconscientemente, tivessem optado em sua estrutura por ir embora, por motivos que apenas a alma deles conhecia.

O Outro Lado

É comum ouvirmos relatos de comunicação entre os vivos e os que partiram. Muitos procuram médiuns e canalizadores na esperança de entrar em contato com um ente querido falecido. Joel Martin, apresentador de um programa de entrevistas no rádio, escreveu um livro campeão de vendas sobre o famoso canalizador George Anderson e suas conversas com o outro lado. Martin havia decidido expor e ridicularizar Anderson, mas, como ele demonstrou conhecer detalhes íntimos da sua vida è da de outras pessoas — o que seria impossível a não ser com a ajuda dos mortos —, em vez disso, escreveu um livro.

Certo dia, uma amiga minha foi ao banco e a moça do caixa lhe comunicou a morte de um amigo em comum, Jack. Ele e toda a família faleceram quando o pequeno avião em que viajavam se chocou contra uma montanha, por causa da neblina. Minha amiga ficou abalada. Mais tarde, quando rezava, Jack lhe apareceu, sorridente e alegre, e lhe pediu para procurar sua mãe e contar que ele estava muito feliz. Minha amiga jamais havia feito algo dessa natureza e tampouco falara com os pais de Jack — mas encontrou o número do telefone deles no catálogo. Quando ligou, um senhor atendeu. Ela lhe perguntou se era o pai de Jack e, diante da resposta afirmativa, relatou-lhe a experiência que tivera. O homem começou a chorar e confidenciou que Jack, tendo perdido a mãe verdadeira ainda muito novo, tornara-se bastante apegado à madrasta. Em seguida, agradeceu-lhe profundamente por telefonar e lhe afiançou que aquela mensagem significaria muito para sua esposa.

A morte pode dar origem a um período extremamente estressante para quem fica, mas o uso dos instrumentos de poder do coração nos ajuda a compreendê-la e a nos libertar da dor mais depressa, para que a vida possa prosseguir. No universo holográfico, jamais perdemos ninguém. Na verdade, a ligação entre os que partiram e o nosso coração se torna mais fácil nos mundos multidimensionais dos céus. O fato de sempre nos lembrarmos com gratidão e amor daqueles que morreram nos ajuda a sentir a continuidade desse vínculo no coração.

Algumas pessoas se identificam tanto com a estrutura do corpo e com o mundo materialista que enfrentam grande dificuldade para seguir adiante após a morte. Como não conseguem afastar-se com facilidade do corpo físico, ficam presas numa região intermediária — o mundo astral. E tentam reentrar no mundo físico, perambulam por sua antiga casa, observam os filhos brincando, procuram relacionar-se com esse holograma tridimensional. Mas não conseguem. Não dispõem de um corpo, e ninguém pode vê-los nem ouvi-los. Os seres astrais são responsáveis por muitos dos fenômenos *poltergeist* sobre os quais lemos ou que vemos dramatizados nos filmes. Eles são fantasmas que tamborilam nas mesas para chamar a atenção.

Essas entidades, aprisionadas entre os mundos, em geral passam por experiências frustrantes e aterrorizadoras.

Na adolescência, Katie, uma amiga minha, perdeu o pai — considerado "Desaparecido em Missão" quando servia no Vietnã. Cerca de dois anos depois, a família começou a presenciar fenômenos *poltergeist* na casa. A torneira do banheiro se abria subitamente, a cama era sacudida no meio da noite e as cadeiras caíam sem motivo. A família estava apavorada. Sempre que minha amiga voltava de um encontro com o namorado, esse fenômeno se repetia de modo mais espalhafatoso. Era como se alguém estivesse tentando chefiar a família. Os distúrbios se repetiam sem cessar, ano após ano. Katie e a mãe, suspeitando que o fantasma fosse o pai dela, e sabendo que eu era capaz de ver os campos energéticos com muita facilidade, pediram-me para entrar em contato com ele e descobrir o que estava acontecendo. Concordei em tentar.

Perambulei pela casa, para sentir o ambiente. Então, usei a técnica de Encerrar-se no Coração e enviei amor ao pai de Katie. Não tardou para que eu percebesse a presença de um ser muito perturbado. Eu estava pronta para estabelecer uma ligação numa freqüência que nos permitiria uma comunicação telepática nítida. Sua primeira mensagem foi um pedido — que eu transmitisse um recado a "Kit-Kat". Embora não fosse do meu conhecimento, esse era o apelido que ele dera a Katie. Houve um outro detalhe que ajudou Katie e a mãe a comprovarem que se tratava mesmo do pai dela. Em seguida, procurei explicar-lhe que ele estava morto e, por esse motivo, precisava partir. Como se encontrava no mundo astral e se sentia vivo, teve dificuldade para aceitar esse fato. Senti uma grande compaixão por aquele ser que, obviamente, não compreendia a morte. Ele então me disse que se julgava no dever de permanecer ali para cuidar da família. Contou que de fato levara um tiro, que fora ferido no Vietnã, mas achava que havia sobrevivido. Algumas entidades se haviam aproximado para convidá-lo a partir em sua companhia, mas ele se recusara — por medo e por achar que seu lugar fosse junto da família. Com muito amor, zelo e compaixão por todos nós, ele por fim optou por ir embora — depois de mais de vinte anos de desorientação. Quando tornei a ver Katie, um mês depois, ela me agradeceu e revelou:

— Sinto que meu pai está em paz... e a nossa casa, também.

Minha experiência com o pai de Katie me levou a refletir sobre o que seria o "dia do juízo final". O computador do coração mostrou-me que o que chamamos de juízo final consiste apenas numa revisão dos nossos trechos de filmes holográficos empreendida por nós mesmos. Você revê o que fez durante a vida e, então, decide o tipo de experiência de aprendizado ou do "trabalho" que gostaria de realizar na próxima. Não é nada que se deva temer. As pessoas têm medo do juízo final porque, inconscientemente, receiam tornar a passar pelos trechos de filmes das curvas à esquerda da última vida.

Durante muitos anos, minha amiga Frankie sofreu de lúpus, uma forma de câncer. Ela suportou a doença com facilidade e com um espírito infantil; porém, na fase terminal, passou a lutar contra a morte. Eu e vários outros amigos fomos visitá-la para encorajá-la a se libertar e a partir, assegurando-lhe que estaria tudo bem. Contudo, assustava-a a sensação de que ainda não havia concluído alguma coisa importante. E quanto mais ela se apegava à vida, mais sua saúde piorava. Contraiu gangrena e a dor aumentou. Frankie não conseguia encontrar nenhum conforto interior. Certo dia, eu e outra amiga nos sentamos na beira da cama e começamos a lhe enviar coragem. Pouco depois, começamos a cochilar. Acordamos quando ouvimos Frankie murmurar: "Oh, um anjo." Abrimos os olhos ao mesmo tempo e a vimos estender as mãos para um anjo invisível. Na noite seguinte ela faleceu.

À medida que eu desenvolvia a intuição, recebendo mais freqüências isoladas dos padrões do meu coração holográfico, adquiria uma compreensão maior. Percebi que, como não existe morte real e a alma continua, a nossa consciência individual também continua — sob que forma é uma questão de "escolha kármica", e não do que as pessoas chamam de "lei do *karma*".

O *karma* representa, para as religiões orientais, o mesmo que o pecado representa para as ocidentais. Segundo o conceito de *karma* e de pecado, se fizermos uma curva à esquerda, teremos de pagar — quando, na verdade, as curvas à esquerda são sempre lições de crescimento e expansão... e nada mais.

O Tempo é uma Ilusão

A física quântica basicamente destruiu o conceito de que "causa e efeito" constituem uma lei absoluta. Embora a lei física de Newton afirme que "a cada ação corresponde uma reação de igual intensidade, no sentido inverso", na quarta dimensão superior a ação é entendida e empreendida por intermédio do coração. Os físicos quânticos teorizaram e provaram que o tempo é uma "ilusão", que é realmente possível que uma causa aconteça ao mesmo tempo que o efeito, ou até mesmo depois. Tudo depende do trecho do filme holográfico em que nos encontramos, do ângulo de observação e do tipo de trecho de filme que estamos criando naquele instante.

O tempo pode ser visto como multidimensional. Na terceira dimensão o tempo é linear, implicando que a causa acontece necessariamente antes do efeito. Na quarta dimensão superior, tudo varia conforme a perspectiva, de modo que todos os eventos são um só e acontecem ao mesmo tempo. Na quinta dimensão, como tudo ocorre simultaneamente, é possível entrar e sair do tempo, participar de filmes holográficos diferentes e experimentar o efeito antes da causa como uma verdadeira realidade temporal.

Então, o que é o tempo? Talvez apenas algo que criamos por conveniência e do qual depois nos tornamos prisioneiros. Posso lembrar-me de meu pai exclamando: "Esteja pronta em mil e oitocentas horas!" Existe um respeito natural pelo tempo no exército e em todas as nossas estruturas sociais. Nós o utilizamos para estabelecer conexões eficientes para as pessoas, lugares e eventos da vida. Desse modo, mantemos tudo em ordem. No meu esforço consciente para ser grata ao tempo, ampliei meus conhecimentos a seu respeito. E perdi a minha antiga ansiedade, que decorria da sensação de que o tempo passava depressa demais e que eu nunca dispunha do suficiente. Desenvolvi um sentimento tranqüilo sobre o momento presente e os momentos que virão. Perceba que *agora*, neste exato instante, você está criando o seu instante seguinte. Isso é real.

No coração holográfico, podemos descobrir nossas vidas passadas e futuras. Essas vidas exercem influência umas sobre as outras, do mesmo modo que você e seu filho, melhor amigo ou cônjuge se influenciam mutuamente. Os momentos exercem influência recíproca por meio das recordações que guardamos deles. A memória exerce a influência, não o tempo. Como o tempo é uma ilusão, as vidas passadas, presente e futuras são simultâneas. Todas estariam aparentemente no mesmo espaço que você, apenas em tempos diferentes. Lembre-se, tudo é um grande e flutuante caldo holográfico. Você optou por ter consciência do papel que desempenha agora, no tempo presente, e é nesse presente que você deve permanecer.

Encontrei pessoas que me descreveram suas regressões a "vidas passadas" e me perguntei se o que haviam sintonizado era mesmo suas próprias vidas passadas ou padrões holográficos de outras que haviam vivido antes. Para algumas, essas experiências eliminaram medos profundos. Para outras, o resplendor da leitura ou da predição de uma vida passada se tornara uma fuga do caminho principal, servindo de desculpa para *não* mudar padrões ineficientes da vida atual. Depois que um amigo me contou que três mulheres diferentes orgulhosamente lhe haviam confidenciado que foram Cleópatra numa vida passada, percebi que as pessoas, por se afeiçoarem demais ao *glamour* das personalidades que acham que foram, passaram a ignorar o que vieram aprender aqui desta vez. Graças à minha experiência, eu sabia que a identificação com um padrão holográfico do passado em geral recria ou reforça esse padrão. Constatando esse fato, concluí que amar as pessoas, os lugares e as coisas no momento constituía o modo mais eficaz de eliminar os meus medos e aversões instintivas. Não me interessava se o medo era resultado de alguma experiência do passado — o importante era que o amor me libertava automaticamente dos temores e dos resíduos desagradáveis que obscureciam e conturbavam o meu mundo.

Vidas Paralelas

Pode ser que haja vidas paralelas. Com a percepção holográfica, descobri que a decisão do espírito de assumir um corpo material geralmente é tomada antes do final de uma vida e do início de outra. Ou seja, o espírito de uma pessoa pode estar simultaneamente, embora em percentuais diferentes, nos últimos anos de uma vida e nos primeiros da vida seguinte. O que significa que você poderia ser ao mesmo tempo uma criança de 5 anos e alguém na faixa dos 90.

Einstein provou matematicamente que o tempo é uma ilusão. Utilizando a percepção holográfica que Einstein intuía, seria possível viver vidas sobrepostas dentro do mesmo espectro do tempo — o que implicaria a existência de outro você no mesmo espectro (de tempo), mas não no mesmo espaço. Seria surpreendente encontrar outro você, fazendo convergirem esses dois *continuums* de tempo, mas esse fenômeno se tornaria possível à medida que você desenvolvesse essa percepção. Os filmes sobre viagem no tempo, como *De volta para o futuro*, e sobre o outro lado, tais como *Um visto para o céu*, *Ghost - Do outro lado da vida* e o popular seriado de TV, *Contratempos*, estão ajudando a abrir a mente das pessoas para as perspectivas de dimensões superiores.

Vidas passadas, vidas futuras, esta vida — nossa inteligência superior seleciona o que nós experimentaremos como oportunidades de crescimento. A morte jamais representa o final do processo, mas a volta da matéria à forma de energia, enquanto a alma continua. A compreensão equilibrada da morte era apenas outra peça encaixada no quebra-cabeça da vida que me conferia um poder maior do coração para suavizar qualquer momento da minha vida. Essa compreensão está disponível para você no seu coração. Se você se sente amedrontado ou muito hesitante em relação à própria morte ou à de outra pessoa, peça ajuda para enfrentar essa transição — em outras palavras, use a inteligência do seu coração.

"*Ainda que eu andasse pelo vale das sombras da morte, não temeria mal algum, porque estás comigo*" (Salmo 23:4).

Capítulo 23

Equilíbrio: Mais Rápido do que a Luz

Para se ter uma idéia de como é a busca do ponto de equilíbrio, imagine-se no centro de uma gangorra, tentando descobrir que peso você deve colocar em cada lado para evitar que um deles se incline. O equilíbrio é indispensável em todos os aspectos da vida — físico, mental, emocional e espiritual. E o meio mais eficiente para encontrá-lo consiste em deixar o computador do coração pesar os prós e os contras de cada situação.

A Contabilidade do Equilíbrio

Como o coração sabe fazer a distinção entre gastos eficientes e ineficientes em termos de energia, sua inteligência é capaz de gerenciar os nossos ativos e passivos pessoais. As empresas, por exemplo, mantêm registros financeiros e periodicamente fazem um balanço — verificação contábil dos ativos e passivos — para definir suas metas. A maioria de nós não ignora a necessidade de efetuar o balanço do talão de cheques ou um controle do fluxo de dinheiro. Os investidores da bolsa de valores prestam muita atenção aos inúmeros aspectos das suas carteiras de ações, manobrando seus ativos de modo que proporcionem ganhos de capital — isso se traduz em poder aquisitivo, o que, na mente da maioria das pessoas, representa menos *stress* e mais segurança. Muito tempo e energia são aplicados na análise financeira. Se as pessoas destinassem um pequeno percentual de tempo para que o coração fizesse o balanço dos gastos de energia, já imaginou que efeitos essa providência exerceria sobre suas metas reais — paz e segurança interiores?

Já lhe aconteceu de desejar muito fazer alguma coisa e acabar resmungando, desesperado: "Eu simplesmente não tenho mais energia"? Se investíssemos na nossa energia como o fazemos na bolsa de valores, ela se tornaria uma ação das mais rentáveis. A vida é um jogo econômico. A inteligência do coração mostra-nos como economizar e ao mesmo tempo investir nossa energia com eficácia.

Fazendo um Balanço Pessoal

Uma eficiente estratégia de autogestão consistiria em analisar os nossos dispêndios de energia mental e emocional. Se, ao investirmos energia, fizermos questão de uma grande rentabilidade, teremos de efetuar um balanço pessoal para verificar de que maneira gastamos a nossa preciosa energia vital, a nossa "vitalidade". Ao praticar o sistema HeartMath, eu costumo indagar ao computador do meu coração: "Meus dispêndios de energia (ações, reações, pensamentos, etc.) foram produtivos ou improdutivos? Ao longo do dia, o que acumulei mais: *stress* ou tranqüilidade?" Antes de se deitar, à noite, ou em qualquer momento que lhe pareça mais conveniente, tente recordar o fluxo e as impressões daquele dia — seus altos e baixos, e como você se sentiu depois. Pergunte-se com sinceridade se esses sentimentos aumentaram ou diminuíram a qualidade do seu dia.

Crie um modelo simples de balancete, com uma coluna para o ativo e outra para o passivo. Na coluna do ativo, registre os eventos, relacionamentos e diálogos internos que lhe fizeram bem, que foram eficazes para você — não só naquele momento, mas também para o seu crescimento de modo geral. Na coluna do passivo, anote os incidentes, irritações, frustrações, ansiedades, etc., que você sabe que não representaram um investimento sensato. Atribua valores para os seus ativos e passivos conforme as instruções do seu coração e, então, totalize os números em cada coluna. O que foi maior: o ativo ou o passivo? A energia vital foi despendida com eficiência? Os dispêndios acrescentaram qualidade e realização à sua vida ou serviram apenas para acumular *stress*? Comparando os resultados com as suas metas, você descobrirá se o dia foi bom ou não. Use o computador do coração a fim de promover os ajustes necessários para ampliar o seu ativo e para que os dias ruins se tornem bons e estes, esplêndidos.

Embora possa parecer que a manutenção de um registro escrito dos seus ativos e passivos de energia consuma muito tempo, na verdade, a longo prazo, representará uma economia. À medida que você praticar, ficará cada vez mais fácil e já não será imprescindível anotar tudo — será possível reconhecer ativos e passivos apenas usando a intuição. E, então, você identificará os pontos que precisam de correção no momento exato em que ocorrer o mau investimento. Lembre-se: todas as manhãs, quando acordamos, dispomos de uma quantidade de energia mental, emocional e física específica para os gastos desse dia. Escolhas eficientes adicionam energia à nossa conta. As ineficientes nos roubam a vitalidade.

Não ter consciência dos déficits de energia é o que cria esse nível constante de *stress* em que a nossa sociedade se acostumou a viver. O imenso déficit no orçamento do país é reflexo dos nossos déficits individuais. A inteligência do coração nos ensina que empregar a energia com eficiência é a melhor maneira de amarmos a nós mesmos, além de constituir a pedra angular do nosso processo de assumir o próprio poder. Efetuar um balanço da eficiência de energia representa um investimento altamente lucrativo na Bolsa de Valores do Próprio Poder.

Como Chegar ao Equilíbrio

Equilibrar-se é jogar o "jogo da compreensão" com você mesmo para descobrir as escolhas que lhe são mais benéficas em todos os momentos e em cada setor da sua vida. Se você gerenciar os pensamentos e emoções da cabeça de uma forma que lhe permita enxergar e entender os dois lados de qualquer questão — os dois lados da gangorra —, não terá dificuldade para encontrar o ponto de equilíbrio. Mas a sua cabeça pode ludibriá-lo, se não receber uma injeção de sabedoria real do coração.

É importante aprender a distinguir a diferença entre os impulsos emocionais e os verdadeiros desejos do coração. Eu sempre achava que estava levando em conta os dois lados de uma questão. Eu ia e voltava, analisando as variáveis, tentando escolher uma direção. "Será que devo usar o dinheiro para viajar nas férias?" ou "Devo investir em ações?". Muitas vezes as minhas escolhas resultavam de um impulso emocional, embora eu as atribuísse à vontade do meu coração. Nesses casos, a solução não se revelava nem um pouco proveitosa ou gratificante. Quando aprendi a frear os pensamentos da cabeça por meio do congelamento de estrutura e de consulta ao computador do coração, passei a distinguir entre o impulso emocional e o meu coração real, adquirindo, desse modo, uma perspectiva equilibrada. Não raro, o que o meu coração queria não coincidia com o impulso emocional. Se a minha cabeça ainda permanecesse em dúvida, eu analisaria as variáveis — sempre usando o computador do coração como guia. Descobri que os bons negócios são feitos quando as partes envolvidas têm a capacidade de enxergar sob todas as perspectivas.

Você provavelmente conhece muitas pessoas que racionalizam os impulsos emocionais. Eis aqui um exemplo simples para demonstrar que o equilíbrio pode trazer-nos mais realização.

Um homem toma um sorvete todos os dias, garantindo a si mesmo que não lhe fará mal, uma vez que pratica uma hora diária de exercícios na academia. Aparentemente, sua dieta está equilibrada. Entretanto, se observarmos a quantidade de sorvete consumida e a compararmos com o consumo de outros alimentos, concluiremos que isso não é verdade — de fato, verifica-se um grande desequilíbrio nos seus hábitos alimentares. Talvez o seu prazer fosse maior se ele tomasse sorvete apenas duas vezes por semana. Caberia a esse senhor descobrir seu ponto de equilíbrio. Viver em equilíbrio não significa levar uma vida tediosa, cheia de privações, jamais se aventurando a quebrar a rotina. O equilíbrio, na verdade, é o que nos possibilita saborear mais completamente o que a vida nos oferece de melhor.

Usufruir todas as coisas numa proporção harmoniosa aumenta o nosso divertimento e sensação de bem-estar. Tudo o que se torna um vício constitui desequilíbrio, seja comida, álcool, sexo, trabalho ou qualquer outro estímulo. Quando equilibrado pela sua autogestão, você pode desfrutar o estímulo sem perder o controle.

A paixão é uma poderosa energia regeneradora — mas só será equilibrada se o coração a expressar. Quando manifestada pela cabeça, perde o equilíbrio e nos coloca em cada apuro! *Cabe a cada pessoa descobrir o ponto de equilíbrio do seu sistema.* O computador do seu coração lhe indicará as áreas que precisam de ajuste. É possível ouvirmos a voz da consciência ou experimentarmos uma sensação engraçada no instante em que começarmos a empreender alguma coisa capaz de nos desequilibrar. O *stress* é, sem dúvida, um sinal de que não estamos em equilíbrio. Quando se habituar a tomar consciência do *stress*, você poderá consultar o seu coração para saber o que está fazendo a mais, ou a menos, ou deixando de fazer.

Equilíbrio Espiritual

O equilíbrio espiritual advém da integração e do funcionamento adequado dos níveis físico, mental e emocional da nossa vida. O aspecto espiritual está e sempre esteve presente. Tudo se espiritualiza quando nos esforçamos para harmonizar os três níveis — promovendo automaticamente o equilíbrio espiritual que tanto buscamos. Na verdade, se tivermos excesso de zelo em relação ao nosso destino e ambições espirituais e não assumirmos a responsabilidade por essa harmonia básica, continuaremos fora de equilíbrio e retardaremos o nosso crescimento espiritual. E não seremos tão amorosos ou zelosos — nem irradiaremos muita energia do coração — quanto muitas das pessoas que, a despeito de não terem metas espirituais conscientes, são equilibradas em termos físicos, emocionais e mentais. Refiro-me àquelas que apenas amam e são reconhecidas à vida, porque são as que *vivem* os valores básicos. Talvez seja o seu vizinho, o quitandeiro ou mesmo alguém que você julgou e desaprovou por ser diferente — por comer, vestir-se ou agir de modo diverso do seu. Não existem fórmulas universais para o equilíbrio, porque cada pessoa e seu respectivo sistema são únicos. O que conta não é a roupa nem os hábitos pessoais, mas a qualidade do amor que resulta do equilíbrio entre os níveis da vida.

Muitas das pessoas que são movidas por ardentes aspirações espirituais não têm equilíbrio. Elas podem rezar ou meditar o dia todo; mas, se o sistema delas não estiver realmente equilibrado, perceberão que não estão progredindo. Como não raro desconhecem o motivo da estagnação, esforçam-se ainda mais em suas práticas espirituais. E, no entanto, se escutassem com o coração, a voz interior lhes mostraria onde efetuar ajustes. Freqüentemente, porém, mesmo os que têm experiência em meditação não escutam nem agem de acordo com a verdade de seu coração.

Uma editora deste livro contou-me que entender o equilíbrio representou uma revolução em sua vida. Antes de praticar o método HeartMath, ela meditava profundamente, concentrando-se no "terceiro olho" porque, segundo lhe disseram, era daí que vinha a intuição. Entretanto, ignorava algumas das pequenas e insignificantes vozes em seu coração, por não perceber que se tratava da manifestação da sua intuição verdadeira. Ela se perguntava como poderia encontrar a realização que seu coração almejava, já que não sabia solucionar vários e profundos conflitos internos.

Exaurida por esse círculo vicioso — resolver e criar novos problemas para resolver —, pediu ajuda a Deus com sinceridade. Quando conheceu Doc Childre, a mim e a vários outros amigos, e viu o equilíbrio e zelo em nossa vida, percebeu que essa era a peça que faltava no seu quebra-cabeça. Em sua opinião, nós éramos provas vivas de que era possível gerenciar a vida com o coração. Para ela, constituiu um verdadeiro despertar a constatação de que havia mesmo pessoas na Terra que conseguiam adquirir grande consciência espiritual sem tirar os pés do chão, sendo responsáveis, apreciando diversão — e realização. O sistema HeartMath entusiasmou-a, bem como a perspectiva de colocar em prática o que aprendia — aplicando suas descobertas na própria vida.

Ela passou a ouvir e a seguir diligentemente as diretrizes do coração em suas outras disciplinas espirituais. Segundo me contou, submeter todas as questões ao computador do coração era algo que a libertava. E acrescentou:

— Não pensei que *tivesse* estruturas mentais, mas comecei a perceber os pontos em que eu bloqueava o meu progresso por "saber tudo" sobre as pessoas e situações da vida.

Praticando, ela se surpreendeu por encontrar seu ponto de equilíbrio em todos os níveis — físico, emocional, mental e, é claro, espiritual.

Sua maior descoberta consistiu no fato de não ter de lutar nem de se esforçar para alcançar novos estágios de consciência espiritual, pois eles resultavam naturalmente do exercício dos níveis mais profundos e sinceros de amor, zelo e gratidão por todas as pessoas. Ela resumiu assim:

— Como é maravilhoso, *finalmente*, apenas amar e zelar de modo mais profundo e sincero com o coração, e deixar que o despertar espiritual chegue até nós — o que não tarda a acontecer, depois que passamos a saudar todas as pessoas com o coração e a viver os momentos em equilíbrio. Em cada novo patamar de equilíbrio, as recompensas parecem crescer de modo substancial!

A Velocidade do Equilíbrio

Qualquer família, empresa ou grupo funcionará "eficazmente" se tiver como membros pessoas responsáveis por si mesmas. Esse princípio se estende a qualquer sociedade, país e ao mundo. No seu coração você encontra o poder necessário para assumir a responsabilidade de manifestar paz e felicidade e para ajudar seus filhos a fazer o mesmo. Quando Christian se agita demais ao brincar, posso sentir que perdeu o ponto de equilíbrio. Se eu não lhe refrescar a memória, aconselhando-o a ter calma e a voltar para o coração, ele pode ferir inadvertidamente os sentimentos de outra criança. Para ajudá-lo a se lembrar, eu lhe sugiro que indague ao computador do coração: "Qual é a sua verdade?"

Só o fato de você se lembrar de equilibrar a sua conta já acelerará de imediato esse processo. O método HeartMath demonstra que um esforço sincero com o coração — um investimento na ativação das freqüências do coração — gera um retorno de energia nove vezes maior. Que excelente investimento! Quando passamos a compreender os níveis mais profundos do coração, descobrimos que a vida realmente se resume num jogo econômico. À medida que o nosso ativo cresce, nossa realização aumenta. Percebemos que, quando nos tornamos mais eficientes em relação à energia mental e emocional, conseguimos vencer no jogo da vida naquele dia, ou mês ou ano.

Adquirindo equilíbrio no coração, voltamos ao nosso estado original. Se o propósito real da vida é "encontrar o Criador", por assim dizer, então recriar e equilibrar o nosso sistema constituiria o meio para alcançar esse fim. Não lhe parece que seria correto, usando a inteligência "de Deus" — ou lógica superior do coração —, definir o equilíbrio como a maior velocidade para voltar à origem, para alcançar a divindade, integrar-se à fonte, ou como quer que você a chame? O caminho mais reto e estreito, calculado pelo computador do coração, é o equilíbrio!

Será que a equação da volta à origem é mais rápida do que a velocidade da luz? Será que essa viagem em "velocidade superior à da luz"(VSL) tem, na verdade, a *velocidade do equilíbrio*? Como afirma Nick Herbert, físico de Stanford e autor do livro *Faster Than Light: A Journey Beyond the Einstein Limit* (*): "A teoria de Einstein não refuta necessariamente a viagem em velocidade superior à da luz (VSL)." Ele afirma, ainda, que a viagem em velocidade superior à da luz poderia explicar a conexão quântica — "a noção de que dois sistemas quânticos, tendo se relacionado mesmo que por um breve instante, permanecem de algum modo conectados para sempre por uma ligação instantânea...

(*) Nick Herbert, *Quantum Reality* (Doubleday, 1985), *Faster Than Light*.

não limitada pela distância". Minha experiência me diz que, na velocidade da luz, ocorre uma transição para outra dimensão, onde tudo é energia pura e não há espaço nem tempo. Tudo é interligado e se move como um todo. Nesse ponto, é como se o observador se quantizasse, subdividindo-se em minúsculos, finitos incrementos de energia. Se Deus estiver observando de todos os lugares, e se você adotar a infinita perspectiva de Deus, então lhe será possível ver o equilíbrio como uma forma de viagem cuja velocidade é superior à da luz.

Einstein teve a capacidade de se imaginar viajando num raio de luz e formulou sua agora famosa equação $E = mc^2$, que afirma basicamente que energia e matéria são a mesma coisa. O próximo passo da ciência é familiarizar-se com a idéia de que a equação $E = mc^2$ pode provar também que a energia move a "matéria". Deixe-me explicar. Se "E" representa a energia coerente do coração, e "m" (massa) abrange — por meio da matéria — as freqüências mental e emocional, então "E" seria capaz de equilibrar e transformar "m". Somente por meio da prática podemos perceber que a energia concentrada do coração, a inteligência do coração, pode equilibrar situações externas e transformar a densidade (o holograma da vida) num grau não estimado previamente. Essa compreensão da *velocidade do equilíbrio* poderia exceder todos as revelações anteriores geradas por $E = mc^2$. Agora, como seria $E = (mc^2)^2$? Na mecânica de Einstein, poderia resultar numa explosão incrível, que aniquilaria toda a matéria. Mas, sob essa perspectiva mais ampla, poderia consistir numa explosão no coração da luz, do amor e do poder, libertando a consciência para uma nova realidade. Ou, talvez, significasse ver pelo prisma de Deus. Isso iria além da percepção quadridimensional, em que a energia é igual à matéria e a velocidade da luz é o limite, e entraria na quinta dimensão — conferindo às pessoas o poder de criar em harmonia e equilíbrio com Deus.

Na freqüência da criação também existem futuro e passado, o que significa que seria possível compreender o Criador, Suas intenções e Sua origem. A freqüência da criação seria possivelmente a mais alta capacidade de freqüência que as células do seu DNA revelariam — uma perspectiva de Deus, Ele próprio como dádiva. Seria a expansão do Meio-Termo Ideal — a expansão do Amor. Até mesmo a maioria das religiões concorda que o Amor é o propósito específico de Deus. A ciência prova que o amor *está* no núcleo da matéria pela compreensão da velocidade do equilíbrio.

Você pode começar agora. O Meio-Termo Ideal se expande na Velocidade do Equilíbrio! Eis aqui o caminho de acesso que a minha experiência ensinou: por intermédio do coração, faça o melhor para encontrar o equilíbrio em cada momento. Então, busque amor e zelo mais profundos e sinceros. Por exemplo, quando a vida diária começa a parecer desgastante, a primeira regra do meu sistema é ficar em paz. Então, estou apta para encontrar o meu ponto de equilíbrio e, seguindo esse fluxo, descubro a atitude que devo tomar. Consigo, assim, visualizar uma intrincada trama de eventos em que tudo parece encaixar-se no lugar certo. Como na realidade o tempo não existe, o equilíbrio transforma o tempo num fluxo. Tudo é feito. Você descobre que está tecendo a sua própria trama de eventos com decisões eficazes em cada momento. Quando nos empenhamos para entrar em equilíbrio, ativamos matematicamente o nível seguinte de consciência, para que possamos desfrutar qualquer passeio pela vida e criar nosso próximo nível de realização. Demore o tempo que quiser para apreciar esse processo. Você está gerando a sua própria expansão, a sua própria espiral de crescimento. Em cada passo da trilha, volte para o coração e torne a se equilibrar. Encontre a sua paz. O equilíbrio o elevará para o nível seguinte, e o seguinte, numa divertida aventura. Equilibrar-se é como usar o ponto central do seu coração para explorar o cubo mágico da vida. Descobrir a Velocidade do Equilíbrio é o próximo estágio para a ciência, para a administração e para a religião — conceituando-se equilíbrio como a equação formulada por Deus para obter uma integração esteticamente agradável de todos os elementos. Quando há equilíbrio, há harmonia.

Capítulo 24

O Sistema Mente/Cérebro

Enquanto o coração está mais vinculado ao espírito, a cabeça pode ser vista como uma *força*. No subterminal da cabeça, é o sistema mente/cérebro que programa a cabeça e lhe ativa a força. Examinemos alguns dos conceitos e da mecânica desse sistema. O hemisfério esquerdo do cérebro está associado à lógica, à razão, à matemática, à linguagem, à capacidade verbal, à leitura, à escrita, à análise e ao raciocínio linear ou processamento seqüencial. O hemisfério direito relaciona-se com o reconhecimento de rostos, padrões, símbolos, ritmos, imagens visuais, da percepção profunda, capacidade espacial e de síntese, criatividade e do processamento paralelo (simultâneo). Embora o ideal seja a integração equilibrada de ambos os hemisférios, na maioria das pessoas ocorre que um dos lados tende a operar mais do que o outro. A essa tendência chamamos de *dominância cerebral*.

Atualmente, a teoria mais popular acerca do cérebro é a do modelo tríplice do dr. Paul MacLean, segundo o qual temos na verdade três cérebros em um: o reptiliano, o sistema límbico e o neocórtex. O cérebro tríplice desenvolveu-se ao longo da evolução, iniciando-se com as funções primitivas do cérebro reptiliano. O sistema límbico introduziu o comportamento emocional, a consciência de si mesmo e a memória, com a qual os mamíferos também são dotados. O neocórtex, encontrado apenas nos primatas e nos seres humanos, é responsável pela atividade mental, sendo bem maior no homem de hoje do que no homem primitivo. De acordo com MacLean, esses três cérebros freqüentemente lutam pela predominância e nem sempre trabalham em harmonia. (*)

(*) O trabalho de MacLean é citado em *Peak Learning*, de Ronald Gross (Tarcher, 1991).

Muitos cientistas acreditam que a pesquisa de MacLean sobre o cérebro tríplice em breve se tornará obsoleta.

A segunda teoria mais popular sobre o cérebro consiste no modelo holográfico, formulado pela primeira vez pelo dr. Karl Pribram, neurofisiologista da Universidade de Stanford (*). De acordo com esse modelo, o cérebro cria imagens codificadas — tomando, por exemplo, qualquer sinal de freqüência que vir, como esta página diante dos seus olhos, e traduzindo-a numa imagem tridimensional. A codificação é semelhante à que ocorre num holograma.

O modelo holográfico do cérebro baseia-se no mesmo *senso comum* que explica a estrutura do universo. Michael Talbot explica, no livro *The Holographic Universe*:

> "Nosso cérebro constrói matematicamente a realidade objetiva ao interpretar as freqüências que, em última análise, são projeções de uma outra dimensão, de uma ordem mais profunda da existência que está além do espaço e do tempo: o cérebro é um holograma dobrado num universo holográfico."

À medida que a minha intuição se desenvolvia, eu experimentava diretamente essa verdade — minhas próprias informações, sem nenhuma intermediação, acerca do universo. Estudando a relação entre a cabeça e o coração holográficos, aprendi que a cabeça vê segmentos desconexos, enquanto o coração vê a criação do todo. Oculto na inteligência do coração encontra-se o poder de compreender a mente e o cérebro em toda a sua perfeição.

Os cientistas do California Institute of Technology divulgaram recentemente os dados de uma nova descoberta, segundo a qual as células do cérebro humano contêm cristais de um mineral altamente magnético. Essa é a primeira vez em que a ciência prova a existência de magnetismo em células humanas. Animais como a baleia e o pombo-correio têm um senso de direção inato em razão das partículas magnéticas que os orientam. As pesquisas do Oak Ridge National Laboratory, do Tennessee, sugerem que é possível armazenar milhares de imagens tridimensionais num único cristal magnético. De acordo com os pesquisadores, "girando-se ligeiramente o cristal, cria-se uma nova oportunidade de estocagem". O modelo holográfico é o único processo conhecido para acondicionar e estocar informações compactadas. As aplicações possíveis das descobertas de Oak Ridge apontam para um futuro em que quantidades imensas de dados poderão ser armazenadas holograficamente num cristal especialmente lapidado. Os cristais magnéticos do cérebro equivalem aos cristais

(*) Pribram mostra como o cérebro usa os mesmos princípios matemáticos do holograma para interpretar os padrões de interferência criados nos campos elétricos ao redor das células do cérebro. Pribram, K. H., *Brain and Perception: Holonomy and Structure in Figural Processing*. Hillsdale, NJ: Lawrence Erlbaum Associates, Publishers, 1991.

holográficos do coração. Essas descobertas de Oak Ridge descrevem perfeitamente o funcionamento dos cristais do coração que eu vi.

O próximo passo na pesquisa do cérebro será identificar os sinais elétricos que criam a ressonância coração/cérebro. (*) Em seu livro *Medicina Vibracional*, Gerber narra a pesquisa do cientista Itzhak Bentov acerca dessa ressonância. Ele afirma:

> "No modelo de Bentov, as vibrações sônicas criadas no interior dos ventrículos do cérebro pelas pulsações transmitidas pelo coração promovem uma estimulação mecânica e elétrica dos tecidos nervosos situados em torno dele."

É interessante notar que a concentração dos recém-descobertos cristais magnéticos do cérebro é maior na membrana que o envolve. É possível, segundo o que Bentov postula, produzir "atividade elétrica estimulatória cíclica que reverbera num trajeto circular através do córtex cerebral... Quando o estímulo torna-se cíclico e repetitivo, a corrente passa a ser mais intensa."

Doc Childre, em seu livro *Self Empowerment*, descreve esse circuito elétrico:

> "A intuição do coração tem a capacidade de engajar a mente na produção de freqüências elétricas sutis que dão equilíbrio aos hemisférios esquerdo e direito do cérebro. Esses padrões elétricos codificados regulam a química do cérebro para aumentar a eficiência, integridade e eficácia do cérebro e de suas funções. O equilíbrio dos dois hemisférios gera um sinal elétrico unificado, que se integra nas freqüências do coração e da mente, promovendo uma triangulação de ressonância elétrica. Ao entrarem em ressonância, essas três freqüências criam um campo energético de inteligência que, para todos os propósitos práticos, traduz-se num terceiro cérebro (que é por natureza elétrico, e não físico). Esse terceiro cérebro é projetado para transmitir e receber inteligência quântica e diferenciá-la por meio da rede do cérebro físico para uso prático na vida cotidiana. Quando incorporada num padrão de onda de ressonância, a triplicidade elétrica formada por coração, mente e cérebro cria um campo energético unificado dentro da mente humana individual, ampliando-lhe a percepção. Essa integração elétrica ativa progressivamente o percentual não utilizado do potencial do cérebro, que a ciência reconhece que está adormecido."

(*) Pesquisadores do IHM descobriram que as ondas do cérebro se harmonizam com o ritmo do coração a .1 Hz, criando um estado de sintonia entre a mente e o cérebro, no qual há um aumento da percepção intuitiva, conforme o relato das pessoas. McCraty R., Tiller W.A. e Atkinson M. Head-Heart Entrainment: A Preliminary Survey. *Integrating the Science and Art of Energy Medicine*, 1995. Boulder, Colorado: ISSSEEM.

No centro de pesquisa Intui-Tech (uma divisão do Institute HeartMath), estão sendo feitos estudos para abordar de modo mais completo a comprovação da ressonância coração/cérebro. Os pesquisadores têm investigado a possibilidade de a atividade elétrica associada à inteligência do coração desenvolver novas células cerebrais e intensificar as já existentes. Experiências sobre os efeitos de padrões tonais e rítmicos específicos sobre os padrões psicológicos das pessoas estão sendo realizadas em conjunto com avaliações de EEG (eletroencefalograma) e ECG (eletrocardiograma). Os projetos incluem testes adicionais das freqüências cardíacas com análise de espectro de ECG e utilização de polígrafo. Os pesquisadores do Instituto também propõem o trabalho com o laboratório do Dispositivo Supercondutor de Interferência Quântica (*Superconducting Quantum Interface Device - SQUID*), (*), que usa sondas magnéticas em vez de eletrodos para detectar flutuações ínfimas nos campos magnéticos.

Como Desenvolver o Terceiro Cérebro (Elétrico)

O cérebro físico é o veículo material que traduz as freqüências supraconscientes das dimensões superiores para a consciência humana. A capacidade do sistema mente/cérebro de analisar freqüências e as decompor em dígitos constrói a interface consciente entre espírito e matéria. Nossa massa cinzenta constitui uma rede incrivelmente intrincada de neurônios e células que ligam a percepção elétrica à fisiologia celular. Ao longo da evolução, os mamíferos superiores desenvolveram novas células cerebrais para expandir o neocórtex. Por meio do terceiro cérebro (elétrico), podemos desenvolver novas células cerebrais para receber e reter uma inteligência superior *maior*.

Ativamos o alto potencial do sistema mente/cérebro quando amamos e zelamos pelas pessoas e quando temos a curiosidade de saber "como tudo isso funciona". Quanto mais usamos o coração e a cabeça para entender como todas as partes realmente operam, maior é o potencial do cérebro que empregamos. Estudei vários artigos sobre as funções mente/cérebro e, depois, levei as informações para a inteligência do meu coração. Sentia-me intrigada! Como eu poderia saber se estava ou não utilizando um percentual maior da minha capacidade cerebral? Como nós podemos, como sociedade, ampliar nosso poder mente/cérebro e manter o equilíbrio? Que tipo de pesquisa sobre o cérebro

---

(*) Projeto de Pesquisa e Desenvolvimento do Sistema de Mensuração Avançada do Campo Biomagnético. O Superconducting Sensor Laboratory (Laboratório Sensor Supercondutor) foi fundado em março de 1990 pelo Japan Key Technology Center e por dez empresas privadas, com o objetivo de pesquisar a mensuração dos campos magnéticos emitidos pelo corpo humano, especialmente pelo cérebro. (N.T.)

aprofundaria o desenvolvimento intuitivo? Qual será o modelo mente/cérebro do futuro? Pedi ao computador do meu coração que me esclarecesse.

Então, eu me dei conta de que é possível desenvolver conscientemente um terceiro cérebro — elétrico — que atue sobre um *conjunto de* software *inteiramente proveniente do coração*. Captei a imagem de um paradigma do futuro, no qual todos os seres humanos funcionam com essa capacidade, e vi que a compreensão conceitual se tornaria secundária. Pela compreensão intuitiva de alta velocidade, ultrapassaremos o processo conceitual e, em vez dele, teremos um conhecimento direto.

No Institute of HeartMath, constatamos que, graças à prática contínua do método HeartMath, nossos dias de trabalho não são tumultuados pela necessidade constante de inventariar mentalmente todos os detalhes de cada tarefa. Descobrimos que, por nos concentrarmos nas prioridades — principalmente em amar as pessoas e zelar por elas antes de tudo —, os detalhes se resolvem por si mesmos. Muitas vezes, os programas de treinamento das empresas ensinam seus empregados a definir as próprias prioridades e executá-las primeiro. As pesquisas sobre gerenciamento do tempo provaram que, quando as prioridades são colocadas em primeiro lugar, fica mais fácil administrar os detalhes. No Instituto, concluímos que, quando colocamos esses ensinamentos em prática, a produtividade aumenta substancialmente. As empresas trabalham com mais tranqüilidade se houver equilíbrio entre a intuição do coração e a atividade da cabeça. Quanto a nós, primeiro usamos a intuição e a retardamos deliberadamente quando queremos usar a cabeça para ter acesso a todos os dígitos para cálculo e análise. Esse procedimento, que alia a intuição do coração e a cabeça, fornece esclarecimentos em alta velocidade, possibilitando uma ação eficaz.

A cabeça busca compreender o significado de tudo, porém, com o desenvolvimento da intuição, a representação simbólica de cada momento deixa de ser imprescindível. Também nos demos conta de que insistir nos símbolos (imagens ou conceitos que o sistema mente/cérebro nos apresenta) atrasa o conhecimento direto. O gerenciamento com o coração permite-nos optar entre: a) o silêncio interior real; b) a análise intuitiva pelo computador do coração ou c) a análise digital da cabeça. No Instituto, aprendemos que essa flexibilidade amplia o *bom senso* em relação a qualquer problema, criando um fluxo harmonioso em que tudo é resolvido — em que pessoas e detalhes recebem a devida atenção. O sistema HeartMath é um sistema que coloca a *paz em ação*.

Adquirir a capacidade de distinguir entre o momento de desacelerar o suficiente para acionar programas mentais e o de proceder a uma análise detalhada é um processo de busca do equilíbrio. Apercebi-me da existência de uma linha tênue separando o "estar no momento" e o ter de refletir sobre o significado de cada sinal sensorial de freqüência que me chega. Por causa da minha sensibilidade às freqüências, preciso cuidar-me para não sofrer sobrecargas.

Quando sinto um amor apaixonado por alguma coisa que eu esteja fazendo, supero a necessidade de sinais mentais ou sensoriais — e concluo a tarefa com a intuição, dispensando todos aqueles trabalhosos dígitos.

Nas minhas pesquisas, eu queria entender o processo real do coração para tomada de decisões intuitivas. Enquanto me concentrava no coração, fazia a minha cabeça decompor os dígitos para que eu os estudasse estrutura por estrutura, observando cada ângulo. Eis aqui uma boa analogia para ilustrar o que descobri: imagine alguém sentado numa floresta; primeiro, ele admira a magnificência de todas as árvores e, depois, concentra a atenção num único galho, a fim de examinar detidamente a beleza de sua casca e a textura de suas folhas. As duas perspectivas são valiosas. Mas, se nos concentrarmos demais apenas num galho, bloquearemos a nossa percepção do bosque como um todo. O equilíbrio das duas perspectivas é o que nos oferece a compreensão mais ampla. A cabeça vê o panorama geral e perscruta os dígitos armazenados no sistema mente/cérebro para chegar à melhor solução intuitiva.

As informações recebidas pela intuição, transmitidas pelo supraconsciente terceiro cérebro, não sofrem as limitações impostas pelas palavras nem são condicionadas pelo tempo. É possível enviar folhas de dados em questão de segundos. O processo Intui-Tech permite obter instantaneamente informações sobre qualquer assunto. Talvez a memória perca um pouco de sua importância no modelo de cérebro do futuro. Se tivermos acesso a todas as freqüências que desejarmos, não precisaremos guardá-las na memória.

Percepção Supraconsciente

A supraconsciência é o elo entre o homem e o espírito. E é o que torna possível o conhecimento imprescindível para efetuarmos planejamentos e atendermos às necessidades dos outros e às nossas. A inteligência do coração é a que teria perceptividade para gerar "uma criatura capaz de se importar com todos os seres vivos", como afirma o dr. Paul MacLean, que descreve o neocórtex como o veículo físico desse tipo de percepção. Ele afirmou: "A natureza acrescentou ao neocórtex alguma coisa que, pela primeira vez, introduziu o afeto e a compaixão no mundo... Como seres humanos, parecemos estar adquirindo a mesma matéria mental de que são feitos os anjos. Talvez tenha chegado a hora de revermos nosso conceito sobre nós mesmos e de agirmos em conformidade." A supraconsciência detém o padrão elétrico do modelo do cérebro humano, o projeto completo da nossa evolução. Por meio do terceiro cérebro elétrico, podemos desenvolver o neocórtex até sua capacidade total.

O Cérebro Holográfico

O físico David Bohm, pupilo de Einstein e um dos físicos quânticos mais respeitados do mundo, é um dos principais proponentes da teoria do cérebro holográfico. Na sua opinião, "tudo no universo é parte de um *continuum*". Observei a cinematografia de eventos passados, presentes e futuros nos cristais holográficos do coração — qualquer que seja o significado dos símbolos e códigos dos padrões holográficos —, e vi que o *espírito* é um processo de evolução contínua. A reencarnação significaria viver também em outras esferas de outros universos — e não apenas na Terra. Imagine o que seria o sistema mente/cérebro, acrescido de todas as informações de inúmeros universos! Como seria a nossa realidade se o nosso cérebro se ocupasse apenas dessas informações, e não dos nossos problemas diários e das lembranças? É possível que no futuro, guiados pela inteligência do coração, tenhamos uma capacidade maior para aperfeiçoar a mente em termos de acurácia e concentração.

Constatei que, quanto mais profundo e genuíno é o meu pensamento, mais sólido é o meu contato e maior a minha afinidade com o objeto em que me concentro. Por exemplo, se eu disser a palavra "feliz" com a cabeça, receberei informações da memória acerca dessa vibração de pensamento em particular — feliz — e recordarei momentos felizes meus ou de meus amigos. Mas, se quiser aprender algo novo, me sentirei "feliz" e sinceramente estimularei uma vibração de pensamento com o coração. Então, deverei reter essa freqüência para extrair dela um conhecimento inédito para mim. Vou me sentir "feliz" de um modo infantil. A verdadeira felicidade brota quando vivemos no coração — basta estarmos no momento que a felicidade apenas acontece.

Potenciais Futuros

A vida se expressa sob a forma de radiações, vibrações e ondulações de energia. Sendo assim, por que não seríamos capazes de recriar um braço, caso o perdêssemos, exatamente como faz a estrela-do-mar? Os lagartos e as minhocas também têm a capacidade inata de recriar diversas partes do corpo. Com a compreensão das leis das freqüências, os especialistas em medicina holográfica conseguirão isolar as radiações usadas pelos animais para regeneração das células físicas.

As abelhas parecem ter um receptor sem fio (possivelmente alojado em suas antenas) que isola uma determinada radiação capaz de conduzi-las ao longo de vários quilômetros até a colméia. O pombo-correio é dotado de um senso de direção que lhe permite voltar para casa, cruzando longas distâncias. Primeiro ele circunda a área, para definir sua direção em harmonia com o campo magnético da Terra. Então, voa rumo ao destino pela rota mais direta possível. Contudo, se colocarmos um rádio-transmissor no seu cérebro, não lhe será possível encontrar o caminho — o que comprova que o pombo-correio segue uma determinada freqüência na qual o rádio-transmissor interfere.

Quando pensamos a esse respeito, nós nos damos conta de que um grande percentual de pássaros e animais são equipados com algum tipo de dispositivo de direção. Como é que as aves migratórias sabem regressar ao lar de origem, freqüentemente distante milhares de quilômetros? Por que os bandos de andorinhas migratórias retornam a San Juan Capistrano quase sempre no mesmo dia do ano? É comum lermos nos jornais histórias de cães e gatos que, afastados dos seus donos, vários meses depois conseguiram encontrar o caminho de casa, a despeito das centenas de quilômetros que os separavam.

Segundo o que os pesquisadores sugerem, se não houvesse a interferência dos nossos pensamentos e emoções, nossos sentidos poderiam ser tão aguçados quanto os dos animais menores, até porque o sistema nervoso humano é muito maior e mais complexo do que o deles. Desenvolvendo a *sensibilidade à radiação*, o homem será capaz de aprender mais com o meio ambiente ao redor. A capacidade da estrela-do-mar de regenerar um membro seria uma dádiva para nós, seres humanos — para alcançá-la, teríamos de nos tornar "atmosfericamente sensíveis" a essa freqüência em particular. Com a freqüência do sonar do golfinho — outra dádiva — poderíamos aprender a comunicação sônica. Aplicando o mesmo princípio, também seria possível extrair certas vibrações de uma planta para a nossa nutrição. Ou, então, que tal nos alimentarmos de uma nuvem? Cada uma dessas capacidades latentes constitui uma freqüência isolada dentro do espectro da supraconsciência.

À medida que a humanidade desenvolver o poder do terceiro cérebro elétrico, as palavras que proferimos adquirirão automaticamente maior força e influência eletromagnética. No futuro, leitura de pensamento e comunicação telepática serão dons amplamente difundidos — bastando, para tanto, isolar suas freqüências específicas. O uso das palavras talvez diminuísse — ou ao menos se tornasse mais econômico. O equilíbrio entre telepatia e comunicação por palavras seria o meio mais eficiente para nos relacionarmos: nós nos expressaríamos verbalmente e ouviríamos profundamente o que o coração e a mente do interlocutor estivessem tentando dizer.

O próximo passo para a pesquisa mente/cérebro será a pesquisa *coração/mente/cérebro*— o que implica investigar as freqüências do amor. O que acontece quando as pessoas irradiam mais amor? Como podemos medir eletricamente as radiações do amor? Que efeito o amor exerce sobre a regeneração das células? Quando você passar a ser mais sensível às freqüências e entender seu potencial, lembre-se de que o poder para realizar tudo isso está no coração. O amor e o zelo em ação são os sinais enviados ao Criador para que libere novos dons do espírito. O poder do amor escancara a porta da intuição. Praticando o gerenciamento com o coração, você será capaz de entender um número maior de freqüências. Contudo, sem ter por alicerce o desenvolvimento do coração, você continuará "fora de fase". Orquestrar a mente e a intuição num intercâmbio harmonioso exige uma visão supraconsciente. Como Doc afirma: "Equilibrar os hemisférios do cérebro com o coração ativa a criatividade e as funções lineares, criando uma aventura conjunta de eficiência e eficácia."

A compreensão de quinta dimensão das leis das freqüências trará para o nosso mundo muitas comodidades mentais e emocionais que melhorarão a qualidade da nossa vida interior e aliviarão o *stress*. O equilíbrio mental/emocional é necessário para conferir densidade às freqüências de quinta dimensão. Amando e zelando mais, nós nos beneficiaremos com as recompensas da intuição do coração muito antes que a ciência seja capaz de estudá-la inteiramente.

Capítulo 25

Realização

Minha esperança é a de que, na sua jornada ao longo deste livro, você tenha adquirido uma compreensão maior do que está oculto no seu coração e talvez até tenha sentido o seu poder. Ou que, ao menos, tenha obtido algumas revelações acerca da matemática do verdadeiro potencial que existe no seu interior. Que força interior magnífica, capaz de facilitar mudanças, eliminar o *stress* e nos conferir poder para utilizarmos o nosso potencial máximo! O único segredo para se desvelar esse poder é aprender a viver com o coração. Se eu não tivesse experimentado — e praticado, e praticado —, jamais seria capaz de expressar o dinamismo com que funcionam os instrumentos de poder do coração. Até hoje eu os emprego para aguçar minhas aptidões. A grande diferença é que agora ajusto a minha freqüência com mais rapidez e me liberto facilmente do *stress*. Guardo na memória os ajustes feitos, de modo que, surgindo um *stress* semelhante, sei como proceder. Também visualizo a matemática bem mais depressa e já não tenho tantas estruturas mentais — como a de "saber tudo" a respeito de qualquer assunto. Ainda tenho o hábito de ouvir mais profundamente os meus amigos.

A vida não é perfeita, mas, em 90% do tempo, é maravilhosa — nos restantes 10%, é boa. Constantemente lembro a mim mesma para sintonizar-me com a divindade, a inteligência do meu coração. E pergunto com sinceridade: "Como Deus veria isso?" e "O que Deus faria?" Esse é o meu maior talento — consultar com sinceridade a inteligência do meu coração. Quando quero saber o que o futuro reserva, lembro-me do jeito simples que o meu filho de 10 anos encara as coisas. É comum ele me perguntar: "Mamãe, você está no coração? Não está parecendo. Você precisa voltar para o coração." A vida no coração é divertida e aventurosa. Fora do coração, não tem muita graça. Então, ajuste-se e volte ao coração.

Ter uma vida de qualidade não é uma questão de estar ligado a negócios, esportes ou educação, nem de ser artista, advogado ou executivo. Trata-se de, resumindo de modo muito simples, *amar as pessoas ou não — estar ou não no coração*. Não é essa a verdadeira pergunta que devemos formular a nós mesmos, especialmente se temos crenças religiosas? Tendo essa questão por premissa, fica claro que o verdadeiro Cristianismo jamais foi praticado inteiramente pela sociedade. É quando procuramos o "Cristo interior" e praticamos o amor que temos a chance de reconhecer o valor e a beleza do coração. Esse seria o significado real do Cristianismo.

Há sinais de esperança, a despeito do *stress* e da distorção existentes no mundo. A Cortina de Ferro, que era uma barreira intransponível, rasgou-se. Sim, é verdade que alguns grupos étnicos ainda brigam pela pilhagem da vitória. Por outro lado, eles estão liberando frustrações reprimidas durante muitos anos e, com certeza, acabarão por compreender uns aos outros. Uma cerca foi derrubada quando duas influentes gangues rivais se encararam como irmãs e não mais como arquiinimigas. Também veio abaixo o muro que separava a ciência e a religião — com as novas descobertas que apontam a existência de uma ordem inteligente no início da criação. No futuro, vejo as pessoas derrubando todas as cercas que as apartam.

Dentro do modelo do futuro estaria uma "Compreensão Mundial", na qual o coração das pessoas legitimaria a verdade. Tendo o "amor" como fundamento, como fator crucial e como base, essa compreensão representaria a união da ciência e da religião no coração holográfico. Se perguntassem a um homem ou a uma mulher do futuro: — O que é religião? Ele/ela responderia com perplexidade:

— Ora, é tudo!

Não haverá distinção entre religião e educação, religião e ciência, religião e... prossiga você. A religião deixará de ser praticada apenas no domingo, dia de ir à igreja. Tampouco haverá o apego cego à tradição em nome da preservação dos valores básicos. Seria antinatural, absurda e impraticável a não união da religião, da ciência, da matemática e da educação para aperfeiçoamento de todas.

A "Compreensão Mundial" constitui um aspecto do poder oculto do coração, um poder interior disponível para todos, que pode mudar a sua vida e criar um novo futuro para a humanidade. Uma recente pesquisa Gallup descobriu que, embora a maioria dos norte-americanos acredite em Deus, apenas 10% tem uma "fé transformadora", ou seja, capaz de mudar significativamente a vida deles. A inteligência do coração pode eliminar esse hiato entre crença e fé transformadora. O Institute HeartMath se fundamenta na "matemática" do coração — as leis naturais da cabeça e do coração cujo funcionamento não é diferente de 2 + 2 = 4. No seu coração, você já sabia muito do que leu neste livro. O HeartMath simplesmente organiza e encadeia o seu bom senso de modo gradual, passo a passo — o que lhe confere o poder de agir conforme o que o seu coração lhe diz.

Pratique gerenciar de modo mais eficiente a sua energia vital. Pratique distinguir a diferença entre a sua cabeça e o seu coração. Pratique usar os instrumentos de poder no trânsito congestionado da vida. Esse exercício do senso comum leva à autogestão e à tomada do próprio poder. Então, a sua realização irá ao seu encontro. Se fez um esforço sincero para seguir as diretrizes do coração no dia-a-dia, você atrairá a transformação e todos os divertidos "acessórios" da vida. No seu livro *Self Empowerment*, Doc afirma:

> "As pessoas não têm tempo. É a sobrevivência, e também a ambição, que está roubando o espírito de suas vidas — a busca da mente. O mais elevado em termos de ambição e de busca consiste em gerenciar com o coração. Alcançando essa meta, você obtém o ritmo certo, bem como todos os acessórios e comodidades. Trata-se do puro senso comum das ruas. Aproveite a Vida."

Por acessórios nós nos referimos àqueles extras que tornam a vida divertida, aos benefícios inesperados que a vida nos proporciona — de várias formas, todas melhores do que as que havíamos imaginado — e que representam o que o nosso coração mais profundo aprecia. Os acessórios acumulam-se proporcionalmente à sua capacidade de se centrar no núcleo do coração e reconciliar-se consigo mesmo e com a vida. *E, então, a vida se reconcilia com você.* Procurando amor e zelo mais sinceros e profundos, atraímos as comodidades e acessórios da vida.

Sem estardalhaço, o renascimento dos valores familiares reais por meio do coração começa a acontecer. A pesquisa Gallup revelou que atualmente um terço dos norte-americanos participa de pequenos grupos — dos quais 60% se vinculam à igreja — cujos membros se unem em torno de interesses comuns. "Essa é uma descoberta realmente fantástica", comentou George Gallup. Nesses grupos tão pequenos e íntimos, as pessoas "encontram a si mesmas, ao outro e a Deus". Ele acrescentou ter constatado também que as pessoas dotadas de uma fé transformadora estão compartilhando inúmeros atributos positivos, incluindo mais tolerância, felicidade, consciência social e tendências beneficentes. De acordo com Gallup, "todos já ouvimos histórias sobre homens e mulheres que, tendo uma grande fé, elevaram-se acima das circunstâncias chegando a um altruísmo heróico. Aqui encontramos a prova cabal desses feitos".

Praticando amar cada pessoa que lhe cruzar o caminho, você perceberá em níveis mais profundos que a Terra se constitui numa só família — uma família global que vive na mesma floresta. O primeiro passo da equação matemática da realização, que qualquer um pode entender e executar, consiste em apenas amar as pessoas. Quanto maior o número de pessoas neste mundo estressante capazes de efetuar essa tarefa básica e dar o Passo nº 1, maiores serão as chances da humanidade.

Nossos antepassados fundaram o nosso país em consonância com certas verdades que consideravam evidentes por si mesmas, como aquela segundo a qual todos os homens foram criados iguais, dotados pelo Criador de determinados direitos inalienáveis — dentre eles, o direito à vida, à liberdade e à busca da felicidade. Só uma base de amor pelas pessoas pode garantir a concretização desses princípios. A "Compreensão Mundial" representa uma esperança de futuro — a esperança do seu momento seguinte. É a esperança do Espírito. Não importa se você acredita ou não em alguma coisa, se acha que não existe vida após a morte, ou se a sua visão do universo é diferente de tudo o que eu expus aqui. O que realmente importa é que você ame seus irmãos — toda a raça humana. Como seria a primeira emenda da Constituição norte-americana do futuro, uma emenda capaz de unir religião, ciência, governo, medicina e educação? Ame as Pessoas! Depois de ter dito e feito tudo, o que resta é o coração.